《山西文華》編纂委員會 編

山西文華·史料編

傳是堂合編

第一冊

明 李日宣◎撰

山西出版傳媒集團
三晉出版社

圖書在版編目(CIP)數據

傳是堂合編 / (明)李日宣撰. —太原：三晋出版社，2018.11
ISBN 978-7-5457-1815-7

Ⅰ. ①傳… Ⅱ. ①李… Ⅲ. ①河東—鹽業史—明代
Ⅳ. ①F426.82

中國版本圖書館 CIP 數據核字(2018)第 270751 號

傳是堂合編

撰　　者：〔明〕李日宣
責任編輯：董潤澤
特約編輯：張仲偉
封扉設計：山西天目·王明自

出 版 者：山西出版傳媒集團·三晋出版社（原山西古籍出版社）
地　　址：太原市建設南路 21 號
郵　　編：030012
電　　話：0351–4922268（發行中心）
0351–4956036（總編室）
0351–4922203（印製部）
網　　址：http://www.sjcbs.cn

經 銷 者：新華書店
承 印 者：山西人民印刷有限責任公司

開　　本：700mm × 1000mm　1/16
印　　張：71.25
字　　數：400 千字
版　　次：2018 年 11 月　第 1 版
印　　次：2018 年 11 月　第 1 次印刷
書　　號：ISBN　978–7–5457–1815–7
定　　價：450.00 圓（全四册）

ISBN 978-7-5457-1815-7

《山西文華》編纂委員會

《山西文華》學術顧問委員會

李　零　李文儒　李學勤　袁行霈　唐浩明
梁　衡　張　頜　張光華　葛劍雄　楊建業

《山西文華》分編主編

著述編　劉毓慶　渠傳福
史料編　張慶捷　李晉林
圖録編　李德仁　趙瑞民

出版説明

山西東屏太行，西瀕黄河，北通塞外，南控中原，是中華民族的主要發祥地之一。中華文明輝煌燦爛，三晋文化源遠流長。歷史文獻豐富、文化遺産厚重，形成了兼容並包、積澱深厚、韵味獨特的晋文化。山西省政府決定編纂大型歷史文獻叢書《山西文華》，以彙集三晋文獻、傳承三晋文化、弘揚三晋文明。

《山西文華》力求把握正確方向，尊重歷史原貌，突出山西特色，薈萃文化精華，按照搶救、保護、整理、傳承的原則整理出版圖書。叢書規模大，編纂時間長，參與人員多，特將有關編纂則例簡要説明如下。

一、《山西文華》是有關山西現今地域的大型歷史文獻叢書，分「著述編」「史料編」「圖録編」。每編之下項目平列；重大系列性項目，按其項目規模特徵，制定合理的編纂方式。

二、「著述編」以一九四九年十月一日前山西籍作者（含長期在晋之作者）的著述爲主，兼收今人有關山西歷史文化的研究性著述。

三、「史料編」收録一九四九年十月一日前有關山西的方志、金石、日記、年譜、族譜、檔案、報刊等史料，以影印爲主要整理方式。

四、「圖録編」主要收録一九四九年十月一日前有關山西的文化遺産精華，包括古代建築、壁畫、彩塑、書畫、民間藝術等，兼收古地圖等大型圖文資料。

五、今人著述采用簡體漢字横排，古代著述采用繁體漢字横排。

《山西文華》編纂委員會

出版前言

現存於世的河東鹽業史料，以清代及民國時期的版本爲最多、最系統。其中，清代順治朝的《重修河東運司志》、雍正朝的《敕修河東鹽法志》、乾隆朝的《河東鹽法備覽》、光緒朝的《增修河東鹽法備覽》、宣統時期的《續增河東鹽法備覽》、民國時期的《河東鹽政紀要》等，都是在這一時期纂修的具有代表性的河東鹽業史料。相形之下，明代及明代以前的河東鹽業史料則多呈現爲零篇散帙，系統成規模的史料集存世者更是鳳毛麟角，其中以明李日宣《傳是堂合編》一書最爲著名。

李日宣，字晦伯，號緝敬，江西吉水人。明萬曆四十一年（一六一三）進士，授中書舍人，擢御史。天啓元年（一六二一），後金軍攻佔遼陽，李日宣上書，請明熹宗面見大臣，共同處理政務，又請廣開言路，起用被斥退的正派官員。明熹宗認爲李日宣濫薦，罰其停薪三個月。不久，出任河東鹽政。還朝後，以李日宣的族父李邦華任兵部侍郎，避嫌而歸。天啓五年（一六二五）七月，李邦華、李日宣因被宦官倪文焕彈劾爲「東林邪黨」而削職。明崇禎帝即位後，李邦華復職，李日宣避嫌不出。崇禎三年（一六三〇）復官，巡按河南。後歷任大理寺丞、太常寺卿。崇禎九年（一六三六）冬任兵部右侍郎，鎮守昌平，後進左侍郎總督軍政，因功晋陞兵部尚書，崇禎十三年（一六四〇）擢吏部尚書。崇禎十五年（一六四二）主持廷推，崇禎帝以其廷推不公而加以譴責，李日宣上奏辯駁被下刑部獄，發配戍邊重慶，赦還後病逝。其著作除《傳是堂合編》外，另有《敬修堂全集》三十卷等存世。

《傳是堂合編》十卷，明天啓運城弘運書院刻本，現藏中國國家圖書館，爲館藏善本。該書爲明天啓元年（一六二一）李日宣出任河東鹽政之後於運城刊行的，全書由《河東合編》五卷、《河東文告》四卷、《河東奏議》一卷等三個部分合刊而成。

《河東合編》原名《傳是堂合編》，爲李日宣赴河東任職前後講學、施政文稿的合集，分爲五卷：卷一及卷二會語、卷三語録、卷四序記、卷五書，另卷首有鄒元標序、王紀序、馮從吾題辭、曹于汴序、史記事序、吕維祺序、王以悟序及彙編門人姓氏。在這一部分中，卷四及卷五的大多數篇什集中反映了李日宣在河東任内交遊、施政的情況，爲明代河東鹽業史研究的重要史料。因該書卷首目録等處書名題爲「河東合編」，且該部分爲合刊全書的第一部分，故將此部分定名爲「河東合編」，合刊全書定名爲「傳是堂合編」。明天啓四年（一六二四）兵部尚書劉敏寬在書序中寫道：「直指緝敬李公蓋得南皋鄒先生之宗傳，爲後學所皈依者也，來按河東，立綱振紀，憲務一新，肫懇雅抱；尤以昭揭吾道爲己任，拓育才館，創弘運書院，匾其堂曰『傳是』。」合刊全書定名爲「傳是堂合編」，使合刊全書成爲李日宣在河東任内産生文稿的真正合集。

《河東文告》四卷，卷一要約、儉約、巡約，卷二檄、論，卷三移，卷四讞，卷首有劉敏寬序及合編題辭。這一部分所記涉及河東鹽政、興學、慎訪、禁虛文繁禮、禁奢侈、禁殺牛、修禁墻、建弘運書院、調兵防禦、捐資興學等事，是明代河東鹽業史、區域社會史研究的一手史料。這一部分收録的公文對研究明代的鹽政體制、地方管理及公文程式都提供了珍貴的範本。

《河東奏議》一卷，收録了《報代疏》《申明查盤鹽課疏》《花馬池鹽課紀録疏》《入境糾劾疏》《請清地畝酌參罰疏》《請謚先賢疏》《再請清畝酌罰疏》《請避乞歸疏》《請議補運官疏》等九篇奏疏，另卷首有楊一桂序一篇。這一部分收録的奏疏，從一個側面集中反映了李日宣在河東任内的施政情況，同時，這些奏疏作爲河東鹽業史料的重要組成部分，爲相關研究工作的開展提供了可貴的史料支撑。

《傳是堂合編》是明代山西刻書的存世珍本，極爲稀見，集中展現了晚明時期晋刻本的技術水準，與明代晋藩刻本一道，成爲明代山西刻書的代表性版本。

二〇一八年，三晋出版社以中國國家圖書館藏明天啓刻本爲底本，影印出版《傳是堂合編》一書，收入《山西文華》叢書，使這一聞名海内外的明刊晋刻珍本以科學影印的形式「回歸故里」，同時更是爲學術界從源頭上提供了一部原汁原味的明代河東鹽業史料集，推動學術，嘉惠學林，善莫大焉。

申　帥

二〇一八年十一月

目録

第一册

第二册

第三册

第四册

李本晦侍御三省會紀引

侍御李父〻少司馬孟闇以江左蒞與諸人士提衡學會士津〻興起時攻學正四聲名程闇不進江左人謂以浙狀

稱爲推焉々古賦擬環秦香中村
而學素率其間真斯道貫育
觀曰出々方觀氏諺嘉出々方志家
一齋劉東匯寔宜謨嘉以黙穀區響

倘非臣之感發使人追之不能仰視

之謂也甚不覺人心固有可提撕儆

覺而動士大夫其於切劘倡導則風

不虞使者嘗如侍御竹林節衣之

序

風亦復振哉中州二程先生里也秦晉
則横渠文清鄉也亦嘗一提唱三
先生擇稍新筆造予於篇會絶手
之如見三都人士也嗟乎而知一生味者

二

而齋一生嘗人生墮地爍火電光肯
從師友場中靈襟而交好紅天
與昭昭罕生細見而窮而汗淋漓隱
鄒元標私紳生

大明之時當世所詩是閱詩讀然於有

快心乎

天啓三年季冬通家友人鄒元標書

傳是堂合編序

有宇宙不可無道學是生人安身立命之根本一日不容間斷者也孔孟不過一衰周窮儒耳何以日賢於堯舜又何以日功不在禹下則道學之大有功於世從可識矣

吾輩既生天地間把自家身子不可看得小了須要知堯舜即我我即堯舜天地即我我即天地堯舜而非我精一失其傳堯舜至今泯也天地而非我三才缺其一天地亦幾乎毀矣孔孟没微言絶千

五百餘年至宋有周程張朱而後
吾道大明於世無奈金元之重晦
之也迨我
明有薛文清王文成羅一峯陳白沙
顧涇陽諸君子相繼倡明道學而
折衷群言粹然一歸於孔孟正脈

者則南皋先生也四方負笈從游者甚衆而高第弟子獨有緝敬李先生一人自弱冠以迄今日一言一動一語一默罔不以南皋爲楷模即明道之於濂溪李通之於晦菴其推崇亦不是過矣往

在長安發奸擊佞大節凛然至
陛辭一疏偘偘正論大忤時貴幾陷
於不測夫非南皐忠鯁之遺風耶
頊伎
節接部吾晉黜貪墨正風俗澄清之
效已見於天下矣公曰巡方之職

僅如斯而已乎昔人乃謂政刑不如德禮善政不如善教此何以故薛德溫按楚又胡為手錄性理一書夜分誦讀不輟耶由此觀之慶賞刑威之外別有轉移世道之脉絡非易為俗子道也於是乎驄馬

所至政事之暇輒大開講席横經問難總計關中兩河及吾晉約有十數會裒爲語錄先生已自序以鳴志矣又復問序於余余非知學者但仰慕道學如景星慶雲得以姓字附驥尾足矣又何敢以不文

辭夫道統雖曰淵源于堯舜實乃人心各足之理曷嘗一日不明於天下哉說者乃謂軻之死不得其傳此人亡也非道亡也不然軻死寥寥千餘載何爲宋有周程張朱而吾道又爲之大明乎薪盡而火

傳安在其道之無傳也雖然道學
莫盛於宋亦莫衰於宋朱元晦集
諸儒之大成者也功不在孟軻下
而韓侂胄胡紘輩以僞學詆之幾
中以大禍此吾道一厄也熹之死
又似不得其傳至我

明河津姚江毘陵諸君子承晦庵垂
絶之緒相與疏瀹闡明而東林信
從者更多可謂彬彬極盛矣未幾
議論鋒起以東林爲題目繒繳横
加寘鴻天下始以講學爲諱矣此
又吾道一厄也余憤邪説日熾遂

援筆作策問以障狂瀾時人莫之許也獨甬皐少墟兩先生一見即亟口稱賞余聞之不覺掀髯自喜非喜此策之見知喜東林黨禁之將解也方是時山林名儒盡羅而致之

闕下緝敬先生同南皐少墟日日闡
發性理聽講者日益衆遂捐金以
置講壇此近紹白鹿遠追杏壇者
也亦有何罪竟以此逐南皐少墟
以去乎此又吾道一厄也余雖跧
伏草莽不覺歎惋不已恐二老去

天下復以講學爲諱也孰意其講席以分而益盛哉南皋講學於豫章少墟講學於關中鐸敎亦大振矣猶曰限於一隅也緝敬按部三藩到處群鉅公名人發揮心學而關中一會與少墟縱譚兩日夜抽

闢啓鑰尤多悟後語今取其語録再三咀嚼言約而道大文質而義精往往發前人所未發究其歸實不外於日用飲食之常一時環橋觀聽者莫不踴躍稱快昧者明疑者悟憤悱者脫落此一會也舉俗

儒之陋說一朝盡追窠臼而洗濯之正所謂再闢渾淪而光大南阜之奧旨者也自我觀之西銘一篇善言仁體者也明德宗傳善言西銘者也十數會語錄又善言明德者也此雖野叟臆說後世復有楊

子雲必以予爲知言矣嗟乎關中
兩河張子程子遺化之地也尚且
各有講學書院况河東爲堯舜禹
授受之故都文清沒講壇久廢而
學士大夫潜心名理者幾讓於關
雒此亦作人者之耻也我公慨然

有弔古之思乃創建講堂於運城
額其門曰弘運堂曰傳是盖取堯
舜禹以是相傳之意也此堂一搆
緝敬與眞予先生講論道學其中
一時縉紳孝廉青衿從游者不下
數百人從來會講未有若斯之盛

者雖先生尊師取友孚信漸衆要
亦制行之磊犖學問之純粹感召
之機亦自不同也或曰夷狄跳梁
邊疆削弱即起周程張朱恐賦詩
不能以退虜也此時講學不幾於
迂乎余獨以爲不然將吏日逃邊

疆日促惟不學故貪生怖死至此
也今之講學正所以發明親上死
長之義而鼓其勇氣也況師道立
而善人多則朝廷正而天下亦治
矣區區醜虜雖折箠撻之亦可也
宋之不競或以四大儒未及柄用

耳倘相繼顯登揆路必有旋乾轉
坤事業做出來有天德便可語王
道此確論也不然孔曰東周孟曰
平治豈欺我哉嗚呼道學之士繼
往開來可以贊化育亦可以回造
化一日無道學人心將喪宇宙無

光關繫何等重大而俗子一見理學先生以古道自任相與姍笑之詆毁之竟以醉生夢死虛度光陰也豈不大可哀哉雖然老子曰下士聞道大笑之不笑不足以爲道亦願人之自信何如耳孟子曰居

天下之廣居立天下之正位行天下之大道得志與民由之不得志獨行其道富貴不能淫貧賤不能移威武不能屈此之謂大丈夫正今日道學先生定見定力一大公案也吾輩當衆論權奪之時能硬

起脊梁立定脚跟以淑世覺人爲
已任出則爲蒼生之霖雨處則爲
學者之斗山此正大丈夫以百年
爲千秋者也不然際盛時擁名器
徒快一時之富貴甘與草木同腐
如入寶山空手回甚足惜矣余平

生喜讀書但知晤對古人檢束身
心而茫不得其要領也近年來與
南阜緝敬嚶鳴相和始取濂雒關
閩全書把玩之然後知向之涉獵
子史徒爲玩物喪志而脉脉心學
果有出于語言文字之外也緝敬

語錄之嘉惠野叟者亦已深矣敢
忘其鄙陋爲之論次其槪如此
天啓四年歲次甲子季春朔一日條
南逸叟通家治生王紀頓首拜撰

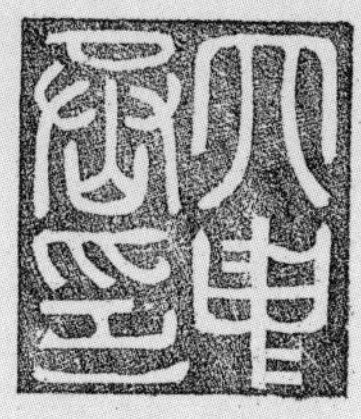

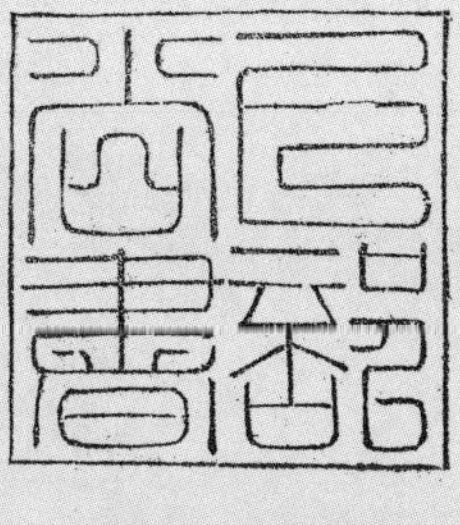

傳是堂合編題辭

世人以講學爲立異曰饑食渴飲亦立異乎又以講學爲好名曰孺子入井怵惕惻隱亦好名乎今鹾臺緝敬李公按

部所至必聚友講學秦晉伊雒士風丕
變自人視之以爲公繼千古之絕學而
自公視之不過以爲饑食渴飲之常自
人視之以爲公醒一世之羣蒙而自公

視之不過以爲怵惕惻隱之不容已嗚呼今以講學爲立異爲好名者是餓而待斃而恝然于孺子之入井者也亦足憐矣公與余講學關中書院余受益殊

多頃以會語見示余爲題此葢亦饑食渴飲之常怵惕惻隱之不容已者也

長安馮從吾題

傳是堂合編序

夫道以學明亦或以學之偏焉
而不明故學必有分明以一登體
講論僅優於不事學者便可

謂明道也學不足以明道佗〻
亹〻何爲故子思薄賢知而
道中庸孟子舍夷惠而學
孔子學固有正傳也大江

之右有南阜鄒先生學孔子之學徹悟立本弘大無邊而仁體益默蓋切誦其書繼會其人而知之洵所謂傳之正者柱史李

李梅氏與同里而從遊久參得
其傳按歷三藩所至與會闡
學竟日不倦會録其所語々
成卷帙余得而卒業大陳南

皐之學也即孔子所傳之學也
而即唐虞以來相傳之學也
汔付之剞劂而奏議序紀書
啓文告胥萃余以傳是堂

合編若曰皆是物也從昔名世碩人對君戒衆序述書問何者不本於學不本於學者危言耳竊以拾上喻下乎友而垂遠

壁經所載陳謨布告尚矣端求
東里以辭命安邦而杏壇所紀
國撰著之衡也故學以入道
何不貫道以應用何不臧謂

編中諸項皆柱史之學可矣
余歸自京師方抱痾杜門
至赴會於是堂官師紳士耆
民俱集問難互發無微不探

竅其直露本根不規規邊隅以自域其覩人無不可親讓讓以入群心故曰南阜之學也斯爲正學而道由以明明斯傳矣

士君子之學原爲道計其於道爲明計明道爲傳計將全千聖如存萬年永揭實式賴之學不當如是耶乃識數語以

告夫其學者知辨宗云

晋治友人曹于汴書

傳是堂合編序

道未嘗一日敝也而有或敝時則自人心之敝敝之故從古聖賢日汲汲惟歎救人心之敝大學曰明明德明者撤其障洗其污使復吾之本明也然不明明德于天下不足以滿明德

之量故親民明德竝重而格物致知其功也朱子曰大學者大人之學也學是則爲大人不學是則爲小人而非是者又下小人一等吾夫子曰學之不講是吾憂也夫子寧爲一己憂哉正憂人不講學則物引俗染自敝

其心而不知生心害事誤天下國家
其禍當不小此講學之旨也夫講學
雖始于孔門而道學實開于虞舜人
心道心惟精惟一數語千百年講之
不足一小人壞之有餘即壞者大愈
見講者急矣

今上龍飛之元鄒南皐先生與馮少墟先生兹被環恩四海麟鳳仰之兩先生倡明道學有教無類未幾不俟終日人知兩先生應召爲世道而不知當年抗章與今日勇退正所以爲世道也此後率諱言學則求志達道

之謂何吉陽緝敬李公鄒先生之高弟也按晉督鹽政出毅然以道自任行部邑州旋遊關中書院與少墟先生聚講三日過渭適愚病目公不我實夷惠然左顧所謂聲應氣求也公駐節華麓浹旬而愚目亦愈于是同

六七門人洎華之孝廉明經諸生就
正于公時叅藩賈公孔瀾馮公荆陽
洎州守馮公南溟咸在會而揖讓彬
彬議論鑿鑿一堂樂聚稱二百年來
未有之曠典公不立門戶標奇不執
意見駃聽就事論道就道論學洞乎

其空也湛乎其澈也朗乎其鑒也淵乎其蓄也浩乎其大也坦乎其易也愚自愧圭角矣夫今天下侈譚三立而學士大夫家往往置力于此第循規蹈矩之行不可謂非德而天資偶合是否入室騁才樹異之赫不可謂

非功而性道未裕是否尋枝風雲月露之文不可謂非言而啓牖無補是否掇華公文告有曰道德與政事相爲表裡文章與道德本自源流從未有政治而學術晦政亂而學術明者亦未有道學晦而文章顯道學明而

文章晦者又曰那有不從德性流出之文章那有不從道理做出之政事那有不于文章政事中可見之學問吁公之道德政事文章同條共貫豈世之分三立者比哉秦風周風唐風公諮諏已徧到處振鐸士心丕變歸

而彙三省會語訂傳是堂編以草示
愚且屬序吁事愚何知哉憶河東舊
有育才館在城十里外師迹罕至即
三聖祠特見三聖之故都耳誰講其
所傳何是今公剏書院于城中約父
老青衿而命耳提題其堂曰傳是門

曰弘運吉哉惟有是弘方有是傳真吾道中天之運乎或曰堯以是傳之舜舜以是傳之禹自禹後歷商周而傳之孔子孟子蓋以中言也中安在愚曰不必遠求古今頌堯曰如天頌舜曰好生頌禹曰泣罪皆言仁也故

聖門之學惟在求仁得其所謂仁則得其所謂中而先聖後聖相傳之脈在是矣公不議宥乎曰刑罰不得已而用之物也情溢則用法防之法窮則用情通之種種見惻怛而城旦鬼薪三年減一年二年一年皆遞減如

例即此是堯之天舜之生禹之泣也仁者以天地萬物爲一體其方一取譬立達仁遠乎哉公會語中如饑之必食寒之必衣原自離他不得又如耕之必獲織之必衣他亦虛負我不得又如痛之必摩癢之必搔再向人

討消息不得之九言者最精最切皆前賢所未發公提醒人心歘共耀于光明意獨諄懇而明新俱到大人之學其在斯乎事老矣聚晤何期恃有共學之意氣千里一室云

天啓四年歲次甲子上元人日渭上

通家治生史記事頓首拜撰

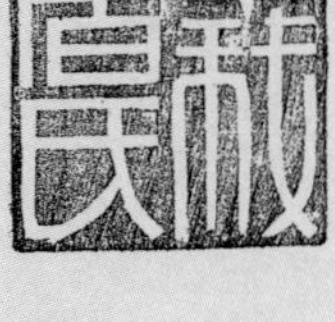

序

兩河會語盖今
直指使者李緝敬先生之言先生身任
斯道允按部秦晉與少墟諸先生所至
有會有紀有語録既出關郎走訊余曰

弟於兩河淂兄猶關内得馮先生也半月後即向山房趨席不識可遂從諸君子一訂此道否於是諸子衿闔之遠近翕然肩笈以從作新安會先生之言皆諸子衿所順解而心佩也豈獨此哉有

分陜會有雒中會有臨汝中嶽會討會語凡若干卷守道張使君與太守梁君中令張君合梓之而求呂子爲之序呂子曰道可言乎哉道不可言言而非也然必以言爲非道則洙泗之斷斷非乎

獨謂世之言者非道也使言可以為道則世之竊緒論以自矜莊而弗躬之踐弗心之印將皆道也而非也故羿之術非射也奚仲之巧非斲削也先生之於道非言也先生見地既卓而所造寔今

觀其所爲言皆先生之心 法也躬範也非言也即謂之言亦非如世之所謂言者如言誠言志言主敬言窮理言自得言反已皆切寔簡易人人可理會人人可體驗者夫兩河非 二程先生根鐸地

耶當其倡明此道其大要不過曰主敬曰存誠曰窮理而先生之言無異指焉於此可見先生之學之正而不爲高深之論以駭世且曰千古聖賢只去人病皇皇然若憫世之沉痼昏瞶有所不容

已焉者先生年方強仕其言已若此其所興起已若此由是而益精進之以極二程之詣廓二程之緒吾烏能窺先生所至哉學者誠因先生言而得其所以言并得其所以不言如病者之霍然已

如寐者之猛然覺也夫今乃知先生之於道非言也一時同志如王惺所張蓀礿邢舜玄諸君子津津此道嚶鳴相求而張使君又以清謹為郡邑先庶幾吾道不孤今先生乃恢而大之亦既播諸

官方見諸行事矣豈非二程先生實式靈之而世道人心之大幸耶余有志而未能願三復於斯言

天啓癸亥冬十有一月陽至後七日新安治年弟呂維祺介孺拜手書於求放

心軒

兩河會語序

夫世運之淳漓關斯道之通塞講學以明道明道以匡時固吾儒性分之眞而世道之藉也乃學方講而人疑講日衆而人忌何說耶講非空談學須實驗嚴屋漏慎廉隅最大出處之節至要取予之細月旦無厚顏敗歷多患績是名眞

脩人則何病顧有人講而講人否而否世之所重或道之所輕而我趨其重道之所重或世之所輕而我避其輕觀望依違中實營窟而外托黨附無惑乎指摘叢生反以阻人嚮往則吾道之蠹也海內廣矣都門講學久成畏途吉水長安獨標赤幟其他師亡友隔或斷或續

落落晨星吾鄉自雲浦先師山頹正斷
續之關適直指李緝敬先生以理學名
家得鄒南翁心印按部之暇倡明此學
關内外河南北翕然向風地各有會會
各有紀言言心得後學司南然此猶其
語耳余觀其懷養中邃氣宇閎弘遡方
到處寬嚴中道黜浮杜競剔蠹康屯慨

序　一

然擔荷世教任重道遠夫豈易量蓋所
稱性分之真脩與視口耳者星淵叅岳
張公專郡梁公謀之張雒陽令尹以諸
會語廣諸梓吾友呂豫石已序其端矣
而復問於余余惟先生之講學也真講
也雖與臺下廝圉弗感悅兒同有是真
者何疑何忌但願講下士樂其言必驗

其身奮其始必要其終孚契在於精神深造非徒意氣輕重向背之間定見定力實詣實證勿令人疑而忌焉徒爲掉臂者口實其不負先生嘉惠盛心所關於世與道豈渺小乎故特爲序之如此若其會語精飫如飲食之美在入口而自知之又何贅

分陝年家治生王以悟頓首拜

彙編門人姓氏

進士中書

朱慎鍌節甫

舉人

吳養洵叔貞　蘇希轍可由

景永慶培善　胡承裕丕承

景永禎符和　景永祜九如

王國維四張　喬國楨扆收

胡舜封廷韶　賀道昶平章

楊時嘉以瑚　陶自性踐形

李兖完我　朱廷颿敬海

康國相

選貢

王家禧及邦　楊桂如砥

李恪伯岦　呂崇烈爾懋

王承祚佩叔　馮舜生毓華

晉生

辛　全　甯獻誠　丁應觀　董　標

馬爾循　李承賜　裴君子　張光斗

郭用賢　邢　墨　王含光　張君憲

崔　灼　王殿邦　李弘才　張煜夫

楊　棻　田　雲　鄧啓祚　喬拱秀

董繼狐　董振祖　杜如櫝　李綮登

楊均之　景永祚　曹曰吉　王言大

萬薇典　董爾容　霍　昺　朱愼鋈

張紹之　趙育重　司馬徵　裴晉芳

秦生

榮光　張世楷　王緒隆　李原立

馬尊德　殷璉　孫貞　桑本立

田應登

梁生

張光謨　丁湛　韓景星　王爾循

劉湛然　孟瑛　王鏞

晉布衣

劉登庸　劉澤長

運司同知鄧全悌

判官史躬盛

安邑知縣王楫

運司教授康姬兒

平陸署諭張光仲

猗氏署諭李秀實

靈寶署諭龍補袞

臨晉署諭李自問同編

合編目録

濟東合編 日録

五卷

書

第一卷

會語

吉陽李日宣

傳是堂初會

余驅車西行此堂尚有意而未遂也旣而思馬蹄所至得與諸君子長者相從類聚而駐蹕之地反茫無棲泊其若諸父老子弟何故栝囊而搆堂堂成而始來歸屈指幾半歲矣歸之明日卽視學堂在學之東余卽率諸士往會焉念運城學士淵藪而類聚一地寔自今

始遂顏其門曰弘運又念此爲唐虞夏
三聖人授受地固吾道淵源也額其堂曰傳是
取堯舜禹以是相傳之意云既又念
三聖人往矣我輩所習而服者六經四書今
高皇帝與
列聖所垂煌煌之六諭非乎于是與司郡州邑
諸君子及官師吏儒耆宿焚香爲位而拜之
既拜而與之高閣而余始與諸官師揖讓而
升堂諸生鱗次而列于簷楹之東西博士長

隨舉五六人進講而余亦隨所聞說商求焉一坐移晷冬旭在庭微薰在戶條山如屏列矗矗眉宇間亦壯觀也是爲弘運會始

徐生來庭講仲尼祖述堯舜憲章文武殊有解愚曰此章即是希聖希天學問大頭腦政好今日一說大道日流行于天地而遡其自始則創于堯舜以傳于文武孔子生文武之後師其意會其脉而光大之蓋眞若祖述而憲章焉者故上律下襲與天地同流乃其瀰漫

宇宙綿亘萬古就譬如天覆地載而四時日月相錯而代無有間歇試觀窮天地間並育不害並行不悖敦化川流小大不相離無之非天地之所在即無之非道之所在故即天地之所以爲大而後知聖人之道與天地同流其爲大又當何如人但知孔子開天闢地賢堯舜集大成而不知其亦有所祖述有所憲章有所襲律即此便是孔子希聖希天所以能成其大我輩日誦法孔氏無人不遵于

大之中而日服習于四書六經約束于六諭大義皆祖述憲章之遺意也孔子生周之季思見堯舜于文武故憲章方策我輩生今之時當見堯舜于

高皇帝與

列祖

諸宗故須憲章六諭如是方能不倍方不及灾以自立于堯天舜日之下即此便是我輩希

聖希天以各成其大諸生但識得此箇大不

在天地我與聖人各有所在切勿自家看小所謂學問大頭腦政在此諸生各恍然有悟

謝生文圖講天命之謂性一章說亦自明愚益之曰纔說天地之所以為大我輩但能明性則大自不在天地而在我蓋性不可見見之于道道無論率處易見即脩處亦自易見人生而靜以上不容說但一起念自覺頭頭是道然則道何嘗須臾離人人則自不能離道政恐人不自認識遂未免有流于非道而不

自知者故須是戒懼愼獨卽戒懼愼獨亦非別有所持循只時時提醒所爲須臾不離者而已至中和二節則純是愼獨中光景愼則光景見前不愼則昏昏董董當面錯過譬如一大家子整日混混在酥夢鄉不知檢點家事一旦淸醒時候忽有人指點與他方纔遶然曉得面前山川土田奴僕宮妾都是我的方纔曉得我家事只等大故不徒曰本而曰天下之大本不徒曰道而曰天下之達道卽

大字達字而天地萬物固已隱然在此如客已在廳但須主人淸醒曲盡我作主情意使之大大小小各安其位各歡飲哄語而已故一致中和位育自在皆從愼後見得要之致非能有加于性之外也亦只是充滿其量極其所至耳致卽大學所謂止至善孟子所謂知性也愼卽大學所謂明明德孟子所謂盡心也惟明能止惟盡能知惟愼能致無二理也一以貫之在人自悟

董生標此中篤學士往余見其文字有道氣心器之而未識其面班中忽出而發明傳是堂大旨語殊有解而意思亦來得眞問之董生也余解之曰任子千言萬語只須成就一箇是這箇是原是人人都有的只是在人自家承當如屠夫放下屠刀立證菩提如王心齋先生起自田家聞良知二字即走数千里見王文成皆因原有這箇不言而同的物事在所以如夢裡呼乳名一提便醒亦只在人信

得過便自承當得下此處却亦容易難說過自堯舜禹湯文武周孔而後僅有一顏子此外如子思孟子俱屬聞知故子謂顏淵曰惟我與爾有是夫此處夫子已明明說破自顏以下不惟夫子信他未過即令諸子自家亦信未過所以曾子之自反三乎漆雕開之吾斯未信俱是夫子心許處蓋許其眞且實也若一到信得過則視聽言動所見無非是者故曰造次必于是顛沛必于是到造次顛沛

無非是更何有不是處人柰何不求箇自信

李生弘才講君子有三樂章愚曰要看聖賢所樂在何處若止爲自家一身則何王天下之不與存與俱也須知有王天下所不能俱存者而我有之所以爲樂使有之而不知所以樂處與無等耳如父母存兄弟無故是我得天之厚而使天下有一夫不得其所未免生愁愁何能樂故須是老吾老以及人老四海之内皆兄弟纔覺天地間無有不得吾天者

所以爲一樂如仰不愧俯不怍是我盡性之至而使天下有一物不盡其分未免生疚疚何能樂故須是中和致而天地位萬物育纔覺天地間無有不盡吾性者所以爲二樂如得天下英才而教育是我生平大快意事而此中猶慮有未必盡入吾範圍未免生疑疑何能樂故須是不知不愠遯世不悔纔覺天地間無有不遊我性天者所以爲三樂此處當其知有即愚夫愚婦皆可樂當其不知有

卽王天下亦不與樂至于王天下而猶不與
所以謂大行不加窮居不損所以謂性天眞樂
謝生秩然講仲弓問仁此書一路與諸君子商
求頗多愚初只是認著一箇主敬謂敬卽是
忠卽是恕一到無衆寡無小大無敢慢自然
不欲勿施自然家邦無怨後因思吾師鄒先
生謂無忠則恕不出無恕則敬不行始覺此
處下手還是一箇不欲勿施但時時體認得
箇不欲勿施則出門使民在家在邦自無敢

慢自無取怨所以夫子教子貢一言終身只是一箇恕先君子一生隨在體認強恕還是有頭腦

趙生璽講司馬牛問仁愚謂刃加心爲忍加言爲訒人心之放多由于言故求放心只是訒言詩曰莫捫朕舌今但有一物當門人便不敢輕出有捫其舌言乃不逝若捫之以刃誰敢有易言者心上有刃割斷一切所以爲忍言上有刃斬截萬緒所以爲訒惟能忍所以

能存存而不放乾乾惕若即是出門見賓使民承祭光景故曰奏格無言時靡有爭敬之至也知此可與識仁

傳是堂二會

余還署十日僅僅與諸父老旅進一揖耳傳是堂相距尺五尚缺然共期一覩厥成也故雖與諸士有初集之會而此番駢舉猶屬事賢友仁之始諸司與安邑尹率先期來請余方赴會適傳抄者至則大司馬劉公以耳鎮叙功晉大宫保世蔭加級又

天子念寇公尚健

特命起用之報也余至與諸老子弟從堦下拜

聖諭次進鄉耆講約次拜
先師于堂次分序交拜拜畢隨出抄與諸老爲
劉公賀公遜謝不肯當衆相推擁爲快余曰
今日與諸老初會而
天子異數且至兆足行矣尋又得
吾師少宰曹先生
手書溫旨曰清標勁節于是更相向喜起曰吾
道有光也余更謂楊老道長曰人情可知天
意如劉老先生此與人忻然相向可知此老

在人有不容解者其享此異數豈偶然乎乃
二老今日之報一以起用爲喜一以
予告爲快則此中一段爲
國爲道不言而同猶有令人心躍者今日之
會得此足慶矣作二會
丁生應觀盖深心此道者顧其若木若訥班中
自不出一語余呼而叩之曰子何不一發揮
生沉吟隨起講廣土衆民章反覆闡明亦殊
有見愚益之曰此章總是發明上三樂之所

未盡性分之樂人所同也勢分之樂王天下所獨也獨則有存有不存同則無所不存惟有存有不存者而後見無所不存之樂之爲眞故廣土衆民中天下定四海君子非有所欲之樂之也曰此亦人生之所謂可欲可樂也而其如有不與存焉者何耳存則土不徒廣也民不徒衆也天下必有所以立而四海必有所以定也故可欲可樂也不然者何與吾性萬一乎吾性所在非能有加于中天下

定四海之外也而亦無損于中天下定四海之內也雖大行之而其存存焉雖窮居之而其存存焉要不過各盡其分量而止先儒所謂本分之外不加毫末即其內亦自不減毫末故曰分定此間大行窮居俱從性上看通章皆言性分之樂也大凡人之樂不樂生于足不足足不足生于無定夫旣無加無損而定矣又何不足何不樂何者吾所謂性不自外求也根心生色我固有之惟其定也定故

有根根故能生生則惡可已故不言而喻此之爲樂淵淵浩浩僩僩恬恬天下更有何物足以易此到此方知勢分之樂有待故有存有不存性分之樂無待故無所不存下文所謂移氣移體者皆有待而然者也其去我生晬盎施何啻天壤

蘇生希武講道之以政章愚曰此章一路與諸生講求甚多或主德化或全因人愚亦間有所發明大都分言之德禮刑政雖堯舜在上

不能舍此四者但各論其所至則有淺深不同耳合言之纔說德便有箇禮在纔說政便有箇刑在纔說禮與刑政亦自有箇德在非禮與刑政須德禮與刑政原自德中流出爲政以德只是淸其本源其餘自可漸忘使非自德性中出則爲虛文爲秕爲可便不得謂禮與刑政矣愚嘗謂我輩在地方只是懸着一片眞心實意做事則無論下學講約鄉飲勸農皆足激勵世風即無柰何而催科而彰

殫不得已而敲撲而放弃亦自行所無事自人人心諒人人誠服若稍稍欠真實無論下之人覷破一切以故事相應即一發號施令亦恐有不得其平者如今日與列位老先生與諸官師儒着彬彬秩秩雍雍穆穆于一堂之上此中若無箇真實意思流貫其間亦應語言無味面目可憎矣故知免知耻還在我華我意在免人遂以免應我意在耻人遂以耻應人之免與耻亦何所見直在我自知之

耳夫子提出一箇免字又提出一箇恥字隱然使人自知

曹生承之秩然穆然從座起講盡心章意亦自了了而聽者未悉楊老道長曰此生意在求教非爲發明者愚曰請教老先生學者多謂盡心由于知性尊見何如楊公曰政爲多此由于二字發揮甚透愚曰孟子學問從中庸得來中庸只是一箇盡性孟子則提出一箇盡心最有味蓋學只在透性而性不可知只

是盡心心量難盡盡得一分即知得一分如行路者到一處即知得一處若未到詎知何異貧子說金即知而後到未免宋人閔苗故曰民可使由不可使知但盡至無可盡即渾然在我無容言說下文存養政是盡得一分處至無二脩俟則盡至無可盡即是立命即爲知天故窮理盡性以至于命先儒謂一時並了但淺深偏全之間在人自知

朱生景堯隨起而講至誠盡性愚曰知得心量

難盡卽知得盡性內事如今人遇着一人一
物稍不如意只將自家學問來做曰吾盡吾
心耳若使其又不如意亦只是如此做去直
要做到更無有一毫留遺一毫欠缺去住卽
知人心物心到此亦决無有留遺欠缺去住
卽此便是天地生人生物之心卽此便可與
天地叅叅如叅見之叅故曰復其見天地之
心而非吾心中原有是天地人物何以一盡
其在我而天地人物了無遺歉此之謂盡心

河東會講 卷之一 故

知得此盡處即是性此與致中和一章合看

傳是堂三會

孟春之會已訂獻歲初九而是時報
吾師少宰先生且至矣因改此吉爲諸生文
會亦取甲首義云越十日而先生始來歸諸
老爲言于先生曰爲公徑輟一會以相遲也
公將若之何先生曰固知此非不容久杜耳
又五日而與師訂不得更違十日也時三藩
所取諸士俱以課事集皆欲謁吾堂而聞一
言之教焉于是司縣遂請以是廿八爲期而

先生不能郤也至日司堂者仍設
聖諭牌先行講約禮次拜
先師位而後進諸士而坐焉小大淺深各極其
所欲質正郎諸鄉紳孝廉一各有所發明而
愚亦得以其邉見取衷于先生以應多士闗
撥旣煩辨駁時騁則矽詠忽發于大雅清音
時來于南薰一堂之上融融洩洩愚問先生
曰此何異舞雩春風乎其視首善故址蕭瑟
涑雲寒月何如也時獻歲首會又先生初歸

所司具壺盒進而諸在會鄉紳若劉宮保景
方伯王大叅楊道長周大叅萬計部李進士
楊掌科及諸鄉紳孝廉明經約四十人又所
司若鄧貳司史署事趙添註判王安邑令康
運學博李猗氏張平陸二邑博兩學掌故與
三藩諸士約三百人咸在焉作傳是堂三會
河津甯生獻誠士之有至性者在仰節書院久
先生每譚其孝行爲之擊節至其一段秩然
疑然望之知是有道君子也會間發明傳是

之義甚悉先生曰是即未發之中爾只是明得這箇是更無多說愚曰中無往而不在是無往而不存只要信得過惟我與爾有是夫便是孔門師弟信得過處他人便恐未必然堯不知傳多少人纔得一箇舜舜不知傳多少人纔得一箇禹孔子不知傳多少人纔得一箇顏子此爲覿面眞傳其餘自湯而下皆是聞而知之傳路雖不一而其爲信得過則一也在人自會

王解元四張問曰道不行責知愚道不明責賢不肖却又總言鮮能知味可見知能是一先生曰是又問此還指人言還指道言愚曰道本行只是多了這一箇予知的一味只尋過那頭去而愚者不能過又不能開眼看破在此所以轉尋退去兩下凑成一箇不着道本明只是多了這一箇自賢的一味只做過那頭去而不肖者不能過又不肯安分守着在此所以轉做退去兩下凑成一箇不察此與

下節都是就人言非指道言若道則淸淸朗朗蕩蕩平平何嘗有一毫不明不行又問道是不覩不聞無聲無臭如何有味先生曰就是不覩不聞無聲無臭之味愚曰兄莫錯看這味字味原不在有處尋如今淸茶𦵏酒未嘗知氣旣嘗知味及到啜時全然不覺難道此味定屬茶酒

楊明經桂問曰千古聖賢總是一學今不知學字作何解還該怎麽學先生曰學只是覺穿

衣喫飯日用應酬只是能覺愚曰千古覺路
只爭一息一息若斷前路盡迷所以功夫只
在時習習到朋來而樂不知不愠纔是無終
食之間違仁又問看茍不固聰明聖知達天
德者其孰能知知如此難看夫婦之愚可以
與知知如此易還是何如愚曰惟聖人便知
是我與愚夫愚婦同所以爲聖人若愚夫愚
婦只知是我與聖人異所以爲愚夫愚婦但
一喝醒無人不覺那有難易

丁生應觀問曰大行不加窮居不損只是葆此未發之中不從富貴功名起見所以做官與做秀才一樣先生曰這也說得愚曰性中那有大行窮居只可于大行窮居觀性耳不加不損分定故也惟無定故可加可損既定矣又何加何損之與有如老師定意要講學前在都察院是如此作吏部亦是如此今回家亦是如此若此中分數稍差便自有箇斟酌商量的意思在

生又問聖賢學問必是有箇心法以觀看無意足盡論語心法未發足盡中庸心法由仁義行足盡孟子心法合來還是何如愚曰但說箇心法便自不容言說若必欲說則無意與由仁義行俱是存箇未發氣象其實由仁義行謂之無意則可直謂之未發猶未也

董生標問一貫一字可實指否先生曰可指便不成一生曰不可指亦恐不成先生曰必欲實指如下忠恕便是只要認得眞認得眞說

忠而已可說恕而已可就說孝而已可說弟而已可隨物可指隨處可見愚曰師此論極透其實說箇一更無容他說味而已矣三字亦是曾子不得已將出來了落箇貫字而于一終無可說一無往而不在一無在而不貫再莫執着又問旣說而已矣又說違道不遠不知同否先生曰同愚曰不遠卽是之謂非對近言政與而已矣合詩曰伐柯伐柯其則不遠有物必有則則卽在物如何遠得今匠

家取則一線界定分毫不得移易那有遠近亦勿泥看

裴生君子問曰古來惟伊尹稱聖之任范文正公做秀才亦便以天下爲已任不知秀才任天下須從何處下手先生曰彼居莘時一介不取一介不與即是下手愚曰子莫疑任天下難任天下正是秀才事諸生若非眞見得天地萬物一體何事在此靜坐又問學顏志尹豈眞學顏又志尹乎先生曰學顏即是志

尹愚曰無伊尹之志所學何事匹夫匹婦有一不被堯舜之澤若己推而納之溝中志何等大而非眞有不伐不施不改其樂之學力在此志亦未易竟子豈謂單瓢陋巷中遂無天下責任乎又安取萬物一體也生又問即有志無奈未事而慷慨臨事又退怯何愚曰畢竟所志不眞又問人之生也直註生理本直果直是理抑理是直先生曰只要認得生字眞直自明白楊寒老道長曰乍見孺人入

井之心就是直愚曰此論極是直眞心也故
眞字從直從人心到此處不待安排不容掩
護非直而何
呂明經崇烈問人自天命來此點靈明通乎晝
夜何分已發未發先生曰未發就在已發內
時時發時時有未發愚曰已發亦即在未發
內但從發處見耳見得發處分明便是未發
氣象生又問伊川先生教人不可從未發之
前求中延平先生却教人看未發前氣象先

生曰皆是也伊川恐人墮于空寂故教人着實在子臣弟友內求延平就在已發中看未發耳愚曰兩說政相合未發渾是一箇中何事求但于發處看未發前氣象便自見得再莫作兩樣看

生又問致中和如何天地便位萬物便育愚曰此與一日克己復禮天下歸仁同看禮者體也仁者以天地萬物爲一體此體一復天下自歸非必自我招之來歸也中和即是性體

極其所至全體渾然便覺天地自位萬物自育非必自我安之使位生之使育也曰然則致之功夫何在曰只是愼獨

王生玠問知止而後有定是纔知便止麽還有漸次否先生曰無漸次愚曰但知得至善所在便自不移易便是止然須知善無往而不在止無往而不存故下章釋文曰邦畿千里惟民所止政謂止非一處也此處不容躭殺亦自無有漸次定靜安慮得一時俱到

自覺向前進是真理

張生君憲問這是字既要拏定做個頭腦便須要去那不是淵明覺昨非伯玉知四十九年前請問不是處該如何去先生曰不是亦各不同賢人以爲是聖人以爲不是今日以爲是明日又以爲不是愚曰師所云正是日日新又日新亦只是時時有個常醒法自覺日新學問只要看得大頭腦明白但合着這箇是自無那箇不是不必麾之而自去也生有悟性人口誦一聯云吾道總心傳拋却耳根

壽授受天下只一是豁開眼界定從違意若
謂人人各具此個是只是人自瞞過但到得
時政不在傳余爲之擊節
一生問至于犬馬皆能有養如何把父母比犬
馬愚曰此便是拘儒不解書意皆能養者養
父母也如曰羊跪乳雅反哺夫物則亦有然
者不敬何以自别于物乎先生頷之
一生問先生所講者舉業乎抑聖賢學問乎愚
曰秀才不會作文字只因錯看題目且問今

之舉業從何處來乎舉業不從德性中流出
不將在自己身心上體認即說得天花亂墜
如畫脂鏤氷何裨實用今秀才中少眞正人
品多因做假舉業官府中少眞正人品多因
做假政事不覩孔子說文莫吾猶人即緊接
躬行君子可知先生曰是生不惟不知學問
并不知舉業

傳是堂四會

曹師既爲愚宣破格來會矣時愚有行色而未忍遽也故事使者報

命行縉紳先生率有餞殊費周旋愚謂人與少寧多事與煩寧簡翌傳是堂佳氣方來豈容掉臂遂訂爲兩日之會而居者行者各任其一焉即會言别事不煩而人具在愈于綢繆縟節實多也至是所司具期相訂而署守東孟大叅以事至遂相拉往會焉至則群賢畢

集竟日歡聚而各州縣諸生之來會者不遠數日程亦良晤也會内獨宫保劉公大叅王公掌科楊公以偶恙未除不得赴作傳是堂

四會

兩布衣歌白沙先生四句詩曰明月淸風掛兩頭一笻挑到古尼丘而今老去無筋力獨坐江槎看水流一坐蕭然愚頟辛生全曰此白沙先生會心詩獨坐看水流卽逝者如斯意也試一發揮辛生曰此道體卽天體卽心體

也總是一段生生之機所在圓滿風月兩頭任重也一肩尼丘道遠也老去無力欲從末由也坐看水流逝者如斯也即不舍晝夜之說也時卒然應對不爽分毫真是有養愚曰此白沙學孔子處盡成一箇發憤忘食樂以忘憂不知老之將至云爾光景蓋功夫做到有分數自然隨在流行活活潑潑地那容着纖毫力即如生所謂欲從末由者道與我一無處着從也生曰門生早來題堂桂一聯湛

湛明明心上都合孔孟雍雍濟濟目前便識

唐虞愚曰政好與此參看

甯生獻誠問八卦圖何以有先後天之分先生曰先天是本體後天是功夫愚曰未發即是先天已發即是後天其實已發不離未發纔說未發便是已發

徐生來庭問民可使由不可使知天地間總是這箇道理那有可不可夫婦可與知何以不可使知先生曰此與梓匠輪輿能與人規矩

不能使人巧合看。愚曰：只禮之用和爲貴小大由之何等尠，纔說知和而和添一知字，便不可行了。

甯生錦祚問：事父母能竭其力，父母之恩捐軀難報，而力之所在無形無影，于何而竭，不知竭力之景象何如？愚曰：人所甚愛不肯使盡者，莫如力，何也？以其力爲我自有而自有所用之也。但知力是父母所遺之力，則無不竭之力；如身是朝廷所許之身，則無不致之身

且竭力不專在事父母身上見但立身行道法今傳後皆是竭力皆是事親孝道甚費無處不是故曰罔極

張生君憲問月到天心風來水面景象何如門生謂心體明明淨淨一徹盡徹即是天心月道體活活潑潑流行不已即是水面風愚曰不妨如此解會但心體道體不可認做兩樣以我看月到天心即未發氣象風來水面即已發氣象在人自知先生曰不見下文一般

滋意味稍得少人知人不知處政須自知楊寒質道長日隨所見處便直前做去及其成功自一

董生爲問行有餘力學文之義曰孝弟終身由而不盡何得有餘力先生曰行去纔有餘力不行何知餘不餘愚曰孝弟是弟子眞心不由勉强所以行之自有餘力若稍長則智力便有他用而不用之本領便用之文章故有時不足子曰有能一日用其力我未見力不

足者無不足何患有餘患在人用之不眞耳蓋眞則行即是文文即是行不眞則行無實踐并文亦虛驚終日憧憧那得常如弟子時回首從前駟無及矣

生又問曾點到春時童冠沂詠假如冬時當復何似愚曰言春而四時俱備夏秋冬皆春也言仁而四端俱備義禮智皆仁也曾點此段一似透露些光景于此未須說破但會得這些自覺無時非春

丁生應觀刻意叅究者坐間起而發揮爲人孝
弟與爲人發憤等人字甚透先生曰即此便
是眞叅實踐愚曰知得上爲人即下爲仁纔
是眞能叅實能踐生又將眞秀才發揮至舉
周身頭中藍衫等物一一引到貼身來說謂
當循名責實愚曰莫如此大迂頭巾藍衫猶
有不貼身時只此耳目口鼻手足心志乃上
天賦予生下一齊帶來缺一不得虛一不可
者倘能于此當身體認即知耳何以聽目何

以明口何以知味鼻何以通臭手足何以持
行心志何以虛靈即此是踐形盡性不然則
行尸走血而已故言顧行行顧言肫肫慥慥
那容些子虛假能做眞人即是眞秀才即做
到三台八座亦只是箇老秀才只是完箇人
生怳然歌耳目聰明男子身一律而退
董生標問比義之說主應事抑無事皆然先生
曰比字也不着力有事時比而不比無事時
不比而比又問仁義禮智信性也率性而出

何等便易此字不似多了愚曰君子自是率性只就人看是此義生又曰然則義亦須臾離不得先生曰且說一日間何時是有事何時是無事無一時無事自無一時離得義愚曰學問只是透性天下無一事無義吾之應事無一不是此義而其間不待安排不容擬議自然合宜實無有此處此無有此處政好參尋故時措之宜性之德也故曰君子義以爲質若有義以爲之質也若說以義爲質則

安排擬議亦大費力便覺有此處矣如從心所欲不踰矩豈真有箇矩在矩即是心從所欲不踰即是矩但不說箇矩字却疑無有着落故凡此義依仁俱要活看

一絳州宗室稱銜問曰小子愚魯嘗思君親師恩能報然後能作世間一箇忠孝有義人但不知從何處下手纔得盡愚曰開眼到處是君恩親恩師恩到處可報恩吾子不遠數百里來聽講即是盡忠盡孝盡義誠能自盡又

能作箇榜樣鼓舞貴宗人與予一般又能感
化一州人着老子弟皆知予一般即此便是
報恩即此是親民即此是明明德曰下手功
夫何在曰誠意
喬生拱秀問夫子終日不食終夜不寢以思是
思箇甚么思曰思學思而後知一切于我無
益也思而後知惟學之不可以已也故曰不
如丘之好學不如丘之學學從思得也若泛
泛云學何人之不如我

無善無惡之旨座上發明殆盡裴生君子更作無善無惡說備引諸有道要語具見留意心學而未復稱吾師劉先生一段更足屈群議愚曰無字莫對有字看即是太極本無極之無無善無惡即所謂至善也但會得劉先生心之一字亦屬强名豈但塵垢金屑俱着不得眼裡

姚培吾與門人樊柱石論魯男子柳下惠往事培吾謂在惠則可在我則不可一語有易地

皆然意若日夜半城外無人一避嫌則女將不免雖男子必納婁室壞無不可投何必男子之居想惠亦閉戶其所云可不可者從所遇之事論非論其人也以其說質之愚愚曰兩公皆仁者也全軀保名皆仁者之事也皆由乍見一念流出不待安排無容擬議而然也事當急遽無論有意爲和不成其介有意爲介不成其和即有意于和與介之間并不成其仁此以論其心則然也若論其事則愚

以爲處下惠之地不可無男子之心

育才館五會

三聖殿居育才館之負湫隘不堪宛然茅茨土階之遺緣館初幾爲江陵烈焰所燼而吾鄉丰城李公斗岡倉卒借聖祀爲杯水之救幸及免耳顧其簷前丈地稍稍益數楹便可辟風雨而陳樽俎焉余偶一念及此不兩旬而告成亦遂雅觀矣又殿之左右兩空荒蕪可惜而館中數點號舍以居三藩子衿尚虞促膝至諸孝廉之雅意來會者雖欲分一席地

不得也則又謬意于此設兩廂以待之亦幾乎九官十二牧之貯于俎豆間矣兩廂又竣事而殿堂甫落成三月朔日愚以祀事往會吾師曹先生都門還未之來謁也亦相期以是日東帶一拜比宣與各官師往而先生與楊寒質道長裴李兩進士君亦不期而至矣時滎河令高君之儁關中康孝廉適來謁咸在焉作育才館會

是日途中一瞽生遮道具呈訴其將貢而忽構

此疾不勝末路之悲愚爲之心惻欲謀于督學以拯之因念我輩矜不成人一念即同乍見入井光景從此擴充得去即是立人達人田地旣而思此處矜字故是矜恤之矜而古之矜廉今之矜忿戾何一流之相遠若是乎請質之先生先生曰矜恤主内看若廉與忿戾之矜從外看愚微會先生意又問之諸生甯董二生起而發明未甚暢愚思聖賢道理更無兩樣我輩做學問即一字一句須要貫

通此矜字自須一看都是從箇人我起見但有學問擴充則此箇矜不成人卽造到無伐無施萬物一體處去若不能擴充未免走到內交要譽惡聲去了故古之庶似尚有箇分辨卽未必遂無伐無施亦不至內交要譽惡聲若今之忿戾則純是內交要譽惡聲了先生曰此處終是疾愚曰從人我起見所以爲疾故須學問消融然此疾脉甚微只就乍見論此時若分兒子與隣子便似庶若從井往

捄亦似忿戾皆是學問偏處董生曰然則疾
雖古人不免若能去疾今人亦可學古愚曰
那裡有甚古今有甚聖凡只時時保得此乍
見不忍即人盡古人盡聖一不能保豈止是
今人凡人在人自醒令試使盜賊當乍見入
井此衆未免惻然動念及至提刀殺人則悍
然不顧然其改頭換面更名易姓處又可見
其心未死曰然則何以保愚曰只是學問以
克之從非所以内交要譽惡聲處做到萬物

一體無伐無施田地自覺無時無處不是去
疾曰知皆擴而充之即是良知何以又要擴
充先生曰所謂致知
會中有兩老生苦心向學者一九十一七十餘
先生命旌之愚曰老來向學千眞萬眞不肖
近日欲移去河南回思在此地憧憧錯過分
毫無以自効將
朝廷所以命我地方所以望我與我之所以報
朝廷荅地方者不知有多少未盡分處但一起

念要做便苦日短故邇來常有廢食失寢時候因念老來愛日想當知此我輩學問不及時做眞是暴殄天日異時滿頭霜飛兩眼雪白淚落沾巾悔之無及言念及此能無撫膺

先生曰誠然

第二卷

西河會

晉寧會

會語

吉陽李日宣

關中會

關中勝會余從馮先生命率有記然所得聞于先生玄言微旨與諸君子之細證妙解心可得而摹口不可得而言也而吏方伯浣憲長陳督學賈大參與鄠西安時復相過溫序則余之一二相商處稍可節次西安遂以爲當筆而記也蓋各有所識而余所記若此

時諸生中有論及心學者愚荅曰養心莫善于寡欲寡而至于無則靜虛動直此眞正心學要領

一孝廉曰夫子性與天道如何不可得聞愚荅曰不可得聞即是可聞中妙處

一生問孝弟爲人之本愚因請教馮先生曰日在蒲學中有請舉孝行者宣偶有所發明先生曰政好與諸生言之愚曰以愚見盡世間無孝子盡世間無不孝子萬世而下獨有一

舜彼所遇一父一母一弟皆盡人倫之變而舜一視爲常至底豫無間此殆天造地設一箇人以立萬世人子之極此外卽極遭逢之苦人必不至此卽極能敦行孝道人亦未必至此蓋殺身不過捐父母之遺而傷體恐反貽父母之憂彼問安視膳履霜卧冰非不各備極孝思究何裨父母萬一乎故世間無孝子子自離胎來一體而分天性所鍾世無兩種生非空桑病非喪心何至有遺其所自生

者乎其不然者則或因性氣之不馴難與克諧或緣時勢之不赴遺其本衷如此而遂誅其心曰此忘本之逆也吾所不怨故世間無不孝子先生甚以爲然

有論不踰矩者愚曰矩是心體從心所欲自不得踰蓋不踰卽矩非有一矩而到此始不踰也權者秤物輕重以取中中秤星也所謂經也經卽矩也權以合經政所欲不踰矩孔子由而立後歷四十年始不踰矩如何可與立

遂可與權
馮先生發明浸潤膚受一章最曲盡謂浸潤由我多疑膚受由我多怒多疑多怒率由多忌蓋謂譖訴全是譖訴君子若平日于君子無忌心一聞譖訴便自不信便思保全此真仁人之言愚謂此都由見性不明若性地一明一切忌刻心與疑心怒心都着不得空空洞洞浩浩蕩蕩那容纖毫芥蔕先生首肯之
愚請教先生曰近在簿書中每閱招詳推求比

擬覺一字不容放過即事外亦且設疑因思我輩檢身何獨不然若猶未也恐自家疎漏處視他人更多故躬自厚而薄責于人眞我輩居官藏身之恕先生曰誠然

時有譚及父母愛子無所不至者愚因念自渡河來日親簿書至寢食失期然當饑而食一念及子時爲作哽當倦而寢一念及子便不成寐父母之恩如何可報故曰若使愛親如愛子世間人子盡曾參

因馮先生論及一日克己復禮天下歸仁愚曰禮者體也仁者以天地萬物爲一體只緣塵垢蒙蔽不自認取把一箇如許大身子都放倒了克勝也如大將登壇要把自家眞精神提將起來猛力承當譬之一鏡高懸天地萬物自在其中故曰復其見天地之心此語非顏子功深力到夫子亦不易言然又恐其看得大難只從天下歸仁去做故緊接爲人由巳而由人乎哉若曰從天下去做便覺難只

從己身上去做自覺易但能克己復禮自然天下歸仁須知此由人人字政對天下字看至下節視聽言動則純是描寫一箇歸復的光景所謂禮一復自所見無非禮者如視盡禮人莫不作肅聽盡禮人莫不作恭言盡禮人莫不起信動盡禮人莫不起敬即復即歸光景原自如此故顏子始而曰請問其目繼即曰請事斯語皆要見此段光景也若謂顏子問功夫條件則顏子不若是之鈍夫子之

教顏子亦不若是之嘖嘖不將前後作兩截應
荅乎且于天下歸仁全無關涉大費湊泊先
生深許之
再請先生曰初疑君子無終食之間違仁何以
顏子深潛純粹僅僅三月最後取七日來復
反覆玩味始知三月不違非顏子不能到先
生曰此處政可合看
或曰我欲仁斯仁至何以有日月至愚曰至不
至政爭在一欲耳然則欲何非理須知天人

理欲總只分先後天

或問鄒馮二先生于此道何其切所至便與人譚學愚曰鄒先生見人有一分善則虛心受之不啻自其口出馮先生汲引來學孜孜亹亹惟恐失之前輩留心世道大率類此

馮先生說致中和一節卽至誠盡性一節此最有見或謂致中和先位後育至誠盡性何以先人物後天地愚曰中和原是性體天地萬物原具足吾性中但極其所至卽是能盡一

盡則更無不盡天地萬物絕無次第須知能
盡其性下一則字竟貫到底
或問孔子假我數年五十學易以無大過亦即
是欲馮先生曰聖人所欲不遠人情但世人
欲年爲受用世味聖人欲年爲幹好事愚曰
世人有欲常求日益聖人有欲偏求日減
馮先生謂世譏議講學人動言好名名何負于
人愚曰三代而下惟恐不好自是實諸夫實
之必有名也如日之有光如火之有焰名言

名理何嘗不有所本學者但須顧而思其義循而責其實耳不肖異時記與鄒南師譚及此不肖偶解之曰好名之人虛往實歸吾師爲之擊節

諸生有論及動靜之說者愚曰悟得靜中之動動亦非動悟得動中之靜靜乃眞靜

或問一念之靜定雲止水一念之動鳶飛魚躍馮先生轉喚云靜是鳶飛魚躍動是定雲止水反覆體認眞自可玩愚曰只是常存箇未

發氣象

因馮先生諄諄謂如今相對人只是勸他莫錯過愚曰我輩勸人學只如醫者持藥救人但一息未斷亦自不忍住手

因馮先生謂自家有病自家醫愚曰記得陸象山先生謂千古聖賢只去人病此語真有味

一孝廉問顏子不二過是真能改過者愚曰此不二過不字作無字看彼未嘗復行那得有二過

附馮少墟先生柬

項辱繡斧破格入省惠教關中書院不止爲
自有書院以來所未有寔
國朝二百六十年以來所未有又横渠先生擁
比以來所未有也如此盛會眞不可無紀猥
辱鴻製描寫情景宛然在目眞是文中有畫
苐過譽處愧不足當之耳至會紀二十條言
言理窟字字眞詮當與西銘定性書並傳不
朽三復歛衽

華州會

史義伯先生講學渭南一時關門甚振余過其邑則史公方病目謝客余晤言其室移日未恐去史公曰此中諸士拳拳以續關中爲請柰何時余行迫不能應也比華州事竣則史公且翩然携其徒與孝廉明經數十人適至矣過而日吾老去無宦情年來只知此學與我相終始海內心知有幾我輩千里相期今柰何把臂失之詰日馬大參偕州刺史果率

諸生來請也冷然一堂坐對盡日反覆辨剥得未曾有而格格在喉留不能一吐耳夜歸筆記數條識此佳會

史義伯曰温故知新之義何如愚荅曰故者故吾也吾心益爲如春生意時時欲流樹到春來節節生花在吾自知

史義伯曰强恕而行還是何如愚荅曰人只是從自家起念便覺自然一到推以及人便覺涉强得到化强爲自便是堯舜氣象試看欲

立而立欲達而達而字即是强行意思
諸生有問入手功夫者愚因謂義伯曰萬物一體自是吾心原具但到下手處不妨着步子力故孔譬孟强聖賢亦自眞實話
張孝廉問時措之宜是何説愚答曰只看得自家心上宜便無往不宜不必在措處看所謂靜亦定動亦定也焉大槩于此別具見解語殊有味
又一生問如何方是宜愚曰今一堂坐着百千

人吾眞實一言自覺妥詳人亦莫不妥詳吾
眞實一揖自覺妥當人亦莫不妥當百千人
中有一人不見爲妥詳妥當便不是宜畢竟
此中差步分數故總頭腦處只在誠
一生又問此宜字可是義者宜也之宜否愚曰
理一分殊不待安排自然恰當自然適中便
是宜故曰親親之殺尊賢之等禮所生也程
子謂有一毫有爲而爲便非是禮知此便可
論宜

史義伯謂近來看得孳孳爲善善字與他處善
字微異愚答曰觸處雖有不同究竟還是一
箇善善與利之間相去不遠遠則便非平旦
之氣便非與人相近幾希只爭一箇孳孳爲
則意思各向一處走越走越覺遠了故舜蹠
遂分
一生起而言曰還請先生一發明愚曰人到雞
鳴而起未與物接空空洞洞此中純是二箇
大虛氣象此處便看雲從何處起即爲字亦

從發後見得

又一生曰此處還作何下手愚曰程子謂只主于敬便是爲善卽此便是愼獨工夫下手在此會心亦在此

一孝廉問如何是深造以道愚荅曰只看下句自見如公問我便是以道公還自理會便是自得再莫問我

看來深造以道一節卽知止而後有定一節細細會通學問只是一箇能自得聖人敎人每

循循有次第惟是孟子性較敏故大學節節說而後孟子便說箇則字義伯深以爲然

一學博問士品有三如何亦言富貴愚荅曰富與貴人之所欲雖道便是不好的物只是非道不處不義無與于我而已且所欲在此則愛惜自真如真愛富貴必須加意檢點百倍護持惟恐有一毫非道非義來點染他便不值半文錢如人愛着一塊白玉即不令着一點青蠅即此見人欲中天理欲何嘗非理

且如富貴從道德出更眞德充而腴即是富有道尊而光即是良貴充類之盡何往不是政恐離却道德便不是富貴便是齷齪場

一青衿問紛紛說格物還宜何從愚荅曰即看本文天下國家身心意知何莫非物脩齊治平與致誠正何莫非格物天下無之非物總只是一箇物其爲物不二處即是則

一青衿問勿欺也而犯是何說愚荅曰犯是不好事若知其不好而故爲之便是欺此處

政可問心故孔子曰信而後諫漆雕開吾斯之未能信致合大意

一孝廉問不怨天不尤人一章愚答曰認得下學即是上達自然不怨不尤謙尊而光卑而不可踰退一步多少世情物態都從這裡銷融此處淵淵浩浩那容人知故曰君子之不可及其惟人所不見諸生理會及此便不疑孔子說知我其天

叟義伯論老安少懷一節愚答曰此便是聖人

在上使天地萬物各得其所氣象三之字即指老少朋友所謂人人親其親長其長而天下平彼無憾無伐所爭只多箇願字便覺猶從我起見若聖人則因物付物全不以我故註安之安我要活看

史義伯謂人心道心作何看愚荅曰總只是一箇道但于其微處若愁有一物焉以粲之故曰危心即道道即心乃至愁以此粲之所謂人心學者政須從此處嘿嘿體認故曰人能

弘道難説此弘道之人反不合道

有問道在邇而求諸遠一章愚曰此是子與大開眼處至觀水有術則已得手至萬物皆備于我則純然奏格無言篤恭不顯光景須知巖巖氣象到底歸向慥慥田地

一老學博問夭壽不二何以立命余荅曰善哉問弟難與公深言今人盡憑命立我至人乃以我立命以命立我百年總歸無定以我立命旦暮自可常存脩者脩其無定以俟其常

存所謂脩其二以俟其一非俟死也識得無定常存關頭便是眞能立命不二不字作無字讀指理言非指心言

甘棠會

余初過甘棠州守謂此中有司馬郎王惺所先生日聚徒講道於冷寺中余聞而慕之而以刻期入卯不能從也時司馬亦第以析柬介其所論着見示讀之使人冷冷塵心銷盡聞司馬自拂衣歸不見一客即其門人有從宦中相過問者亦不答余益奇之邇以甘棠事竣始相期於古寺中爲竟日會鬚髯如銀面如玉端坐默然至與余間有商量處輙反覆

不倦余甚快此行之不虛也記之作廿棠會王公開口便說立志愚信口答曰亦看所志若何以愚意必如孔子志于學志于道方是眞志且如志道德則功名莫與易志功名則富貴莫與易志富貴則生死莫與易如是而立始爲眞能立若立志不眞卽爲富貴亦不能貫徹到底又何有于功名何有于道德王公曰如公所云正是先立乎大則其小者自不能奪

王公因余與諸生論克復一章爲孔顏莫逆處遂首肯問曰如如見大賓一章于此可互看否愚答曰聖賢學問處處須是相通仁者以天地萬物爲一體出門如見賓使民如承祭不欲切施非克己復禮而何在邦無怨在家無怨非天下歸仁而何此非眞實見透萬物一體惡能至此

又問如何是如見大賓余曰只是箇主敬如我與公對坐在此此中惕若便是見大賓少頃

別去出門此中猶若對公時猶是箇惕若便是如見大賓人每入門見客便作肅到出門撒手舒眉便放寬些每承祭則洋洋在上惟恐有一毫踰越到使民則我如天地神明惟所臨之惟出門如見賓使民如承祭纔是無衆寡無小大無敢慢纔是無終食之間違仁乾乾惕若那有間言時候

余坐間與諸生論文因謂諸生文字與道學自是一貫如看得學問眞切則做出文即爲眞

文做出人品亦爲眞人品不然一齊俱假余每見文士家譚道德性命忠義氣節所至有名言妙理及考其居身則未必盡然總是看得學問不眞切故一味從假中混去若是擧筆動念一一都放在自己身上體認一過則字字眞實可傳人人可爲聖賢豪傑寧復他求而奈之何其不然也故孔子曰文莫吾猶人躬行君子未之有得正是吃緊提醒學者處

王公又問人若不能自信如何余曰還若不能自疑常被一信字欺過去假如能疑得一分便能信得一分若自謂信不過處便是眞能信便是篤信好學守死善道學至于守死方是篤信故吾斯之未能信漆雕開所爲見大意

王公深譚顏氏之學只是深潛純粹愚謂惟其深潛純粹所以能見大無伐無施非從仰鑽竭才後不及此後孟子萬物皆備于我舉政

是學顔子處

王公問申申夭夭何如愚曰此便是夫子信得過處便是天地萬物各得其所氣象使他人處此非欲然不自滿則侈爲無所忌那能有此

王公數起諸生中來問學者諸生未之應余曰我輩一生只是這一件事吃緊即終日懂懂終日兀兀總只爲這一件事故親師取友之益大到處不宜錯過及到得時政不在言

新安會

愚行部至新安同年吕豫石兄一見便相謂曰聞公祖一路事竣日與諸生譚學無虚地今新安士褁糧而候此有日矣弟獨慮新安之事未竣也將掉臂去此其若諸生何愚曰兄安知弟之掉臂去此也果爾固是第一未竣事耳豫兄曰恐縣官不敢率諸生進也愚曰兄不記明道先生有云有甚你管得我有甚我管得你教人致却大平後我亦願爲大平

民豫兄笑曰早知公應若此
一生進講一貫章豫兄欲愚發揮愚曰只消吾道一以貫之一言便了此外不惟夫子無復可說雖曾子亦無復可應故曰唯至門人不知而問曾子只得以忠恕示之然兩字外亦又無復可說故曰而已矣教弟如何發揮必欲言之則弟愚見謂吾道一而已并貫字亦屬贅若曾子所云忠恕亦只是提醒箇貫字爲門人語而于一則終無復可說也故門人

亦遂理會竟不復問豫兒曰夫子一開口說吾道便知道只在吾此外皆贅余曰極是極是如此發揮始覺無遺蘊

一生問曰知所亡何如愚曰此政心學知亡者求放心也無忘所能者能收放心也日省月試乾乾不息自到下學上達地步此子夏學問極得力處故孟子謂學問之道無他求其放心而已

一生問志于道一章豫兒曰且問是有次第否

愚曰政自有次第以弟愚見總是箇求仁學問盖學不至依仁所志所據皆虛而無著執而不化之物精神但到得所依歸則形而上形而下根于心喻于四體無非是也故志道據德游藝皆依仁也功夫自有次第但到頭更無等待

一生問吾十有五而志于學一章愚荅曰聖人言語步步切實不似今人懸空架閣彼十五志學難道不遂有箇不踰矩的意思然一路

做去究竟走不過步步但一遞一遞光景到處便覺耳政如登高涉遠同此發脚同此到頭有曲有直有疾有遲卽相去甚懸絕而必經之處雖在飈車羽輪政自不免所謂若要熟也須從這裡過

一生問道在邇而求諸遠一節愚荅曰最是聖賢教人痛快直截處只人人親其親長其長而天下平何等遠却何等邇何等難却何等易今柰何舍此他求乎政如去却門前山不

看偏從天外說崑崙可歎可恨 此與中庸行遠自邇章同看政是孟子學子思有得處

生又問何謂事何謂道愚曰道外無事事外無道

呂仲子問克伐怨欲不行焉畢竟何如愚曰此懲忿窒慾工夫却是走難路若不求箇大頭腦到底當不得甚事此政少墟先生所謂少不得筭不得余每念陽明先生池面浮萍旋開旋蔽有源由已無源從物眞是此中對症

藥方故孔子曰可以爲難矣仁則吾不知也

語煞有味

有問天命之謂性一章豫兄曰政要請教愚曰

弟亦嘗究心于此而未有得也大都這章原

是一箇性譜吾性原與天地萬物一體人但

從未發處一澄心靜觀豈惟位天地育萬物

爲人人具有亦且人與物具有但人之所以

異于物者人能致而物不能致耳然未發亦

不止是雞鳴而起孝與物接郎今羣然一堂

之上辨剥喧嚣而此中之渾然油然者自在蓋未發中未嘗別有已發而已發即在已發中未嘗別有未發而未發即在不覩不聞即在共覩共聞時見故功夫只在慎獨又一生曰請問如何是中愚曰中非與四隅對亦非與外對明道先生所謂生生之謂易天地設位而易行乎其中在人自會豫兄曰如兄所教極透以弟見篇中俱是説脩道之謂教但不知何以註禮樂刑政愚曰兄此論却甚透

但教字莫著象蓋脩對率言敎因脩名即孝子亦謂因人物所當行者而品節之若禮樂刑政之屬觀因字若字何嘗執殺兒只看何以自明誠與自誠明初來殊途而究竟一轍便可一切抹下

豫兒曰格物畢竟是何如愚曰陽明先生只怕人膠膠擾擾于一切無有了期故提出良知二字政使人雪花着水一下便了天下無非物也一致知物無不格也致知在格物格物

亦即在致知楊慈湖先生謂吾心本無物忽有物焉格去之夫既已無物何緣得忽有而去之且不將此物與本末之物不誠無物作兩物乎天中豈有二物耶愚嘗謂儒者學問要融通如克復兩已字大學兩物字俱須作一箇字看

又有謂已字有眞已有私已者愚曰總之一已也如日行大風中滿面塵氣難道此時面目便不名我面目須知但有拂拭而無改換

豫兄曰性命微處老公祖還爲諸生一說愚曰政藉兄剔撥弟前此只看得頭續太多討如許纒擾後味明道先生窮理盡性以至于命一時并了原無次第語始知學只是窮得理性命自可了

豫兄曰諸生中常問心性兄試一言愚偶記得象山先生爲一友人問心性才情先生曰此言殊枝葉學者只是解字更不求血脈如心性才情都是一般物事言偶不同耳若理會

得自家眞實處他日自明必欲說時則在天
爲性在人爲心亦只是隨吾友言其實不須
此此言極透因述之坐中豫兄曰諸生煩教
矣
豫兄曰下手工夫還是何如愚曰自家痛癢自
家知再商量揣摩不得雖然吾輩爲人言却
須指他一條路去兄意何如豫兄曰政是以
弟意只是一箇誠發揮極透愚曰此政弟意
假如我輩欲往某處須起得念頭眞實從此

發脚不停日走一日自然可至若起念不真實只整日向人問路隨人脚蹤三回兩轉自覺無味便一步不能行

豫兄曰孝弟人生大本如老公祖所論天下無孝子極妙弟謂孝道甚費如何能盡愚曰豫兄眞有孝性人看出費字極透夫婦之愚蔬食菜羹融融洩洩原未嘗歎及其至也雖古聖賢完廩浚井履霜臥氷肫肫㒓㒓亦無所增所以明道先生謂多少未盡分孝弟爲人

之本千枝萬葉日日發生無盡

豫兄曰用之則行舍之則藏自是孔顔能事弟謂妙在惟我與爾有是有字兄試言之愚曰人但知聖賢虛中以應世而不知其中原自有主張卽看下文臨事而懼好謀而成自見凡聖人教人言語卽不無淺深而豈有異同

雒中會

雒中忠義嶙峋理學淵源之地往時神遊其間意念亦自津津而况周差所至諮詢猶當首及者乎事竣之日已戒車詰旦入汝會孫蔡亭工部李瀛陽大參郭方壺掌科牛星寰太守數先生率諸縉紳孝廉四十餘人過而言曰往時觀風使者至相見殊寥寥以公之留意文學所至聚講諸青衿聞而有慕心今皆裹糧自遠鄉來求一言之發其蒙也矧吾輩

聚處一城其望有此日久矣若何把一臂失之愚行意雖急然感諸先生雅意相招又念曾尤孟三先生流風遺韻得無有存焉者乎于是與觀察使胡張兩公及梁太守張王二別駕鄭司李張尹暨諸學傅相約于迎恩寺作雒中會

一生問克復一章曰聞先生在新安發明極透請更一指示愚曰夫子論仁多章皆言功用或言其一體惟此章始提出箇全體大用致

孔顔傳心處仁者以天地萬物爲一體卽此名禮卽此名眞己人但識得此箇眞實分明自無時不可克己復禮無時不是天下歸仁總在自家信得過自然承當得下再莫問人

一生問天命一章愚曰聖賢學問自是一通百通如此章政與克復一章同看人生而靜以上不容說至其中渾渾淪淪淵淵浩浩原自舉天地包萬物無不具備人常若不能自認識不自承當把許大乾坤自家勾小了這箇

事不但我輩可承當即諸輿臺皁隸亦自可承當此政象山先生所謂吾心即宇宙宇宙即吾心至于位育光景不但喜樂時見得即怒哀時亦自見得不但率處見得即脩處亦自見得眞未嘗須臾離而總之于未發時得力故功夫只在愼獨

一老生吳道行年八十矣起而揖曰人生無論得志與不得志皆當思量做一箇人先生謂何愚心異之意必有道君子問之果西川先

生高足也愚曰公自是有志人但要知志在
即是得有何不得此志無論我輩能得即與
臺皁隸亦自無不得故有單瓢陋巷而得者
有冠冕佩玉而失者不可不知公不見周茂
叔每令人尋仲尼顏子樂處使不得志何事
而樂
聞吴老生家無宿糧一青袍尚借之友人而耻
向人訴貧日閉門獨坐哦詩殊有單瓢遺意
余爲之制一袍顏其門曰不改其樂

郭方老曰學問內事尚望公祖今日大發揮一翻愚曰政欲求老掌科與諸老一指示顧愚嘗謂吾輩墮地來只有這一件事這件事如饑之必食寒之必衣原自離他不得又如耕之必穫織之必衣他亦虛負我不得又如痛之必摩癢之必搔再向人討消息不得人多因習氣未除不自振拔又悠悠錯過無處撥醒所以大家弄成一箇昏瞶世界若肯霍然發汗一齊猛力做去如人在迷津見有牽舟

濟渡者相率乘勢一躍共圖擊楫及到岸時
各自撒手揚眉總要只在自巳起得念頭眞
若起念不眞切卽隨舡過去亦復踟躇江舟
與波上下莫知所抵

諸老曰學會自是吃緊果因憧憧錯過今當依
公祖命此後以爲常矣愚曰我輩政苦不吃
緊一吃緊不徒爲自巳學問當如是卽爲世
界風俗計亦當如是今人譏學者動曰假愚
意我輩但慮有假卽須任眞但相率任眞更

何有假且如世界多少眞事都從假中做出如作文盡假話若肯一一放在自巳身上體認即文爲眞文做官盡假事若肯一一放在自巳身上省察即官爲眞官又如今日諸生翩翩來會其中雖多爲自家求進亦豈無有一二爲不伎來着乎爲不伎來是假而就中所見所聞肯一一放在自巳身上理會即會爲眞會故學者但當假中尋眞切莫認眞作假夫會而止區區自爲則如少墟先生所謂

少不得算不得亦不甚屬得力但以此移風易俗則所關甚大世豈有能轉移世界而于自己身上無纖毫着落者乎則又安所稱萬物一體也愚嘗念往時程朱諸夫子爲此顛連困苦一生不肯放手豈專專爲自己一身若止爲自己一身亦自不受此顛連困苦今千百世而下畢竟謂程朱爲何如人

吴老生問學還有箇主否愚曰世豈有無主之學問乎夫子開口便說主忠信所以能取友

改過若學而無主猶無舵之舟隨風飄泊如何渡河航海因述與呂豫石兄論惟我與爾有是有字政合這有主之謂守道張先生曰如公言則有是是字卽斯未能信斯字愚深服以爲知言

吳老生又問功夫常苦間斷何如愚曰便是無主忠信心若一主忠信則純純常常日日新又日新源泉混混不舍晝夜何得間隔因顧謂諸學博曰昨與諸生論無倦一章凡事只

是要一箇眞實心蓋有眞實心去先勞自然無倦無倦亦豈能有加于先勞今諸君此日行我學約若心一眞實則正月起如是到十二月亦如是若心一不眞實即二月便行不去矣青衿首肯曰領敎領敎

君子無終食之間違仁不是影響引證語凡人心有所思但到飲食當前機括便自一動于此不違故造次顛沛可必于是我輩一舉盃動筯即思此物從何來即一茶一果亦可體

認天理于此便是知味便是不違

今日之會因出堂稍晏不覺赴遲及至又與諸公周旋揖讓移時故坐譚無幾卽日欲暮有生謂未能盡領略者奈何愚曰但有此會意政不在多我輩進退揖讓就是學問孔子無行不與亦云無隱先儒謂從灑掃應對到精義入神貫通一理何獨揖讓不若灑掃

臨汝會

汝故有二程祠余入境一過其門而竊有意於斯也邇案事竣刻期移懷欲改此會於稅舍時一舉行值大參胡張兩公相謂曰此地政駸駸向學且構堂焉公靳此一日會使之不得一望而托足安所稱萬物一體且良會寔難過此又將有不可知者余感二公殷殷而夏比部溫別駕二公遂拉同鄉紳孝廉明經十數位坐而邀焉於是張別駕陳刺史鄒州

博暨合州屬所司率諸生約二百人候於學
宮是日余病甚至不勝觔不得已偕二大叅
往作臨汝會
愚謂諸君曰我輩常是將身子自家放倒所以
非昏則柔便生病如不使早起至午尚不耐
語言一起念赴會總振衣便覺霍然若使隨
意推辭亦遂放倒生病夏比部公曰老公祖
此病卽是堯舜猶病愚曰是則何敢因謂諸
君曰堯舜何得有病此不過夫子吃緊醒人

語若曰病在堯舜猶不免世間何人説無病以愚見聖之至也必如堯舜始無病堯舜猶病堯舜之所以爲至也道之大也必如天地始無憾天地猶憾天地之所以爲大也此部曰然則文王視民如傷即此意愚答曰正是此意有堯舜之猶病是以有文王之如傷雖然此病亦在堯舜自知之他人安得窺此部曰尚望老公祖發揮愚曰無病之人心廣體胖慮病之人朝乾夕惕諱病之人志驕氣盈

千古聖賢學問只是去人病那容增添得些

郭生調羮問曰講學或主致知或主止善爲甚分別愚荅曰此何有分別善非止不至止非知不明夫身心意天下國家莫不有至善而總聞之於知格誠正脩齊治平莫不有止至善而總括之於致知知之所遇無非物致之所在卽爲格總要識得天下無物不竅於吾知非我自我物自物也故曰致知在格物

王春元問曰性也有命命也有性上下性命顛

倒互換不知同否愚荅曰性命原是一箇事如何翻作兩般看此政孟子反覆發明道心人心處如聲色臭味安佚人爭指之曰性其實何嘗非性但一謂之性則恐漸流於情欲而不覺了失其性眞故君子不謂性如仁義禮智天道人爭指之曰命其實何嘗非命但一謂之命則盡諉之於維皇而到底不認其在我故君子不謂命明知是性而不敢謂性明知是命而不敢謂命則所謂何在存心焉

耳此君子所以異於人者卽此見孟子心學
至春元又問形色天性節與仁也者人也節是
否印合愚荅曰此問最妙人只要知得人之
所以爲人則面睟背盎手舞足蹈莫非生意
若不知所以爲人則如行尸走血了無神理
今卑者泥定形色高者侈譚天性皆緣未認
眞人一認眞人形色天性那容一些牽合附
會踐者實也惟聖人盡人爲實能立身於天
地之間我輩皆虛生耳知得本立而道生卽

知得合而言之道

新生守法問曰一貫之旨參乎章與賜也章一屬知一屬行知行二矣何以一貫恩荅曰聖賢教人自無異同况此等大宗旨那容分别止因曾子反求得力故直呼而告之而曾子遂直承之曰唯子貢雖有資性人然其學識常往外邊討來故夫子先以多學挑發而後提出真實宗之而子貢始恍然於斯也雖未能如曾子之唯而亦幾於不容言子貢真聰

明人矣我輩學問總來只要從自家做故曾子雖篤信聖人而用心專內所以獨得其宗若諸子之學即不無本領而多出於聖人所以遠而失真學者不得參賜之異在此而謾分知行不惟失夫子語意亦爲不善體朱註也

孫春元問如何是可語上不可語上愚細思之此自聖人因材而篤本意其實可不可係乎人之自見而聖人無容心也下學上達原自

一理有教無類亦無分别但見地超者隨響應心言文章卽是聞性道故見謂可語見地卑者膠柱鼓瑟教以巧尚泥着規矩故見謂不可語人自可語不可語聖人安得有可不可之語

張生維鉉曰請問先生顔子如立卓如欲從末由曾子一唯妙不容言與聞之未能信子貢之不可得而聞四章參同願聞其旨愚谷曰善哉問天下莫非道也道無往而不在也若

可就中執其一而名之曰是道也口可得而言目可得而見耳可得而聞心可得而信也則是神有方也道有體也風可捕也影可捉也豈道之妙哉知乎此則如顏之卓如斯真見也參之唯斯真言也開之未能信斯真信也賜之不可得聞斯真聞也道體本如是但不得謂諸瞽於此學力無淺深見地無頓漸而一槩指其爲深於道耳然顏曾漆雕皆從自家理會得以而子貢終未免墮耳根所以尚

隔一塵

祁生珍曰請先生發明天地萬物一體之義何如愚荅曰此自真實話我輩身子原是如許大天地萬物實實於我一體但苦人不能自信耳所謂反身不誠也一誠則千萬人塲中直前承當就是有何可疑且如今日羣集一堂之上何以諸生不期而至何以不倂帶病猶來使於中一信不過則舉止語嘿便覺索然無味安在能一人聯絡數百人乎須知此

箇事不但我輩有凡人莫不有亦再莫問人

只問自家

又問孟子深造自得與中庸無入不自得是得箇甚麽愚答曰豈有他哉卽是得自自家不淺非深造不能得自家不在外非入不能得

大凡我輩將此身放在事外則撒手披襟泊然無營超然無繫亦何難事惟一入富貴貧賤夷狄患難則舉平日疏散脫略之意一旦若受其約束而不得自由於此而猶然心廣

體胖坦坦蕩蕩若不知其身之在貴富在貧賤在夷狄在患難者非素位而行居安資深何能臻此此即所謂左之右之無不逢源者也總來得手只是一箇居易蓋知易則自不爲境所遷安往而不得吾自兩章政好互看因與諸生論學愚曰此件事自是我輩切身急務諸生莫閑眼放過今人一朝失食一夕失寢則心怏怏以爲身命憂若一日不聞道則所失重大而乃恬然不以爲怪何其視一日

千古事不若其一朝一夕者乎學問不日進則日退再無中止一地可以着脚政如撑舟急灘一篙失手便自退落孔子當其未至則數年亦思假我及其已得則朝聞卽可夕死夫聖人何嘗一日不學易何嘗一日不聞道哉不過自寫其一段吃緊念頭以激勵來學耳讀聖賢書所學何事諸生幸於此猛省

中岳會

葢余至嵩而知天地中正之氣自不亢也嵩在封邑之陰據地隆崇開闢列障從馬上一望無異常山而九蓮五乳高入雲際反環向若拱嵩之所以爲中天尊也地靈人傑余殆不能無厚望而聞之劉令知邑人士于此意更不淺惜乎日晏不能相期耳詰朝重陰戒途聞諸生褁糧躡蹻欲追隨入少林者紛紛滿道旣而風雪大作不能前余夜宿山寺次蚤

方抹馬而明經大學青衿諸生之踏雪至者尚二十餘輩候于門也時兩大叅已先驛遲余偃師矣張別駕與劉令尹不勝諸生之請復相期于達摩面壁處延佇盤旋續中岳會時十月廿七也

余至謂諸生曰此處光景便覺與下邊懸絕以此見我輩腳跟要站到最高處腳跟站得高眼界自看得大眼界一大自覺我大而物小天地萬物何一不屬吾指顧中孟子所謂先

立乎其大政是見大處

一生問夫子五十而知天命又曰知我者其天夫子定是知天不知天之知夫子于何處見愚荅曰凡言天毋莫仰視只脈脈俯察昭昭者自隨處發見天對人言凡人所不及知處即爲天知夫子知天處即是天知夫子今人毋不反求其在我而漫云知天甚且以人之知不知爲天之知不知故怨尤二念觸處便生此皆不知夫子下學上達之義也下學上

達原非兩事聖人一生朝乾夕惕肫肫慥慥只是從自已身上做那有一毫凌越攀援的意思又那容著一毫怨尤淵淵浩浩空空洞洞此處精神直與天通人豈得知知得夫子下學上達之義卽無疑夫子說知我其天

一生問戒慎恐懼就是慎獨抑戒懼外又有慎獨的工夫且有以天地位萬物育就吾心言者豈聖賢有空虛之學問乎若就功效上說惟天子建中和之極便可言位育如無位的

聖人安能做得位育事愚荅曰戒懼愼獨原自合下功夫亦只是常存箇未發氣象我輩但在此處看得分明承當得下自覺滿腔渾然油然天地萬物完全在我何問聖凡即體即用那分心效蓋中和一致若天地自位于我非必于我位之也若萬物自育于我非必于我育之也且夫一念之善景星慶雲一念之暢鳶飛魚躍非位育乎但隨心觀景各有自得只設身處地無不皆然本自活潑安處

枯寂本自充足安處空虛故曰可以贊天地之化育若必建中和之極而後行位育之事則天命之性只在當世之聖人有之非我輩亦都是箇血肉殼劉令深以爲然

一生問吾斯之未能信指理言抑指仕言愚荅曰仕外無理理外無仕斯者此也此處信不過安能信得他令人都是從恍惚揣摩中做去即疑且不能又安問信但到信得過時分條條有路通長安

一生問回之屢空與夫子空空相同否愚荅曰空字之義自一但論其至則夫子空空是自然顏子屢空終有漸次過此如有若無實若虛犯而不校亦都是從此處造去聖人地位又問賜之貨殖何如愚荅曰政爲多此異時花落鳥啼從繁華叢中跳出去撒手玄巖自印大虛

一生問子貢說性天文章是一是二且夫子未嘗言文章却說可聞未嘗不言性天却說不

可聞愚荅曰此政子貢有得處性天文章自是一理人只從聞處討消息便覺有言有不言若從不可聞處理會夫子何言非不言何不言非言且子既知夫子言性與天矣如何又説不可得聞只就此理會自知

一生問夫子曰予欲無言又曰吾無隱乎爾既云無言如何又無行不與不知所行何事所與何物愚荅曰聖人教人只是反求諸巳即此是無隱本意若曰二三子莫終日靠著我

若以言則予欲無矣若以行則吾無行不與矣天無言而行生自若吾無言而無行不與寧有隱哉須知無行不與是夫子自家寫出一箇像讚若必指定何者爲行何者爲與便不是無行不與了先儒謂自洒掃應對上便可學聖人事豈容拘定與者自與在得者自知之

一生問大學致知中庸慎獨知知止便是得止慎獨便成位育矣但致與慎用功何處着先

後愚答曰纔説知便是獨纔説獨便是知但説獨便當慎説知便當致耳觀知致而後意誠誠意必先愼獨大學已自明明説破聖賢言語豈有異同十目所視十手所指致即愼也莫見乎隱莫顯乎微愼即致也要知得到位天地育萬物纔是止至善實地

一生問知其説者之于天下也褅于天下何關之于天下果就治天下説否愚思往見褅自既灌一節傳文謂此夫子不欲附會非禮之

祭因記呂新安凡曾論此一章與此意合想來魯祭非禮孔子本不欲觀晦翁已自說破何須諱言聖人治天下無非使君君臣臣尊尊親親大大小小各安其位而已設魯一不禘諸大家自不敢八佾不敢雍徹不敢執國命使周天子獨攬一王之尊而諸侯大夫拱手而聽之天下有不從此治乎如此看平平實實到得夫子尊周愛魯本意而之于天下爲不虛故夫子先說不知也隨說知其說者

知不知之間一段深情苦思隱然可會

一生問繪事後素之義何如愚荅曰後字莫著意看愚常謂禮者忠信之薄語大偏天下有離忠信之禮乎如此禮不徒後竟可廢矣親親之殺尊賢之等禮所生也禮何等厚忠信而薄矣其所厚者薄而其所薄者厚有是理乎子貢文猶質也質猶文也殊有解會不是說並重政可與此互相發

上黨會

上黨徃岡鄉曾見虞先生過化地固文公之蜀也余心切意之而視學之日諸生濟濟數百人環橋而聽余謂李大參曰此中便可觀士習彼不以爲故事而漫然視之卽一揖讓進退間亦覺意氣自別嘗念我輩馬蹄所至日逐傴僂唯諾眞可憎人若不于此處討得類聚一番祗成虛度大參曰此中人士望有此日久矣顧不意是時報太行有寇儆余方傳

檄澤師爲備禦計遂屬大參往比接事竣將刻期如沁而問卿程徵老過余留行曰何爲是席不暇煖乎其若諸人士聆聆何余曰聞公家居敦脩古道以躬行爲教不動而敬不言而信復何用此詹詹爲問卿曰政須與之剔撥一過使人人知醒于是問卿率縉紳耆二守　州刺史及諸孝廉明經數輩合諸生不下數百人廿六日相候于學宮余亦偕張郡守白二守王別駕汾之高司李與劉長

治及諸學官往作上黨會

愚謂程徵老曰我輩學問自須有箇本領然親師取友要未可廢如在都門只日憧憧投刺濟得甚事但一遇着有心人開眼點破數語自覺塵氣頓淨在地方只日逐逐虛文濟得甚事但一遇着有識者細心商確一番自覺迂節妨事又如士大夫家居只日晝掩謝客杜機養重亦濟得甚事但得二三有道君子歲時相對發明自覺回首從前離索無味又

如諸生肆業只日閉戶讀書俛首操觚亦濟得甚事但得一二養到之士朝夕肆力辨剥自覺生意津津與日俱新故商量學問非但爲成物卽爲己眞切政不可少只莫到處錯過微老深以爲然

諸生中有譚及理欲二字之辨者愚謂欲字莫粗看如欲仁仁至可見但學者看得透欲卽理理卽欲直須自家理會程徵老曰嘗思從心所欲欲字卽是志學志字愚曰此最有見

欲與志總是此心學卽學此不踰矩耳但起初下手一似有箇一定的主意故曰志至從心所欲則起念卽是微有分耳如我輩立意要往那裡去未免思前想後揣摩彼中光景及至一遍一遍走到那裡光景自隨處便見盖功夫做得到自然心安意適視聽言動何處非禮

一生講賢賢易色一節愚曰此正夫子教人做眞實學問人生天地那能一日離却君親師

友亦那箇不識孝親忠君尊師取友但恐人常自錯過便有多少未盡分處自家不知如此即日日譚學于學何益有如賢可易色事親能竭力事君能致身與友必以信即此是眞能孝親忠君尊師取友即此是眞能學問學豈有他哉愚嘗思世人最好者莫如色最怕使盡者莫如力最思藏護者莫如身而最難自必者莫如信至于色可易有何不可易儘其力之所盡原是父母的有何不可竭極

其身之所至迯不出天地外有何不可致一言可以定吾交而久要不忘有何不可信此非窮盡性至命之極不能語此學寧有止哉一生講舜其大智也與一章愚曰此便是虞聖一生學問大頭腦夫子明明提出示人好問好察者惟精也隱惡揚善者惟一也執兩端而用中者允執厥中也夫以聖神相傳要旨而總之不外乎見前者近是總之只是一箇舍己從人樂取諸人以爲善聖人豈有一毫

立異于其間哉須知善原是巳與物共的此巳與物共的非眞聰明聖知達天德者不能知此故曰成物知也知此而後可以語舜之大知

或問隱惡而揚善何如愚曰人性本善何得有惡有之非拘于氣稟即蔽于物欲聖人固心憫之隱痛也非諱言人過之謂也註廣大光明自見

一孝廉隨問曰執中與用中是一箇還是兩箇

愚曰那有兩箇中但要知中無往而不在隨在可執亦隨在可用惟能執所以能用亦惟能用所以能執而總之在能自信允者信也信其爲中而執之所以爲允執厥中若有所執以求中則愈近愈遠是爲子莫之中耳觀執其兩端用其中于民二其字何等空空洞洞活活潑潑萬古而下那有兩虞舜

一生講賜也何器章愚曰器是好品題器至于瑚璉又是好物色此自夫子許子貢處所謂

清廟明堂之器但子貢學問常從聞見得力未免英華外見夫子于此不過欲其顧名思義以存此一段忠質遺意耳其實禮樂文章誰非載道之具學者未可任意貶損

一生講子適衛一章愚曰此便是夫子老安少懷氣象聖人治天下只是因人人情莫不欲富故既庶則富之富而不教飽食煖衣慮有逸居之患故既富則教之聖賢真正經世學問平平實實那容一毫以已意增減其間今

之仕途無論不能與民加富苟不至于剥削斯亦可耳其或有蹴等而議教化者亦不過以己意粉飾太平取爲觀而已究竟于民那有纖毫裨益徒老首肯之

一生講性也有命命也有性章愚曰總爲這天命天性悞了多少人把墮地来一件大事都交與天却自家昏昏沉沉過一生子與此章政是提醒那悞認性命的吃緊話盖性命總是天之所以與我而我之所得乎天的名字

纔說性必有所爲默宰之者則命是纔說命必有所爲靈承之者則性是若不問其宰之者何在而一味謂之曰性則始而認性爲情欲既而認情欲爲性而性日近日遠其失也淫若不問其承之者何在而一任謂之曰命則始而認命爲玄虛既而認玄虛爲命而命愈合愈離其失也蕩君子于此則已參透本源實見此聲色臭味安佚種種不可謂之非性而不敢謂之性實見此仁義禮智天道種

種不可謂之非命而不敢謂之命此不謂字最有味此處非脉脉自悟自證合下承當得的未易語此前在臨汝會中曾微有發明可取而合之

西河會

西河卜子夏遺化地今猶傳其故址在郡之西南余入其境無論貴戚紳衿率彬彬以禮讓相先耳目之際故自一新詰朝日出視學至日昃諸士尚擁席問書不輟余爲之低回楊太守起而郤之復進曰諸子多鄉居聞風至者意在事竣更求一日之敎耳余不能辭是時諸生中有講賢賢易色者愚曰此卽卜子篤信實學處學再不能外此君視師友四者

外此郎不得謂之學諸生味及此便無時無地不可講學李大參曰即此示諸子多矣比粲事竣大參果同楊郡守胡榔兩郡貳高司李黃汾陽及孝義謝介休楊兩學署郡邑諸博竟率諸生訂期以請而會絳諫董啓斯年兄中秘朱昂名省丈與鄉紳　別駕　州伯及孝廉明經諸君不期而集一時類聚竟日夕不得散各極其所欲發明而止而諸士之奇致與西河之佳氣亦略可見矣作西河會

盧生芳鈺講盤銘一章啓兄曰此用極極字卽應作止字看何如愚荅曰凡物各有至處極其所至處卽是止吾德本自明民本自親但時時拂拭卽是日新時時提醒卽是作新時時與天下相濯磨而天下者于我至變民視天視民聽天聽便覺天意亦若與之俱新卽是其命維新如此看明明各有箇極至處只是人不知所以用之用之再不必以我以天下用天下卽大舜之用其中于民是也用之

亦不必問天下天下莫非我即孔子之苟有用我是也學問須是求箇實地着脚但到此處自覺活潑潑地天下萬事萬化皆從此出顧人所用啓兄以爲然

牛生爕乾問吾十有五章曰此章還是主知命還是主不踰矩愚荅曰矩之所在不容安排不容擬議即是天命天命流行無時不在孔子自志學至不踰矩何時不在體認天命曰知天命者知天命之在我耳至從心所欲不

喻則渾然見我卽天命學問至此始覺向者志非玄虛立非執着不惑非逐事耳順非循聲一切種種色色總歸于心而其實一不容安排不容擬議故曰天下何思何慮又問曰此中有漸次否曰此中政自有漸次而其實着不得漸次到來人一步走不過而千里恍然在目在人自悟董啓兄曰誠然

朱生新趯問舜其大知章愚曰世間無識見人凡事只任着我一膜之外盡成牴牾若有識

見人便自家一切撒手滿目雲山何非我有試看今人作一令一守纔到任便思出箇條款立箇課程就把平日學問拏出來做就要滿府滿縣人一一聽我指揮舜有天下之大人只說不知如何做法却一味只是好問好察隱惡揚善執兩用中一腔空空洞洞那一些不是舍巳那一些不是從人却做出如許大一箇乾坤這纔是大識見使若只知有我不知用人便是私智自用了此千古聖神心

法非大開眼不能識此所以禹繼其後行所無事政用此道故曰巍巍乎舜禹之有天下而不與此學問大頭腦不可不知大叅曰須如此看始透

李生正芳問若聖與仁章愚答曰此是夫子指點人學仁聖事則吾豈敢雖謙詞却是實話人莫不爲爲之不厭非聖不能人莫不誨誨人不倦非仁不能不厭明是箇聖不倦明是箇仁世間最難當事就是眼前最易見事但

在人自承任耳故曰可謂云爾又問曰此與
默識章疑相似但此說可謂云爾彼又說何
有于我愚荅曰此政所謂弟子不能學也諸
生泠然有會

呂生和陽講其爲人也孝弟愚曰章内仁字作
人字讀孝弟順德也萬物生于順故曰爲人
之本若犯上作亂則是世間大逆境機趣枯
槁何處尋生且如犯字亦勿粗看如古來忠
臣孝子面折廷諍稍失納牖幾諫微意亦即

云犯是又所謂順而逆成之者此處生意最曲而微故曰鮮至于亂則爲非道爲逆節又犯之所不出者故曰未之有也須知犯亂總是出于常情之外何可云好好無論作亂爲不道卽好犯上亦非合道總爲不根于孝弟正脉上來故下文緊接君子務本啓兄深以爲然

王生三命講王天下三重章愚語之曰居上爲下總是一箇道理爲下在免災居上亦只在

寡過免灾在安愚安賤不反古寡過亦只在以德以位而秉時爲下守此三者總是一箇不敢作居上守此三者則在一箇信但信得自家過卽信得民過民信得過處卽是從要不必問民之從不從只問巳之信不信故君子之道本諸身言信也徵諸庶民言信而從也信至于不謬不悖無疑不惑知天知人而後謂之眞能信信而從至于世道世法世則有望不厭而後謂之眞能從末引詩言在彼

無惡由在此無射明從由于信也夙夜終譽明如此之謂寡過也爲下只兢兢思及于免戾那得到倍居上只兢兢思及于寡過那得到驕惟上不驕故下不倍不徒上之寡過并下之過亦寡總只是一箇道理須知此居上的道理不徒王天下者爲然凡有天下國家之責者皆然觀章内下焉者雖善不尊自可見啓兄曰如公所言寡巳之過即是寡民之過甚透

鄭生琦講惟天下至聖章愚曰人生均稟維皇原無有餘不足之處凡此聰明睿知之質與四者之德皆是人人共有的人人充足的但人多為氣拘物蔽不能自家識取自家承任故惟至聖為能之耳溥博淵泉時出政形容充足之妙惟至聖能識得此妙便從此擴充濬發所以將敬信悅大把柄渾然操之在我不必待見言行而後知也人非眞實有一段不容解之脈理那能便相尊相親至聖非眞

實能聰明睿知盡人合天亦那能遂信得及此總亦不過信其共有是者而已觀凡有血氣者莫不尊親便見是人人共有的

武生承勛一似肯精心于講求者而鈎深索隱未經別撥不免有偏倚駁雜之病故先論君子食無求飽章愚知其意在于就正者解之曰食無求飽有切于食者居無求安有切于居者人所最不能脫離者居與食而所求更有切于此則其視此一件事眞墮地来不但

非此不飽非此不安直非此不可以爲人若更無一物足以奪之者乃其下手用力政不在遠只是斂事慎言就有道而正此等下手用力豈是難做的事而眞實學問自不越此只功夫用到其中純熟精通自然津津有味自不容已故曰可謂好學學豈必他求哉

生又進而求之天命之性因譚至造端夫婦察天地曰天也以前有乾坤夫婦以前有男女男女乾坤以前有大極大極以前復有維玄

維默無聲無臭等境其意似有推測而語無倫次愚會其語意似如此者爲之解曰任你從天說来只是一箇天命之謂性任你盡地說去只是一箇致中和天地位萬物育學者只想到墮地来有不與形俱生與形俱㓕者在何處自有理會去往至眞實做功夫亦只是夙興夜寐無忝所生以報天地父母而已

時楊太守起而言曰卽此是眞實法門矣

晉寧會

晉地多高阜深峪人行山腹中塵起如霧馬首卒相遇不辨鬚眉至晉寧一望數十里如砥耳目恍焉一新皇路平平所稱堯都有自矣而士生其間亦若顒卬軒聳多偉丈夫氣余視學之日諸生環橋如堵擁席如櫛所論説卒有見解其中一少年慨然進而講天命全章井然可聽問之李生際登也余反覆導之生恍若有會殊爲之擊節因謂王大參曰秀

才能作是說徵識力不及此此足以觀士風矣大參曰此中士率醇篤但鮮嫺文辭耳余曰政須與之譚理理明下筆自了了越八日事竣大參率郡守果以會期來訂也而余同年司馬郎張特表兄亦復以諸縉紳孝廉之雅意爲言余不能辭遂與大參相期一往至則張太守念别駕杜司李孫臨汾與兩庠博士已率諸生二百人森森在著矣于是諸鄉紳孝廉畢集焉作晉寧會

愚謂張年兄曰此行日憧憧逐塵走了無意趣惟所至一視學與諸生聚譚移日覺神情頓清耳今茲之會則吾夫子所謂居是邦事大夫之賢友士之仁者張年兄曰政欲藉此請教愚答曰親師取友自是吾輩日用不可須臾離者子貢悅不若己故此處從是對症萬方夫聖人視天下人盡賢也盡仁也顧吾所以事之友之何如使于中稍着一分別見則人本賢我先以不賢待人我固自不賢也將

恐失賢人本仁我先以不仁待人我固自不仁也將恐失仁便非萬物一體便非我輩親賢友仁本意他日子張亦曰我之大賢于人何所不容政是見大處故夫子稱其堂堂稱其難能其曰未仁曰難與並爲者進之也非舍此更有爲仁處也仁道至大夫子自來罕言亦自不輕許人

劉生永昌講賢賢易色章曰此是希賢功夫愚語之曰下學即是上達盡人所以合天希聖

希天功夫即在此希賢内君親師友盡人生所遇之人亦盡人生所當爲之事但于此處做得完滿無有欠缺便是上達便是合天盖聖人不過人倫之至思知人不可不知天人之至處即是天豈判然分而爲三者學者于此政須透徹若但以賢賢句便泥著希賢則大執恐非子夏慥慥篤實本意大守于此首肯

段生士奇問禮後乎禮何以曰後愚荅曰後字

活看卽看乎字便見禮者體也加衣爲禮難
說加衣便不是體親親尊賢皆禮所生禮乃
居先而可云後天地有自然之文章萬物有
自具之英華已發未發總名之禮若但從已
發處指之爲後則當其未發豈更有居禮之
先者而所謂禮所生又生于何托乎故凡今
之所謂禮者皆從已發論也而遂謂禮爲後
是則告子謂義爲外之說也彼詩所稱素以
爲絢者蓋賛美之詞謂卽素爲絢夫子所謂

繪事後素者亦爲絢自素後見故子夏遂恍然晤曰然則今之所謂禮者亦從後論乎其意固委而婉也所以夫子急稱之可與言詩

郭生洪圖講居敬行簡章愚謂王大參曰簡自是好事亦著意做不得一著意非肆則蕩終于伀而已惟居敬則所行自簡有雖欲不如是不能者嘗看世人敢作妄爲多生于慢易看得天下事大易則信口可說信手可做再不顧其結局所以多事若兢業之心一勝自

覺其難其慎看得天下事大難則言若不出行恐不逮一味只是收歛自然省事所謂戰戰兢兢那有閒言時候夫子之取仲弓意政在此乃仲弓則惟恐夫子以之爲簡故反覆借一着意做簡之子桑以自明所以有當聖心夫簡賢者容易不肯自居今人奈何動說簡大緊曰誠然

張生嘉言講盡心章頗明但反覆將心性天命纏擾不斷愚曰心也性也天也一理也總只

是一个事不知天問之性不知性問之心心量最大天地民物具在但澄然靜觀恍然復見擴然充滿一盡其量即知此中包天舉地胞民與物貫古徹今無生無死者何物性也即此便知天之所以命我而我之所以自立者渾然在此故欲從事于天只事存心養性欲命自我立只是脩身以俟要知存心即是養性脩身以俟即是存養至處而不明于夭壽無二之所在即脩有時而斷存養有時而

閒惟識得這箇所在便脩以俟之所謂脩其不二以俟其至一即命自我立而天之所以與我者凝然在焉而總之不過一盡心之極至蓋莫之致而至爲命盡至于無可盡即至于莫之致吾師鄒先生所謂水盡山窮之盡最有味故窮理盡性以至于命明道先生謂三事一時并了原無次序生恍然有會而退

宋生永命講可以託六尺之孤章愚謂王大參曰託孤寄命自是世間大難事非眞有大學

問大識力能以其身跳出利害生死之外者不能當此故説一託字一寄字一奪字一受人寄託非其人來取决不肯與蓋人必有所不可奪者而後可以託可以寄令人一當功名之會神色俱飛但遇危疑所在手脚先忙卽小節尚難自持何論大節卽一身尚不知所着落何論人所託付而亦復䩄顔與人譚立朝事業誇循良治行乃試問其何者爲不虛所託何者爲不負所寄有退焉自廢耳不

幾爲有識者所咲乎夫大節不奪天下非常之品也託孤寄命天下非常之事也以非常之品任非常之事其天下也庶幾矣而其實不過只了得人生本分內事而一毫不能有所加增故曰君子人與君子人也大柰深以爲然

張生世芳講天下大悅章愚曰此子輿發揮大舜一段事親苦心以立萬世子道之極處欲爲人盡人道欲爲子盡子道人道只在得親

子道只在順親故思得親順親惟有盡事親之道夫爲人而至于天下悅而歸爲子而至于奉其親爲天子父以天下養亦可謂至矣豈親于此猶有不得者猶有不順者而大孝之所謂得與順非如他人之所謂得與順也舜惟思以其親無不得于道無不順于道故一味只以道事親必至底豫而後巳至于盡道而底豫而天下之爲子者若曰以道事親未有不能得且順也而天下之爲父者亦曰

以道雖難得者亦得何不得也雖順者亦順
何不順也故天下化至于底豫而天下之爲
子者又若曰今而知道在而天下無不可得
無不可順之親也而天下之爲父者亦若曰
今而知道在則雖欲不得而有所不能也雖
欲不順而有所不能也故天下之爲父子者
定以其道得親順親易以其道使天下皆得
爲人皆得爲子難以其道化天下定天下易
以其道使天下化使天下定則又難至于使

天下化且定其視向者悅而歸又當何如故曰此之謂大孝

王生瑚問道政齊刑與道德齊禮何以異愚曰同此導之一之耳政與刑我所獨也德與禮民所同也以我治人人未嘗不勉强以從我而到底不出其真心所以無耻以人治人使人各得夫在我而回頭不覺其可憎所以有耻耻真心也格合式也聖人治天下無過使天下人各認其真心以自式于道如是而已

聖人惟欲其自式于道故用人法令人則欲其苟免于刑故用我法用人者心逸而日休用我者心勞而日拙故地方凡講學講約皆德禮之遺意也倘以爲迂而忽之即政刑之間便慮有施之無其序用之不得其平者恐民之不免者固多也而安望其至于道此亦今日吏治之辨張年兄深然之

《山西文華》編纂委員會 編

山西文華·史料編

傳是堂合編

第三册

明 李日宣◎撰

山西出版傳媒集團
三晉出版社

山西文华

傳是堂彙編序

吾道充塞宇宙間可明可行未嘗息也顧自唐虞以還顯晦疊禪以莫人存不存亡故與故曰人能弘道非道弘人此孔孟立言皇

皇汲汲諱非得已
亶指緝敬亭公蓋得
南皐鄒先生之宗傳發後
學㕓皈依者也來拚河東
立綱振紀憲務一新肫懇
雅抱尤以昭揭吾道爲己

任拓齋卞館刑弘運書院扁其堂曰傳是羅秦晉中州三藩儁乂講習其中諸縉紳輩咸與縱觀巡方臣坐遂物化哉鑿〻中竊曰餘會講心〻斂醞轆還書

序　二

院梓某所積翰墨若干卷
題曰傳是堂彙編完帙見
示隨命一言因獲卒業但
見論議名理探討宗鏡和
語錄明經翼聖繼往開來
如會語譬諸漏巵灌此遙

迷津曜朱明而迴瓦於淵
源灃大本立并啟沃經濟
如奏艸摘發興除和兖告
平情勅濾和讞語決疑傳
信舒錦揚芬和序記竿牘
彬彬詞藻莽非一滚流出

詒並經莊可洽考傳畀孰
主張是乎云題堂聯之略
首云學問須先識仁功夫
要在主敬夫仁以兼譱敬
以聚德禮識若彼淺造若
此仁言藹如非襲取者然

此就彙編言耳摹擬芳躅則天地蘊蓄民物胞與浮囂塵界穰穰凡情大業爭秌齊風萬古曠世稀覯立言云乎哉凡屬見聞言其言則衛可明行果行則道

序　四

可行唐虞之授受常新孔
孟之家法如在吾衜直此
顯晦爽㠯虞弁向北公車
拚部剔提撕何必撐傲奚
直范十後學孰與徦弘衜
之化雖詠再新耳目彙軌

步趨優游涵泳於一脉不息之中莫由也愧余衰眊鄙陋無能悉古萬一乃廣大難名淵涵叵測者時有諸名公之徽稱於是

天啓卯年和月望日

賜進士榮祿大夫太子太
保兵部尚書
賜飛魚蟒玉前總督陝西
三邊軍務兼理糧餉兵
部左侍郎兼都察院右
僉都御史弇邑李家治

生劉敏寬頓首拜撰

合編題辭

宋儒有言先王之世以道治天下後世只是以法把持天下夫以法把持天下猶有一道與之爲對究竟法不勝道惟謂道不可以治天下則天下于何安頓將不知所終矣

直指李公生道義之鄉紹家學之傳又爲

鄒南皐先生高足淵源邃遠奉
命視河東鹺政關雒皆在鈐轄中似天之
有意乎道也周爰所至輒立會開講隨
叩隨應人人導之以躬行而約之以實
踐風聲遐布鄉紳衿弁千里裹糧先期
以待惟恐不得一聆謦欬虛覓平生公
政整而多暇亦忻然勉留爲作竟日譚
靡不虛往實歸說者曰此公之于天下

以道也不肖元則曰此即公之寻天下以治也不肖元盖親見會之日一堂之上雍如也穆如也辯質有章而不譁也作止有度而不愆也終始有禮而不媟也恍若置身於時雍風動之世而游神於洙泗杏壇之濱也道乎治乎可作分別見乎各會語録具在那一字不是格致誠正那一字不是齊治均平觀公門

新河東弘運書院顏其堂曰傳是誠取三聖人以是相傳之意當日果只傳其惟危惟微之道統而不傳其可愛可畏之治統乎況諸有道鄉紳懇請合刻語録併文告附焉明乎即體即用即日新即富有也昔尹焞於朱光庭所抄得伊川近語奉而質諸伊川伊川曰若不得予之心所記者徒彼意耳直指公語語

皆道不肖元直認以爲治公得無以彼意嗄乎

陝西按察司提督學政副使陳應元頓首撰

竊慨今學人痛心章腐則爭語事功感憤波流則爭語節義奮駕班馬披芬雲露則爭語文章至道學動詫爲迂累迂也尼父主盟杏壇日與諸弟子語上語

下曾思子與氏鉢傳鼓吹先後若印證
一堂者非乎將有道學外之事功節義
文章乎不知道一而已一者何仁也仁
本天地萬物一體人唯以我故隔礙
直指公李先生視天下人向隅而長夜
者猶其痿痺也高溺瞿曇早擅名利者
猶其痿痺也惻然憫皇然憂馬蹄所至
輙語以提醒之其言曰天地本大毋自

与小此可知先生萬物一體之襟已先生祖關中產江右江右夙稱道藪南皐先生與少墟先生爲吾道赤幟先生其鳌弧之登也惻怛光霽雲流月映彌空撮海性仁孝行部以兩人小像自隨事必焚香告之攬轡晉秦梁間三藩大小將吏紳衿靡不凜凜若於繩且進之曰若余繩不若就余訓余將捐我法而還

汝本來之人人不仁法徒桎梏也于是秦梁間皆有會有紀有語録不憚以木鐸作津梁噫至是而知先生之心苦矣使人而皆仁先生亦何樂於言哉唯不得已言而後知先生語者語矣有未語者存肫肫常常許大事功節義文章胥此中出學者聆其語而不究其所以語如孺子惜落花之繽紛欲拾而綴諸枝

如彌猴憐波月之皎澄欲取而懸諸樹如矮人之看場莫知悲咲之所從沿枝葉而昧神理豈不謬哉噫道脉衍自河雒程邵眞儒尚已近代尤孟兩先生羽翼之豫石呂公惺所王公尤得其宗先生洙泗嫡派復以此道倡明其間必有事功節義之彥佐元化而障頹波者先生之功豈小補云孔守園無狀茫茫彼

序 五

岸今幸侍君子側荷大鑪錘不能無一
言次未簡於是詮次其請正若干處授
守若干語以志不磨
分守河南道後學張法孔拜手謹識
誰昔之夜瑞星集參厥象文德隨名賢
以著河東參分也非徊睇拜竊有殷喜
獨計今大雅久湮何人當此者惟
江右李公方持斧按鹺所蒞則講席宏

闡正始之音寥寥罕代是乾緯所用麗乎未旬公果行部至舉政甫竣金聲斯振於群聽雅會方張玉麈已標乎獨解瀠不敏爰目澄於僊格耳闢於眞響手口靈徹於會詮之披誦而洞洞灼灼恍悟紫簡之傳未或絶赤虹之爛所繇昭也嗟乎往哲枯矣漢儒賴宋宋之後不復有人此道蕪數百年王文成僅浮鼻

濡尾公一旦析精抽奧拓境懸視洗世儒之膂而新之眞吾教社稷勲哉夫啜瀋竊粕者今之學術刻羽雕葉者今之制藝嗜痂炫痔者今之誇詩梓賦者也本無所與托妄為驚焉撥始以固終無惟遇事即却走矣觀公所為會並所為語凡其中夷然可喜拔然可愕悄然可悲可泣油然應手得心靡不破惑於繩

尺之中示刻於椎拂之下鑄神凝慕於此知公問學高博知公節義光偉經濟深弘且因以知人紀之未就隕道索之尚有待也刼末多難僞詭沿結古爾文鷟瑞國亦有白鹿蒙嘲願持此爲今人解穢更願持此爲昔人刻疑至若不敏冉犬雖濫蠡管尚符見眞人讀眞書益參之瑞豈有訛焉

山西等處提刑按察司分巡河東道布
政司右叅政兼僉事王濚題
世無堯舜無孔子之講而無孔子無堯
舜之學堯舜有成功於文章不講講也
孔子有文章於性天講不講也故賢孔
子於堯舜者遠也而後乃有孟子講孔
子之學以爲功不在禹下也人心一日
無洪水即世道一日有禹功而今天下

之洪水之爲人心何如也此
緝敬李先生之功所以不在孟子下也
先生曰吾平生於世間一切罔所可當
意獨此道與之饑若飽者憂若喜者貧
賤富貴若不貧賤富貴者心誠好之口
不啻其出之也是天下見先生之功於
講而先生獨見其講於心先生以其治
心者治天下於天下原無一有也天下

以其見先生講者自講其心於先生亦原無一不有也故曰道心微而後人心危堯舜相傳之心至孔子而微者危也傳是堂之所以名也人弘道而道弘心心弘運也弘運門之所以名也然則先生之作是堂與門也何居乎孔子曰吾述而不作也禹之治水也行其所無事也以人心治人心而止也止於道心之

微也幾希也若然謂先生爲未嘗作此堂焉門焉者可也孟子曰世衰道微邪說暴行又作作於人心之危也人心不危則作在正學不作在邪說矣作卽不待文之興也若然謂先生爲未嘗不作此堂焉門焉者可也先生於講孔子之學爲述而於興人心之述爲作也先生入關入雒入晉無不講所學而一時薦

紳士庶無不從先生遊且與者堂其堂則無不入堂焉者矣門其門則無不入門焉者矣是人心自不無堂自不無門也先生治秦治晉治維以其學述之政事述之案牘述之周旋動容中禮述之文告平反述之釐弊詰奸述之登吏安氓彰軌樹物述之省刑薄罰施舍述之維風易俗而不寧惟是又述之立朝諫

諍軍國理亂文章耶成功乎性天哉先生曰吾述吾心而已吾述吾心而焉用書爲雖然天下大矣來今邈矣使其人焉讀先生書而有作者嘆而曰吾今日得遊先生之門也是先生之心不傳是堂而傳是書矣馬生人龍故曰先生之功不在禹下先生之書之功不在先生下

備潼關兵前楚督學使江左馬人龍拜

手書

道以言存乎言之者淺不言者深道以
不言存乎言之者明不言者晦使天下
競趨其深而丼受其晦此持世者之所
深憂也嘉自蚤歲嘗抱深疑於文章性
道之精粗耳順從心之先後殫精夙夜
莫竟其端不疑性天之不可聞而疑交

章之可聞不疑從心爲耳順之歸而疑耳順在知命之後夫周身動盪何緣聲響之相尋而徹底神明豈尚耳根之有礙極而想之不聞之中尚容恐懼朝聞之候决以夕死無言之天乃著行生有言之君子莫能載破意者心耳之交天人之表有未易言者歟夫婦之愚可以與知焉而不可以與聞夫婦之不肖可

以能行焉而不可以能聞良知可致良能可充而眞聞非作啟之聰至言無不通之覺是以賢人證焉聖人融焉融者自圓證者自實故夫子曰道不遠人而子思證之曰而道自道也夫人之與自孰親曰忠恕違道不遠而曾子證之曰夫子之道忠恕而已矣夫不遠之與而已矣孰切曰性相近也而孟子證之曰

人無有不善夫相近之與無不善又孰
眞切而可據蓋聖敎如天賢敎如雨天
之亭毒難窺雨之發榮易見功在垂世
其神無所不全心在救時其機不得不
醒此持世者之言所爲自不能已也海
內持世君子江右有
南皐鄒先生關內有
少墟馮先生皆以貞心勁骨純脩邃抱

出爲名輔處爲眞儒用玆羽翼聖傳汲引後學孳孳焉以言爲己任天下莫不聞然而聞兩先生之言者疑信當何如也

鹽使者直指李公北面南皐先生若龜山之於伊川季通之於考亭飲食步趨稟爲法矱乃其推服少墟先生又不啻斗杓而嶽極也書院兩集率藩臬長吏

以下從先生游縉紳宗士列聽心醉者
逾三百人凡夫風物之華整意致之坦
和詔告之精詳辯論之微眇自上達下
神歛意酣春風霽月得未曾有具在直
指公序中嘉不能贅而猥以受命之辱
竊願竟其所疑也古之人慎言而恥躬
兢兢焉求之踐履足矣終日無隱何爲
者無隱而乃不可聞又何爲者且人知

躬行未得聖人抱終身之憂而不知黙
識不倦聖人同何有之歎夫不倦奚難
至今聖人歎爲何有則言與聞之契當
必有至微者矣今夫射者審視引滿試
之的而或懸醫者按症檢方投之病而
弗効非人之慧力窘也心手縱送之會
形神損益之間不有人焉授之以一成
之訣而開之以自牖之靈不免疲精誠

而困智勇夫道亦猶是焉已矣悲愉痛癢饑寒飲食苟非痿痺之至無不舉念皆靈而推其至微誰能合節忠孝誠敬智庶勇執苟非涵養之深詎能與道合體而投以至迫誰不浩然吾乃知聖賢之朝聞不切於庸愚之乍見而無言之何述正深於善誘之莫由故高者探無言之解而薄言爲粗近者騖躬行之名

而厭言爲繁兩者皆足以害道夫道不
可不聞而言不可聞證其所爲聞者何
以融心耳之交而後叅其所爲不可聞
者何以徹天人之表然則聞非他聞良
知之外無聞也夫婦之愚以與聞焉可
也聞又非他聞良能之外無聞也夫婦
之不肖以能聞焉可也使天下盡還其
聞之初而持世者畢暢其言之隱聖人

之道至今存焉兩先生與直指公之深
憂當憮然也曰予欲無言
西安守後學吳人鄒嘉生頓首謹叙

附兩河會語跋

楚李老公祖按部三省車轍所至有講
會會有語録茲兩河事竣而會語成焉
愚得之銓部呂介孺會丈開卷讀之剖
抉與窔言言理窟洵學鵠哉因念愚自

萬曆巳丑歲獲從先師雲浦孟先生游妄意此學有年竟以屯事未得厠諸君子後一印正之雖然披閱會語其學脉劃然兩無抵牾固有所爲印正在也且誦銓部簡端一序則公之學之識業婗婗言之矣居恒銓部最慎許可存主設施爲孟老師後一人若所闡發業已深切著明胡竢愚之喋喋無以請得而言

公之心夫聖人之學萬物一體之學也世多以名位爲柴柵以人我爲鞬韄以衆寡小大爲封畛俾痛癢相關之倫有秦越肥瘠之睽何也不曙於一體故耳獨不思聖莫大於虞帝而善與人同任莫過於阿衡而內溝是恥大聖大賢莫踰於孔孟而轍環歷聘敎學並行聖賢之大於此益見今公撤去藩籬隨處折

節譚學光前脩而啓來嗣處心積慮間
郎虞之同也尹之思也皇皇汲汲之隱
衷也非有得於萬物一體之學曷克臻
是萬物一體者仁也孔門只是求仁言
仁而學舉之矣然則斯會也斯語也皆
仁之所不容已也其於道也不旣深乎
愚不斐特纂言之亦以見印正之意云
爾

治下晚學生張信民頓首言

文告目錄

移

四卷

讞

巡方文告　要約

照得本院五年秘省絕少簿書之經心三
歲中臺毫無建白之强意偶爾承乏于役
河東念是役統轄三藩關涉諸鎮
國家于此名急軍需寔重民生而今日之民
生何如也東妖西逆到處有震隣剥膚之
憂加餉徵兵所在切敲骨吸髓之痛即未
必蒼鷹乳虎人苦苛威然濕楚流薪時聞
興嘆計惟是當事賢者曲意體恤深心調

護有以固結而休養之庶不至于囂然樂
喪蠢蠢思動耳方今
朝廷之上盈庭而謀御
命之人載驅靡及日切切討諸司庶尹而課之
要其大旨不過日吏治而已然而功令日
嚴治効日隳上求愈急下應愈玩則何以
故遡厥所自繇下之精神盡銷于寅緣塗
餙之一路而上之手足全制于體面資格
之兩局以此日漸月靡道揆法守轉相詡

爲陳腐而總約摘要一槩付之弁髦此不至于人盡草菅世胥淪溺不已者不知國家何所取于纍纍若若者而裨之即本院猶自愧其衣繡而行矣今鹽政盡已試之令甲而需議者惟疏通吏治詳乆頒之條約而摘要者惟核實大槩指記不過八行而其中縷縷實有深心將與諸地方賢者共圖之并列于左以省文具爲此除案行三省各司道抄行各該府屬州縣一體遵

守外合再刊行書冊以便頒布

計開

一官評

官無問崇卑要于盡職資無問貢舉甲科要于有品即官評亦無問年貌心政才品之兼全要于得真真則不必全然而必不至于不然不真則即無乎不然而其實豈其然夫年貌淺矣若心之造政政之從心必問才品乃才與品亦未易言本院常思

真有才者其起念方籠蓋一世豈計畫反
不能周身而貪目前之曖昧致遺前路之
光華果爾是爲鄙夫爲賤皃何可稱才真
有品者其立志方遠追上古豈精神反不
若中人而取與欲嚴于一介利害偏失之
當機果爾是爲庸人爲懦夫何可稱品故
才品患不真不患不兼彼明知清議之難
容也而託之才可乞憐則曰此任事招尤
明知一籌之莫展也而託之品以苟延則

曰此持重蒙詒則是豪傑美名盡爲護短借徑如此之類可笑不一乃此旣兔爰彼應雉罹遂未免惘愊被擠于巧滑强項蒙譏于險媢而門生故吏之誼同年通家之情進士舉人恩選之籍口紛紛交張粧成一片門户墻壁世界豈惟失真慮恐相率而爲假而吏道愈不可問本院滋懼向來于此念復不淺而况近奉

憲題新傳

嚴旨不得不刻意磨勵遞相責成今議定一賢
否冊式與各司道及諸府廳約司合省屬
道合道道屬府廳合府屬各造一冊其冊式
仍載籍貫履歷凡司道而下縣令而上官
各一葉佐領學官而下及諸衛所文武雜
職一葉兩官先司道次府正次府佐次知
州次知縣次府首領次州縣佐領次學官
次倉巡驛大次衛所等官各開一款各序等
第各具事實無論出身何繇無論資俸淺

深只據才品真假以爲編冊次序亦各抒
所見不必雷同其考語但要描寫真切務
如其人不得含糊兩可致難甄别亦不必
攻爲四六文致失實仍將各官應薦應奬
應戒應斥註于考語之下而其賢不肖之
尤者則急須另揭密封以備不時舉劾限
文到十日内馬上差人賫院本院即以此
窺司道之精心鑑衡定府廳之實意甄别
而以後季終止將自新改節幷新任陞遷

事故等項造報俟按臨日依式合造一册
以備考察夫官之臧否關民生休戚而我
輩一舉念有
神明降監焉得而不慎幸相與勉之
一鹽政
河東之鹽
國家所爲因天地自然之利而還以利
國利民者也顧利與害常相隨利所在卽害
所伏上凭其利明知爲害而難恤下溺其

利相沿蒙害而不避惟賢者任事能使之自利其利而不害于害如穴總出蠅烕燭憐蛾斯爲得之乃其中最甚者無如越販私煎夫越販有出入必繇之路扼其路自無販可通私煎有隱匿不報之灶覈其灶則欲煎何爲今條條有路處處可灶誰肯真心實意打破此關惟一味上下相蒙猶鼠同眠捕者與犯者原自一家獲者與報者明是兩人但月錢抽豊明白覿面寧復

置問若查盤功次一來信手即可搪塞可以千而報百亦可以升而攺斗可以捨而稱逃亦可以良而題盜而一總採于鹽官捕役之手而明知之莫能止之盖利中之利全不歸上而害中之害有不徒民受之耳至于太汾每票額載百斤徵稅六分其後以溢載多斤增稅六釐而持正者旋議罷仍復舊載今名爲罷而私爲增矣近訪有半倍其額而稅亦隨之者私載公行徒

飽經管之槖旁通正塞何棣官鹽之壅又如花馬大小二池鞭長不及巵漏可惜彼稅料循環空有出納掣放之名邑卧引斗底那見徵收支銷之清明而衙役邏卒復串同商壩明帶暗竊竟不可詰所以西鳳州邑捕獲動以千萬而報詳曾無二三則一皆當事媒其利而官民竝受其害者種種弊端寔難枚舉至于近地撈採三場掣支法以久弊議因時變此則各有司存若

無事干越俎代庖之借而共事相濟或不遺于憂時憫事之衷文到各道即轉行各該府屬大破積習一振新規查照各處越販私煎之地嚴行禁緝而于捕役一切捉獲搪塞之報必廉其真多寡輕重之數必核其實則源濬流清私竇自應少戢即網疏目潤公事亦覺易終至太汾票額稅數一遵舊章無令更張但查有多載鹽斤與私增稅銀者即以私鹽律究若花馬二池

循環卧引斗底各囤循須從頭說明徹底
清查但有糊塗乾没夾帶竊盜等弊地方
正印官不時申究未可朦朧一時貽後日
無窮之害耳若夫撈採之丁有清補改折
之異議支掣之法有通融舞弄之多術尚
其各抒所見共濟時艱苟有利于軍
國諒不愛其肝胆則惟諸賢留心而熟計以
報無負本院諄諄諮諏之意

一興學

本院所司者鹽政耳所與三藩各屬振肅
而激揚者吏治耳文學非其據也乃查徃
牒涖任則先育才出巡則首觀風而河東
書院爲前賢講業論德地又一方勝槩海
内名區本院拜
命以來聞諸三藩名卿碩儒徃徃侈談出此門
者文章事業逈邁儔伍卽極口推尊于前
此攬轡澄清之人然則鹽鐵固無妨詩書
學較政以飭吏治而所司在此則地方一

切彰癉舉廢皆其職務况此文章道德猶
是吾童而習之終身焉不離者豈有一行
作吏此道便成蒭狗乎夫道術與政事相
爲隆替而文章與道學本自源流從未有
政治而道學晦政亂而道學明者亦未有
道學晦而文章顯道學明而文章隱者惟
世間有一種逐末忘本之輩溺情于富貴
利達則謬指誠意正心無裨經
國安邦之要又有一種兢枝鶩葉之徒遊意

于風雲月露則偏謂明心見性當在功成身退之後于是秀才不譚道官府不譚道可惜一氣斯文中人秦越莫顧于是在朝諱言學居山諱言學可嘆一團名教樂地荆棘相窺不知天下那有不從德性流出之文章那有不繇道理做出之政事那有不于文章政事中可見之學問而悠悠泛泛坐失歲月虛負生平若此也亦可咲矣今本院以一人之意見一歲之程課周旋于

三藩士民之間此念無已此力有限惟是
地方賢有司日以崇學重道興起斯文爲
事一倡衆和風教自遠文到之日本道即
轉行各府屬正印官督率各學有志教官
每月望日課諸生文藝之餕即以十六日
齊赴明倫堂講學兩日供給日止一飯而
又于鄉紳中推其有學有德爲諸生平日
敬服者聘請一二主盟又約率其餘鄉紳
共會一堂講德問業質疑辨難鄉風道誼

自爾相切精神意氣轉覺一新但不宜譚
及官事涉及
朝政以滋他擾從此歲無虛時地無虛人相觀
相感必有所得不徒官師于此收會文作
人之益且縉紳自是得輔仁取友之効本
院即不能到處求教亦于巡歷所至之地
考察既畢之日顧其官師有能舉行之處
亦撥冗一日洗心請事徐俟觀風發落後
量選各學有志諸生取赴河東書院每月

于會文之後親臨講學仍行敦請近地賢達兩城鄉紳之願從事者相與聚會其供給則聽所司隨力厚薄本院設法助辦另有程式以與地方創此佳會總不欲虛負于古先聖賢之地與諸君子周旋一番耳若夫各屬官師之能力行此道者各道于季報中一一申院自有優處其未必然者則各地事勢不無難易但能留意自可徐圖而智力一畢三代直道諒不泯于人心

也吾生有盡至道難聞官爵味短師友情切幸相期勉旃

一慎訪

巡方職在安民安民要在訪奸如農去草若信手摘去慮無傷苗如醫去瘤若鼓刀直割慮無傷命故不訪不能安民而失訪民愈以不安以本院所聞若罪大惡極闖風而逃之巨憝也搆單造款誣人脱人之老奸也串同通家暗採官評以挾有司之

負嵎虎也結連公會歃血會錢以朋賄贖之多足虫也寘身勢家効臂權門以避網羅之三窟衙蠹豪奴也儒名盜行鷹眼鷂心遊大人以成名冒衣冠之餘羶以肆其汙巇縱橫之九尾敗員猾胥也至于幇閑敗子以低銀濫貨倍利立約賣弄孤兒一遇限期則改利爲本折業破家又如開場賭徒以薄利爲餌杯酒交歡勾引蕩子但到撒手則一夜千百興奸作盜大率軌不

一轍髮難盡數如此之人可易得乎如此之人不能得而所得何與地方利害乎故非爲左右去眼丁則爲權要除心刺非聚守錢虜以索賄則拾賣菜傭以塞白彼以情而免則一杖一配徒掩旁觀之咲口若無辜而入即免提免解已褫合室之驚魂與言及此亦可哀矣然則將不訪乎吾訪之有其法不拘時出其不意也不拘數免其指塞也不問贓之多寡使無吹求也不

問證之到否使無牽連也其人如眞卽預
先颺避何妨密記其姓名事竅爲可徐捕
也其人可釋卽報者免坐亦須潛註其原
差送訪爲可質證也得其情則速詳詳卽
速發無留難陷害也不得其情不厭審審
又不得不厭詳無執持莫須也吾訪之有
其約則前此所數種種色色不易得之人
得其一則百可懲也一不得則寧報無也
賢者留心地方則有無多寡之間彼自有

衡也不肖者任意出入則眞僞大小之際
我因以衡彼也則又與之訂曰勿假近習
勿混勾攝勿徑用極刑勿重擬罰贖勿追
求無有了期勿株連累及無辜勿通融居
間情分而上下其手勿顧惜衙蠹勢豪體
面而平反惟吾所用有一于此非有爲行
私則無能受制兩者何居乎是安得以平
原自無爲解乎文到本道轉行各該府屬
州縣等衙門查照本院所訪之人所訪之

法所訪之約一一着實行之無縱無濫使
地方得受褫一驚百之福而本院與諸有
司亦各行其安良鋤暴之實即政事即心
術即官品舉在是矣本院此意于巡約中
最有深心而難盡吐願諸賢者共體之

一議宥

刑罰不得已而用之物也故得情勿喜有
罪下泣古聖賢豈以是不切事情之語詔
天下後世開姑息之端而啓縱恣之門乎

夫情溢則用法防之法窮則用情通之至于不能用通而用防不能用喜而用泣則雖古先聖賢亦無如若何矣然其中亦有可得而商者如訪犯原以除民害非専爲實濟邊鹽補原以儆私行非専爲科贓贖卽濟邊贓贖亦自有中正之情理平易之事機適來相遭非専爲取盈求充乃今也不然豈無有審更數官事越數年而追比不絕于公庭者乎豈無有罪不至死贓不

可問而禁錮遂登之鬼録者乎豈無有本無力也强題之稍有力而視發配若奉赦覩的决若蒲鞭竟不能得之問官者乎豈無有本願息也故批之曰審釋而原被玉石之焚干證池魚之火無繇自比于虞芮者乎豈無有不得之縣求之府不得之府求之道者乃一審再審已科重科將穀輿臺牘俱積紙隨肺石俱貴而畏原差若猛虎者乎豈無有不苦于戍而苦于配不苦于

入而若于出者若到有贄見竣有别敬縱歸有買月之值放乞有押保之錢而比城旦于鬼薪者乎此則衙門各有職掌之不一地方各有夙規之不等官府各有賢否之不齊故種種惡道不堪枚舉亦難槩責要以無則隄防有則洗滌力而行之存乎其人文到各道轉行各該府屬查照所列弊款除人命盜情各屬申請諸不法狀有通詳行外其餘事關三藩鹽政詞奉本院

批發者一一體認細細推求件件滌除如
訪犯有約寧可寛誤報之誅而必不貸故
入之罪如鹽捕有政但使官商無輗軏不
行之病自可稍寛其猫鼠同眠之網若夫
無罪之被告干證既不擬罪何當問紙情
急之東奔西控只歸總結何當重科至于
無力鹽犯杖則免紙徒則除拒捕雜犯照
常外以後三年減一年二年半減十箇月
二年減八箇月一年半減六箇月一年減

四箇月即照詳實批以示寬恤每解到驛驛官不許需索常例不許常用鐐肘日則發保乞食夜則點進站房病則撥醫調治死則給木抬埋隆寒大暑則爲之掃除塞墐無致薰蒸凍冱傷其生命一到限滿先期申詳至期即放勿拘批到爲藉口科索計地方印官仍須不時查考各驛遵奉院約處置站夫事體妥否每季申報以憑奬戒此又諸賢者各自爲心地官品計眞實

舉行諒無俟本院言之諄諄也其共圖無

忽

一恤驛

今日所最難甦息者莫如驛遞之苦而所最不可化誨者莫如差委之橫盖過客止憑爪牙之鴟張而非動聲色非作威福未必其拱手而聽命乃差委則爪牙自具犴可紗聲色威福于不用過客止逞一時之氣焰而身名所關官評所係時亦思防口

而善後乃差委則氣焰常存那復有身名官評之自憐故過客之苛道途有口而差委之横道路以目道途有口憂時者不患無地道路以目傷心者徒有仰天彼但見過客之明支供給也又暗討廪糧也馬上之酷索折乾也又死要壓馬也我承差委官何獨不然于是飯外支糧馬外添騎分外討封何物驛遞既受過客之慘毒不堪膸與吸而骨與敲又當差委之凌鑠坐看

皮已盡而毛安屬嗟乎傷哉彼但以爲若
冐破府庫乿數之錢糧誰與查盤政應與
我分甘我倚仗上官如許之憲票何異棒
檄敢不惟我所欲不知錢糧主之有司支
給但有虧欠那會過與憲票原有限制分
内尚難應付何論分外况四方沸騰差委
似浪一驛斗大單馬如雲我輩即不爲之
酸鼻加憐何至聽牛馬之弁秘蝨之役到
處肆毒而莫爲之所乎則又何怪哪

命使者之縱鷹放犬横行皇華道上也今秦晋
大梁之間是驛稱苦近潼關且報官吏俱
逃矣我輩承乏兹土聞之能無惻然文到
各道急宜轉行各府屬州縣悉查各驛利
病事理申詳撫按與本院會同
題請刻定規式給發印簿每遇
欽差上司往過與夫委官承差一到下馬先須
實填循環某官奉何勘合承何差委合用
夫馬廩糧若干然後實實照牌應付無毫

科索增加如奉

旨則喫飯無廩承委則支廩無飯至于折乾苛政需索惡道身名官評所關諒當自愛他如承差官舍除照牌外敢有仍前一毫需索三尺具在若本院差役已行嚴禁此後稍有不遵許驛遞官吏馬户人等密密指名呈告或于公文中揷帖稟訴本院審實輕則問革重則遣配而于首告官吏人等仍行給賞决不以一人姑息開荼毒之門

耳此外又查有各衙門差役追呼鋪兵肩背行李傳送火把一鋪三役何堪此晝夜忙忙無有已時今後各屬大張告示嚴諭各鋪只令送官送文不得過三人外至于行李火把非奉牌票不許應付若其放肆無忌即扯赴所在官府盡法究治但使道路風清亦地方收拾人心之一大端也

一黜浮

官中職業至夥我輩精神有限以有限之

精神營至夥之職業卽聚精會神猶慮不能畢其心智殫其顧力而况日敝敝焉耗之于無所用之地乎此耗則彼虧故虚文不可不禁也虚在上則爲賀壽也送節也荅爲謝奬也片言可以了其意而抽黄對白紛紜于山人詞客之巧心一介未敢破其規而筐篚玄黄㩳拳于牙行鋪户之荅幹至于下程小飯明是糜費不堪綾穀全紅更爲作踐可惜上且如斯下復何忌引

而伸之長此安窮于是刑獄招詳亦尋對偶之工而不顧害其意看辭審語自覺贅疊無謂而寧免厭吾觀甚至各道之追倍必竟所轄徒增地方供億之苦郡縣之迎送常要交界那管車馬繹騷之難乃師生尤而効之不止出廓鄉兵不知何事所在成行此誰非廢時失事之大端乎尤可異者五里一亭十里一帳僅爲盃茶之消渴滿地鋪氈沿街搭綵何異傀儡之登場甚

且大纛長刀遮道明甲提爐捧盒滿眼高冠薄福難消淡情可厭所以本院入境之日即定出巡之規即吹旗棍槊且行蠲免非好異也有激于中耳文到本道轉行各該府屬嚴諭各州縣查照本院約內所開各煩文縟儀迂數闊節與夫道路鋪張衙門擺設一切可厭可省之事悉行禁止則本院已刻有出巡供應事宜一单行之各屬可遵也至于迎送惟巡捕官吏交界伺

候此外府佐縣正限五里初接一跪以後長揖府官限三里道旁一揖不行禮師生切傍廓門一拱至兩司各道只在本官駐劄之地城外相候至則途次可以免禮差官一傳遂別萬無遠出以體本院簡率安靜之實意諒諸賢者之不以爲迂而訝之也

一務實

本院常讀循吏傳則往往躍然興思願爲

之執鞭乃今得一地而布之又若悠悠泛泛虗度韶光即案頭之舊牘如山門外之候人似蝟自卯至戌手不停筆然清夜捫心猶慮不知作德作孽一似舉疇昔按卷大息之景若出兩人而問隔世反而思之非分于虗文之交馳即若于實意之未貫而總之無學問以充之願力以持之所以憮心事少不盡分處多耳顧以此自課還以此課人則實務不可不講也其在上宜

講者如察吏也興學也既諄諄言之矣今
計有收拾人心與訓練民兵之兩事而一
無實心以運之則窮而思亂迫而走險到
處懷仺我之仇空文相要不教以戰所在
慮舟中之敵此豫政今日之憂耳其在下
宜講者如去害也議宥也亦既諄諄言之
矣今計有疏理積案與滌除稗政之兩事
而一無實意以充之則十年不結之累四
四季迭比之募吏一味貪奸猾私橐有實

無名之鋪行明去暗來之火耗相看盡籚
篋遺議又有司莫以之告矣若夫崇儉奬
讓而違式之服舍無等守望之戈矛自競
殊不似禮義舊地旌節敎孝而刻畫敗婦
訣過栢舟品題豎子人盡孝已總之聽學
覇新增彼桑麻即云滿地本自民藝鴻雁
依然遍野安在招撫而所稱倉有三年九
年之不足慮民無一孤一嫠之不得所皆
粉飾太平之觀粧點查盤之様與釀成一

可歌可泣不清不醒之世界而已文到各
道轉行各該府屬查照所開一二實務加
意敦行如人心如何收拾方首足相衛民
兵如何訓練方指臂相隨積案如何疏理
方囹圄皆春稗政如何滌除方門庭似水
又必如何體訪而後真正鰥寡孤獨之各
得如何蓄積而後頻年澇旱兇荒之有備
吾上之人既已自操其政柄矣于是爲之
裲不辨之儒巾斂亡等之民居日討其壞

法無紀相矛稱戈之亂民而誅之訪其假公濟私稱節題孝之貪類而懲之則令下如泉民應若草吾自信吾藏身之旣恕而下自信吾作則之不遠從此歲無虛日日無虛時眞心實意與地方之人慰藉而調治之而民不安其生不即于理德不被而名不建者未之有也一腔熱心願諸賢共體之無忽

以上八款雖多縣摘之總約然寔是出之肺

心一字一句歷歷肝胆旣又念此中各有
司存未必一一歸本院之考成然旣巳胡
越同舟寧容秦越郤走方今時事危疑日
迫我輩責成益重而秦晉大梁之間勇敢
好鬬率多亡命結連深心叵測遠慮近憂
一筆難盡本院受事以來將及月矣而夢
寐食息時爲不寧故一腔心血欲與諸大
夫君子共吐之卽未盡對症幸無因噎使
本院異時得有所藉口也

儉約一

天下大患只在崇虛文而耗眞精而實務因之以隳如趙儕鶴先生所禁四六其一也其宂也其次則莫如用全幅紅白手板拜帖上古用竹柬後變爲折柬折柬省爲單帖宂便矣不知誰作偏而爲全紅全白夫四六無情之文漫焉相加猶不問首而製之冠不知足而爲之屨也比之全幅亦然則又一屨而五其兩一冠而三其緌物

韙長何裨實用乎數箇字動費幾文錢又何其重吾名而輕民命耶鄉里老人用一帖費二日糧秀才食廪而上日用所需誰非民脂入有半菽不飽而我一筆減入數口糧民生安得不日蹙哉此即凛實務之一大端也我輩在都與諸長者往返多用折同輩用單即堂屬相見亦用單頗有古意惟出長安一步便趨煩華日走惡道故廢四六禁全幅二議前鄒南皐老師曾以

上
聞今鐫之巡方周知可查也近因趙先生力持
此議故并廣而行之此後業通知撫按司
道而下一切四六俱報罷無論矣至合用
紅白手板拜帖除新官初見與叙事長幅
外其餘止用二幅與用單帖郎以此知會
縉紳士民與官府相通及鄉里往來亦除
新官新親相見用全幅外餘皆一體幸行
切勿異同上交不諂下交自不爲瀆虛文

既省實意自爾相貫以此惜精神愛物力
厚風俗養廉恥無適而不宜者願諸同志
共守之若不佞請自此徑行之矣先申

儉約二

我輩居鄉尊俎細事所關風俗不小常憶
坡公安分養福寬胃養氣惜費養財數語
眞近時對證藥方夫食前方丈不過滿腹
肴㲠多生亦無恐理奈何于無益事作巳
甚行乎今爲定式如官府有不得巳之飲

名曰官席器止拾伍如里中新親初見與高朋遠來名曰特設器止拾貳若親友雅會須求可繼名曰頻集器止六止八就內豐歉隨時差等有數相禮稱情酌古適今比于坡公三器未免爲泰而視邇時靡縟則去甚矣如此卽無力之家各得自盡卽有意欲侈亦且思防于以回風易俗不亦美乎乃其中有一必禁者曰牛此斷不登于俎矣又有一欲禁而不得者曰特殺則

請損之如官席止二殺特設止一殺若頻
集竟不殺此又區區小心之盟也願我同
志雅意成之

河東文集 卷

出巡事宜

欽差巡按山西等處監察御史李　爲出巡事照得本院家世清儉性嗜簡淡故一段眞率節嗇之意不徒聊以自適竊欲藉此轉世十年仕路半領輶軒每於車塵馬足之間疑

朝廷軫恤民窮常若不勝隆重

使命者卽今四方驛騷所在告荅而皇華道上安車傳食未嘗少殺不知我輩何功何能

朝廷何福何德消受民勞若不刻意爲民窮稍
報効
存軫恤微意不幾負

朝廷隆重
使命深心乎故本院自來馬蹄所至無論廩糧
折乾之惡道惜馬押扛之慘毒一切嚴絕
卽一介一騎一蔬一飯未嘗求備令之東
西兩路老吏舊鋪猶能記憶及此也茲以
河東之役經歷三藩視疇昔車塵馬足更

覺騷擾若無畫一條約恐至不戒難乎故
於入境之初先定出巡之規爲此示仰經
臨有司驛遞等衙門各一體遵守應付如
違供應書吏定行提責華役所司官品亦
從此定矣須至示者

計開

一行頭

鋪鑼肅静牌在前　次藍旗　次掌號不用鼓吹
次勑印官　次廻避牌　次鎖扳　次傘扇

吹帽帶檯箱　吹大鑼　稍遠　書吏門

厨緊貼轎行巡捕官舍在後帶本院坐馬

一匹候騎每行依次每至街巷上下轉灣

即吹號三聲鑼到鳴鑼三聲巡捕官即引

馬前看書吏門厨等役俱下眼單候轎同

行此外旗吹執事不許加增并不許隨行

香爐與沿街搭綵

一鋪設

前堂後堂各設臺圍坐褥錫硯筆一副川

堂候客坐褥四副官房床帳一氈一爐一燭臺三燈臺一燭剪一銅盆一茶壺一銀鑲茶酒盞各二不用實銀每下馬巡捕官詮鋪設单起馬門子照单點還不許違牌加增一件并不許鋪氈結綵擺列玩器

一下馬

果實二　薑醋二　葷餚三不用雞鵞　蔬菜二

酒半斤　米麪飯隨便　書吏飯葷二色

腐菜一色俱各三器　酒六斤　飯隨便　此外

不許加增一味各衙門小飯手本并不許送

一駐劄

米八升　麪八升　鮮豬肉三斤　生蛋

二十　豬腰肚肺一具（不全無妨）　豆腐時菜二

色　生薑茶葉二色　酒六斤　油燭一

斤　清油半斤　調和一副　此外不許

加增每下馬驛官稟送供應簿批明於本

院鹽法官銀內銷筭所在衙門下程手本

一槩不收至隨帶一二承差聽候齎送者

另有牌行人與一騎日給四分此外不許
過聽需索因而加增所在有司每下馬即
照牌點進封固公所傳呼方出如違訪出
官吏并究
以上四款每過有司驛遞等衙門俱照牌供
應不許違式增加一件中火非五十里不
用下程非駐劄不用臨時酌量伺候

天啓三年五月　日

日行文告　檄

一禁止虚文檄　牌行三省按察司

爲禁止虚文以脩實政事照得本院奉
命河東業已入境受事矣惟思事要實做日以
虚糜常恐按屬各衙門不諒本院眞率之
性動以煩縟相加越境桊謁既干
明禁有違尋題作文更至無度可厭如尺幅相
通仝紅已屬糜費乃數行啓事綾縠那堪
作踐至於節辰生日猶爲僕僕苦人竟是

交際中一種惡道若復相沿不已將虛文日甚實意日衰豈所望于同冊相繼之誼乎爲此仰司呈堂即便通行布都二司守巡各道并所屬府州縣各衙門一體相諒除各項文移與地方審切事情稟揭不時中呈外其他一切遠謁作賀與夫綾銷全幅紅白手本及節辰生日下程等項悉行裁革相期崇雅黜浮務臻實政如復沿習執泥違禁交加除方面文書原封發回部

縣而下定責來役無訝本院之不近人情
也
一嚴掣放檄　牌行運司
節據繳到掣放簽號于内撿查有將前號
未開而後號先開者有將殘簽未放而整
簽先放者殊屬舛錯合行申飭爲此仰司
呈堂即便傳令三分司以後開放鹽簽務
照本院編定字號即有盈餘儘于末號一
簽其簽上編發字號不許擦抹致難稽考

毋得違錯未便

一防守檄　牌行分守河東道

爲嚴防守以保無虞事照得自連年東西多故而所在有震鄰之恐矣自隰蒲相繼不寧而此中豈安枕之地乎故未雨撤桑平時猶須加釐況臨渴握井今日尚可不戒近陽王古人各村又見告矣彼蠢賊無知暴猝自應立殄而越在咫尺城廓人民倉庫錢糧所關甚大當此剥膚燃眉能無

近憂除高城深池整械練兵嚴行保甲為
及時脩舉急着相期敦行外查兵政有關
警設備一議內有多運柴米精造火器分
派守具多積灰石沿門編夫嚴設偵探訪
拏奸細會同隣近應援等務皆在所當留
心者為此牌行本道即便嚴行平屬州縣
一帶朝夕申飭保甲日夜謀設防禦但勿
張皇動衆未可悠忽誤事本院自受事來
即聞此方叵測寢食不安久矣幸其加意

圖之萬無遲緩

一嚴籤繳　票行運司

爲置籤號以却奸蠹事照得撈採不力美利多弃故前院有商人協採之議不但池利全收商行自裕抑且

國課易辦貧民皆沾法甚善也第人情滋玩法久弊生撈不即報報不即納而三場攢書又不速置籤號悠悠泛泛直至掣鹽期迫然後隨置隨請奸宄百出法紀蕩然除

已往不完外爲此仰司呈堂即便諭令商人無論新舊自撈鹽引限十日內盡數報官盡數納價該司亦無論新舊堆鹽只照納銀次序速置籤號送院挨序請掣此後如十日內報納不完將自撈商鹽盡沒入官十日內籤號不完將三場攢書嚴提解院萬無再遲取究未便

一嚴單檄　票行運司

爲查給單據以杜弊端事照得錢糧收納

商人所憑者單耳即稽查周密尤慮弊生意外而訪往時商人封納鹽價左手收銀右手給單諸商應掣之時繳單領引相沿最便至于今日或不其然聞有封銀數月不給單據者甚有經年方給者又甚有挨該領引無單可憑者豈非吏書那前償後任意推延以及此乎此殆不可不及時稽查之者除以往不究爲此仰司呈堂即便查將各商已納應給單據即時給發以後

一面收銀一面給單如該吏不循成例違玩自便須行重懲仍查從前共請單據若干已散若干未散若干商人繳回者曾否呈銷見在未散者收貯有無遺漏逐一查明回報

一餘鹽檄　票行運司

爲程餘鹽以濟正課事方今夷虜患切轉輸計窮池產消歇帑藏空虛瓶罄罍耻主計者日夜徬徨無箸可借我輩即不能于

正額外別尋生植之路何可不于本等內細講裒益之數乎如掣放餘鹽無論多寡繳報歸官抵充正課一滴到海數雖不多積埃成山補亦非小所從來矣近訪有在池積年秤斗常將商人自撈掣餘匿不報官即有報者不過十之一二而其間奸商用賄收買秤斗受賄暗盤移堆那基不撈自報此猶是商人之弓耳又有積書通同場奸將所盤餘鹽假借商名隨報隨付隨

付隨掣神出鬼沒幻莫能測牢不可破夫
此粒粒壘壘皆出苦商血汗孰非
朝廷物力乃任其輾轉爲壑消耗成蠹長此莫
窮良可太息爲此仰司呈堂今後傳諭掣
放分司每遇掣鹽之期親至監放但有積
餘驗實成堆如法苫蓋責令秤斗看守然
後隨繳籤號據實報院聽候挨掣諸司亦
須不時體訪多方稽查遇有前項奸弊卽
便寄報以憑拏究問遣此亦賁塵惜分防

徵杜漸之一端也

一開學檄　牌行運司

爲作養人才事照得文學兩會原自一體業已布之總約行之三藩矣况此駐節之所猶爲首善之地而

三聖人且儼然在上乎此關係一方風化非止爲諸生羔鴈計也今初考已定想逸才尚多而本院出巡期迫周爰秦晋大梁往返必需數月若待三藩試完檄取諸生一竝

入館未免曠間時日有虛初約今擬定八月十五日清光爽氣瀰焉在茲政賢入類聚之時而桂馥槐黃好景相逼又英雄思彀之會其以先三日司縣提調官諭齊兩學將本院取定優等生員及孝廉明經有志共學者照牒送館隨于兩城鄉紳中推其年高德卲者一二位為之主盟運司動支蘆價銀易辦色紬二端色紗二端司縣官率諸生登門敦請齊赴育才館請題論

文次十六日仍約同在城鄉紳孝廉明經及諸生中有志向學者齊集館堂先講鄉約次諸生隨意請教講業問道共相發明自後每月以是二日爲期辰聚申散其應用供給動支蘆柴價銀備辦兩日各備一飡鄉紳提調官即照酒約中頻集例每二位四葷二蔬不過六器酒數行照常飯食至生員每三人二葷一蔬酒五行照常飯食此外不得多備其兩月所課文字聽館

師從公分别岀案仍留卷送院覆閲待本
院巡完三省試畢仍檄取各州縣優等前
二三名一統迎館其兩會條規另行酌定

一查禁地檄　牌行運司

爲清官地以脩職掌充軍實以備保障事
照得本院是役也奉有
勅書内一款有侵種池邊官地者拏解處治則
是護池灘地即無
前院題

請目前急需而清查一着自其職業兒欲爲地
方撤未雨之桑土炊無米之糧餽業已嗷
嗷待哺尚可泄泄從事乎今議兵大約以
三百計議費則一切工食布花犒勞器械
必三千計而會計抽回解代租銀不過五
百若弟據該司所稱見在灘田納稅僅一
百一十三頃尚不足三之二彼荷戈者將
何藉手近查灘地之在鄉紳士民者爲數
頗多爲弊不一有無帖而擅種者有假帖

而種一侵十者有乞印于司縣署事而麦
自開墾者有將官地四至石碑潛埋而指
官爲私者有秀士官僕執稱原買原佃不
肯報還不服清丈者夫以護池之地轉爲
護城之用雖云追之民間仍復還之地方
非比尋常搜括自用者比若以仗義急公
賢者自應樂從況當震隣剥腹愚民亦知
捄死乃于此不費之償鄙不能輕一吐萬
一意外之變卒至束手待斃此時即千倉

萬廟盡是盜資何裨裒益之數乎今只有
據籍明界徹底清查但勘係界以内者無
問有帖無帖盡行揷標夾回召佃播種其
有仍願承佃不敢負税者仍取承管給佃
莫與強奪想三代直道當不至非情相拂
也爲此仰司呈堂即分布二司刻期親臨
行事仍先曉告鄉紳士民同心一體開誠
布公限于十日内盡數開報實註承耕退
佃以便量地之後分别給種定限八月之

內造册報院以憑題
奏倘有仍前占隱不報者輕則提佃究擬重
則據實叅
聞仍許諸人首告審實優賞決不寬貸萬無遲
悞未便
一脩禁墻檄　牌行分守河東道
爲及時脩復禁墻舊規以省追呼以防侵
盜事照得鹽池周垣原爲捍衛
國課關係匪輕至所派各州縣脩築

功令亦嚴凡以杜窺伺防偷竊至密也本院奉
命來茲讀
勅書內一款爲脩築禁墻反覆
詔諭至嚴切矣昨本院于本月十八日親詣閱
視逐地量驗舊規墻高一丈五尺舊堵可
證今多不合式有一丈二三尺者有僅足
一丈者甚有不足一丈僅七八尺者舊規
墻頭架木盛棘墻脚塞向塗縫今盡失其
制有披累可躡足而升者有穴隙可闖頭

而進者甚有十數丈半頹未築止編刺爲
籬排棘可入者循墻所見種種可異此盜
本無路而我通之盜本望門而我揖之何
怪不紛紛紜紜乘毀跳梁乎夫前此之脩
理非不事也祇緣經管官漫不加意一任
丁夫掠土塗塞一夕風雨仍還泥砂徒費
人力何裨城規長此不已大壞難復爲此
牌行本道即便嚴行各該州縣各照分定
墻工丈尺坐委有才佐領職官一員查訪

舊額星忙脩復一以運司所料竹杆一丈五尺爲圭從根至頂着實增築直至女墻亦須堅厚女墻之上安以木架覆以棘茨茨上加泥泥上壓石務俾周圍一體改觀如此營作即風雨不能撼搖况竊盜敢行窺伺且使該司省追呼之煩而各屬免抗違之咎一勞永逸利賴實多總要在正印官親行估計委脩得人不得視爲故事濫委省祭土官賣富役貧塗飾目前潦草了

事定限于八月擇吉起工九月不等日報
完仍須該道查閱據實報院俟本院巡歷
河南事竣回署親詣覆閱仍行量丈錐驗
如杵築編蓋一一如法無論管工官優奬
紀録吏書料頭厚賞示勸即印官于報
命奏册亦爲開具若其仍前虛應故事錐驗不
實者管工官以不職革職該吏書坐贜拏
問料頭重懲枷示而該州縣之官品此可
見其大槩矣决不姑息

一砌磚城檄　牌行運司

為包砌內城事照得郇城乃三藩轉輸之

衝

國家大計所關商民襍居人烟最盛而城垣

單薄捍衛無資

前院有槩于此極力節嗇設法脩葺業補

其外而尚鈌其內其去土城無幾耳故包

磚之議雖倡而資斧之須猶待則本院之

事也昨已提解院贖僅僅千金此政可及

時脩作隨料湊補從此綿綿不絕自成厥
功非職事者之責乎爲此仰司呈堂即便
查照原估北面内城責委勤能省祭二員
督率夫匠擇吉刻期包脩其應用磚灰工
價先于庫貯别項銀内動支務要磚灰應
手匠役輸心庶幾脩砌如法不致潦草塞
責仍委分司官一員總董其事每日查驗
催促毋令曠閑時日致滋靡費且及時查
覈監脩官員不許扣抽匠斲工食勒索工

役陋規與夫包攬折乾致誤工事其那支
銀兩待陝省解到補還北面既有次第仍
復估計西面應用工價若干應動錢糧何
項一并議詳定奪毋得延捱不便

一發僞文檄　牌行西安府理刑官

爲出巡事本月十三日早堂投收公文內
檢出鎮安縣一角一件照詳號單寫馬雨
投進細閱封筒字跡歪斜印文印色迥異
心切疑之乃親手拆視內一草揭上書土

惡馬騰務事跡臚列幾四十款夫匿名造
揭原當投之水火況舞文害人且自罹于
羅網此中誰眞誰假有難懸斷然奸作
奸政可兼收則拘被索告考字尋踪非霹
靂手不能得也票仰本官即將發去單一
紙先行密查馬騰務何如人平日所幹何
如事若果係大惡不妨一審重懲以洩輿
忿然後就其人設法引之認字報名密拏
嚴究追印招解倘得其情未必非懲奸之

一假手也迅雷不及掩耳事在速在審毋忽

一罷學官檄　牌行商雒潼關二道

爲出巡事照得學博一官爲青衿領袖非佐領他僚可比今查商州訓導史桂芳華州訓導張奇蘊兩官已經重戒難辭三褫蓋師有道士有氣所關甚大豈容淟爲鬱鬱父居此乎本院故加意文學者至此進禮退義之際更宜相切乃以相成相應責

令回籍冠帶閑住爲此牌行本道會同學道即行該州諭令本官限文到五日內離任回籍閑住毋久戀此雖肪爲斯文羞遺下員鈌即便報部銓補毋違未便

一脩王陵檄　牌行高陵縣

爲查脩陵祠以報舊勳以彰先德事照得本院巡歷三藩鹽政至高陵渭北有先賢
唐大師西平忠武王陵祠在焉誌載其功德在
唐代無兩而俎豆原千古一日本院屬其

後裔躬詣展謁祗見一團荒草幾同平岡
半畝荒祠僅存古碑爲之感慨低回即設
法捐資屬該縣重脩知該縣賢者當此民
窮財盡之日切不宜于此費地方一文用
民間一力但圖自致無貽他累且查該縣
前此教脩倉卒方向規制更須商設期于
永久不磨合再估脩爲此仰縣掌印官即
便查照來單款項逐一估計一面報院一
面擇吉定向率領匠役人等及時用工起

造其應用木料石碑即一面于本院發收
交際禮儀五十二兩內動支易辦逐日逐
件開數登報以憑査發別貯禮數補給接
濟刻期完事惟是地基欲其展拓材料欲
其豐厚工夫欲其堅牢規模欲其嚴整至
先少參翁所立陵碑方向差訛事完移往
左手稍遠今且莫遽動惟將墻垣陵向改
正癸丁兼子午三分一切脩理布置俱須
加意施行其管理工程則委省祭紀邦魁

攺陵定向則委陰陽官吳鳳仍委典史賀達用總董其事本院于來歲仲春之末報竣之暇親詣閱視其綜核調度留心敬事該縣紗才自有紗用諒無俟本院言之諄諄也

一脩八政橋檄　牌行平陸縣

爲議修橋梁以便商民事據分守河東道議呈重修八政橋工緣由到院業巳詳允去後復思時巳秋暮農隙人閑正宜及時

興工但工費無措恐致緩事合行查取爲
此仰縣官吏即照發來支票移文運司先
動所貯本院三省交際禮儀銀二百兩差
人守領即選匠給費擇日興工餘俟再查
禮數措括發用該縣仍酌量石條的于某
時做成若干預先一月前報院以便行文
調取車輛運載倘石未成而車先至坐待
縻費甚屬不便更行嚴諭兩縣委督職官
加意奉行事成冊報自有優奬各宜急公

無怠無忽

一建弘運書院檄　　牌行運司

爲創建書院以興起斯文隆重道地事照得運城爲唐虞夏三聖人相傳之地理學淵源衍及萬古名賢祖述昭于中天文風之盛海内稱最而士樸民淳宛然猶有三代之遺意焉本院攬轡茲土殊切追遡故于初至遂立文學二會以崇儒重道業已于河東書院所爲三藩造士地者肯搆維

新曠然改觀矣惟是書院距城十里遠塵絕囂政可與諸生養靜藏密而地僻人鮮不便于尋常合類樂群倘遇政事旁午未免臨行踟躕一當風雨晦冥不堪回翔止息所以運安兩城有司自無一集思廣益之地而遠近諸老終歲且少見聚首譚心之時雖賢人自有德隣政不問寓而官府于此道地可無遠思此本院所為穆然有深意而覺諸士夫亦悠然有同心也先是

本院已擬于城中卜基庀材建一講堂今
據運司呈稱
文廟之東有射圃一區其地稍寬而屋近頹可
以因之改作仍以其射圃移之稍東如此
則論道觀德既不遠于宮墻而因舊拓新
或少省于物力但當此三空四盡之時何
恐為勞民傷財之事為此仰司呈堂即動
該司所貯本院交際禮儀銀一百兩易買
木植磚瓦相基建造四椽五架橫廠講堂

五間前捲棚東西各盖廂房數間講堂
之後仍盖兩椽三架堂屋五間兩頭二間
用版隔壁可為寢室堂屋之前東西亦各
盖廂房三間仍盖大門三間面向正南至
厨屋浴室俱要布置停妥其見在舊房倘
規模合式止加脩理不必拆動如不合式
不妨那移一面逐加估計應用木料工費
若干開冊繳報如不足不妨再行搜補一
面委官擇吉興工毋得延緩時日恐天氣

漸繭不使營作其夫匠工餼逐日給發木
料價值照時平買管工員役不許從中剋
減分外勒索該司亦須不時體察倘有違
玩據實報院以憑重懲

一議運王鹽檄　牌行分守河南道
爲食鹽事照得
福府歲鹽比于各府不下十數倍差官撿鹽
亦照府例加三比于
德昌府不下數倍而運載人畜使費差官供

帳比于鹽價又不下數倍至其跟隨官較需索剥削比于運費官供又不下數倍故池鹽歲歉尚當勉補而地方民窮委難支持所以各州縣無處不稱難無人不訴苦也據各處所開中官之來八轎旗吹皂壯等役以百數十計驛馬以四五十匹計而差官供具隨行應付以數十計至官較人等磨牙張焰直同狼虎有杠頭貼馬之名色廩給口糧之重索坐司中火之責備折

乾壓馬之騙勒一不遂意則駕言怠慢指誣偷竊責令賠贓至傾身命百様凌虐備極慘毒本院按臨兩河一聞此言不勝感悲昨面覲

福王備訴艱苦反覆開陳立國務仁御下務嚴憂時務儉不厭再三且先乞免差中官止以一文官關支而本院以府官護送以甦驛遞之苦在

王仁明不無惻然動念而左右執拗終難以

至情感動近據承奉司面言革去八轎又
具一應付單夫馬旗幟儀仗裁減一半驛
遞止用飯食不支廩糧而于一切索騙名
色折乾等件盡行革除本院收單唯唯念
此係
殿下仁德承奉好意然所裁革皆其可知可
見者也猶有不可知不可見者且數款故
紙尚一時難盡須該道與本府所司相約
訂之爲此牌行本道卽行長史司作速查

議再加汰減逐件查答詳報仍通行沿途各該衙門一體遵守但有仍前索騙多用夫馬儀使及騷擾衙門陷害地方者據實報院以憑啓

王後具

疏參治俱毋遲違未便

一恤貧檄　牌行三省各司道

爲歸死救生以保太和以消祲氛事照得本院按轡三藩馬蹄所至無論鄉紳耆秀

隨處周諮即田夫野老逢着便訪以其所見合于所聞乃知轄屬之內十年以來天雹地震物怪人妖蝗蝻狎至旱澇頻仍民之無所聊生也雖緣天時亦因人事如年來孤貧輾轉于溝壑刼殺紛紜于道路流離死而無所歸征調亡而莫之問白骨㦸天黑厲浸地上蒸下魘陰陽感召致生災異雖脩省有要

部院時不忘宣消獮多端郡縣念各有急

乃本院耳目所及臆見所至有不得不以爲地方鐸者爲此牌行本道卽日轉行各該府屬州縣責令地保人等無問城鎮鄉村山隈水曲曠野之處徧加搜尋倘有片骸寸骨流屍斷棺與凡一切可疑可駭之物鑿穴製器盡行瘞埋巡行人役仍與紀録功罪以憑賞罰卽令時屆冬寒無衣無食霜啼露處最易損生須令保甲人等時時查勘除有粥廠者及時舉行無養濟者

計口量賑與夫荒廟冷寺窮簷敝宇稍稍
動支官銀所在預備帷蓋草具以捄此一
方凍餒外其有道路死亡無人收殮者地
方不時呈報各該州縣查實的係無靠即
動支院銀三錢易買棺木抬埋漏澤園內
如忙無棺木即以板蘆代之如近無漏澤
即于城壕之下瘞之各宜留心莫作虛譚
夫我輩心有所注即一草一木皆可蕃滋
况身之所臨即一民一物孰非我主柰何

饑寒至情生死大事爲民上者豈能恝然置之膜外乎則又何取于爲民父母也本院言之似迂體之自眞各地方無以其迂也而眞視之則厚幸矣牌到速行仍各具遵行緣繇各該州縣每季徑于便文中繳報并所需院銀有無存留動支明白開具以憑補給銷筭無違無緩

一調兵防禦檄　牌行分巡冀南道

准河南

按院牒又據懷慶府申同前事備呈到院
爲照時方多事所在無安撫之區而澤屬
負山到處有負嵎之慮乃囉唎等賊狡悍
叵測往往號召無籍奸徒哨聚于河北之
懷衛與冀南之太行十二回八滴嶺等處
時掠時伏出没無常爲害地方非一日矣
據報輝嘉二縣官兵昏夜輕進深入賊巢
以致殺傷捕官鄉兵遠邇震動而澤陵爲
接壤之區猶剥膚之會也今河南已集兵

勑捕矣南兵追急賊必北走其毒流澤屬爲三晉憂有不可勝言者况邦爲唇齒覩可秦越援彼安此關係匪細爲此牌行本道星夜親往澤境督率各該州屬印官商訂責委該衛選將點兵幷該道中軍及督捕各官率領軍兵幷澤陵二縣鄉兵人等分派信地設防備禦日夜訓練齊張聲勢仍卽會同河北道相機會勦設法堵截務俾盜緝民安勿得循常怠玩稍有所失便

難委責仍申飭各州縣時加防範一面速
行調遣一面通呈
各院知會事平分別功罪以示賞罰仍嚴
禁各官兵勿妄拏平懦以希功勿乘機擾
害以取罪俱毋違錯未便

一裁行脚單以杜影射檄　牌行守巡關西道

照得法行于歸一弊生于孔多官鹽灌注
所據者一引耳有鹽無引雖官亦私
功令所在孰敢或違年來平鳳所屬私鹽招

詳半係鳳商搬運花鹽多以舊單洗改年
月影射紛紛滿路私行近因按關細訪乃
知鳳屬州縣除給正引外又給脚單曰便
于脚戶執照也夫花池雖遠在關西總一
河東耳執河東之引而運花池之鹽法既
一矣弊安從生何乃于正引外添設脚單
此單一出影射肆生而一處開端八屬效
尤于是有奸商打點吏書給空頭自填年
月者有脚戶累年不銷任意影賣影買者

有奸戶將單轉賣小販浸淫于隣封者有奸商引單互用兩兩影射無可稽考者以致私販溢于官額公課虧于旁竊而鳳課之壓解動至數年皆職此之故日甚一日底止何時殷鑒不遠極應禁革爲此牌行本道卽便嚴行所屬州縣以後商運花鹽只用官引不許擅給私單速將以前給發者盡數追銷仍移文平慶二府通行各該州縣嚴諭捕鹽員役但遇鳳屬運鹽經過

加意盤詰如有仍用脚單者無論是商是販即以私販擒拏招解鹽畜入官如數逾三千斤者依律坐遣捕鹽官兵從優獎賞倘上下通同取一時之便而貽無窮之害姑與容縱事發一并叅究蓋法不出于一則有弊無法而弊不塞其孔則是法盡弊也其八屬一體遵守仍須給示無致違錯不便

一八政橋償車運石檄　牌行夏縣

照得八政橋工守道初議取石于該縣三喬坡復據平陸縣議採于陜州楊家窪令經數月而橋上猶杳然也夫八政距楊家窪視三喬坡等耳而一河相隔工自覺倍柰何舍平地而尋方舟乎一片石三易其手而不得應一朝之呼其視一輓而至者又誰難誰易乎况以晉地之官隔江而叱石法旣難于遣神越境而呼牛勢猶苦于定喘將悠悠泛泛沉銷日月虛糜廩餼欲

橋工之成也無日矣計莫若儘河邊見在之石運渡載完而即速調牛車赴三喬坡運載計日計程視楊家窪不啻倍之但恐無人督率其間猶之乎無用耳爲此仰縣官吏即便行令原委縣丞曾之美星急前去上村河邊查實運到見在石條的有若干作速僱船搬運河北盡調河南三州縣牛車照齊過河運至八政隨即親督各車盡赴三喬坡運載其牛車有未如數者即

徑自往陜州境上協同催取過河務要每車裝載七八百斤每日務運一回以便剋期舉事如本官縣有政務卽不能日日親督亦須會同安平二委官吏畨催儹但相期無虛此暇日糜此苦費以早圖于有成斯爲得也票到限五日內回話毋得延遲未便

一催脩禁墻檄　牌行中分司

爲禁墻日失舊規脩築祗循故事再行申

飭以省追呼以防侵盜事照得本院前秋
初親閱池墻半屬傾壞尺丈多非額制侵
盜日熾
國課日耗是以牌行守道督行各該州縣及
時脩復以冀一勞永逸諄諄申告不啻舌
焦卽據該道詳報亦謂備極苦催漸有次
第止是蒲安二處尚未報完其餘州縣似
已竣工矣今本院巡周還署方訂期閱視
以行賞罰而日據諸司面陳各州縣丁夫

仍以浮土塗塞尺寸全不及舊墻頭棘架
容易搖落一番風雨立見傾頹推原其自
雖由各丁怠忨亦因各州縣委託不得人
舉行不如法將本院一片補捄苦心鼓舞
埶意頓爾灰冷殊爲慨嘆夫脩築池墻
勑諭首載責備最嚴非本院過爲苛督也乃各
掌印管工官竟膜外視之漫不加意其藐
視
王章忽畧憲令何當至此今失之東隅尤冀

收之桑榆在各該州縣急圖自致爲此牌
仰中分司鄧運同卽便嚴督各該州縣掌
印管工官查照前行丈尺規則提調丁夫
于春和土動之時上緊如法修築其買木
造架覆刺壓石等費須各州縣查支堪動
官銀給發其各鹽丁料頭亦須量行賞犒
特示激勸而于中頑梗不用命之輩幷當
用法懲治然後可如法修復刻期報完本
院已定限于正秒二初之間親循驗視倘

一見改觀足耐久遠則印工各官不問品
地資格定當破例薦揚如仍前潦草塗塞
不合舊式印官即龔黃卓魯定行叅治至
管工之官立地驅逐次亦撲責丁料各役
坐贓究遣本院到此一執不阿各州縣無
臨時嘆噬臍之無及也其慎之無忽

一查日用心紅檄　牌行分巡河東道

據霍州申送
憲綱文冊到院偶爾檢閱內開廣盈庫見貯一

項鹽院心紅等銀六十兩又一均徭之下
開天啓三年審編過一項鹽院日用心紅
等一十二兩隨詰問其餘州縣書吏俱云
未見又詰問本院衙門有無協濟心紅等
費俱云
按院有此一項若本院不知何以未見也
又問既無此項日用心紅等費取之何處
則曰取之運司權之牙店也夫
朝廷建置官僚有一官即有一官之費詎令堂

堂巡方之使而下與牙儈競刀錐之末以
自供億豈惟虐取非制抑褻體可鄙矣今
據該州見貯與審編過二項鑿鑿自明一
州如此餘州縣可知一郡如此他郡屬可
知今日如此前此又可知即經久不無費
查而相沿豈遂難問即各處
憲綱不無異同而未去册籍豈盡泯沒此項既
未經本院取用各處作何開銷豈本院懸
其空名而各該州縣匿其實惠則奸滑庫

胥欺隱乾沒之弊疑有未易數者爲此牌
行本道即便會同守道嚴行所屬州縣兜
底淸查要見心紅等費原額實數編派起
自何年遺漏出自何故即今有無通行編
派是否徵收在官其中有無欺隱乾沒情
弊逐一查明造冊報院以憑裁酌俱毋遲
緩未便

一查巡兵檄　牌行運司

爲池盜竊發可虞巡役虛實當核急議淸

查以固防守事照得法忨於近弊生於踪有由來矣鹽池周圍額設三十六鋪鋪設地方弓兵棊布星列其爲防禦計甚密也倘使人皆精儆守無虛曠雖有奸宄曷從窺伺乃邇來盜賊橫行如入無人訪其所自多由近池奸民包攬兵役冒餼家食但用一二老弱不堪虛應故事往往日來夜去十鋪九空彼狡焉者安得不乘之生心乎而此風則何可長也今除往不究外相應

行查爲此仰司呈堂卽便嚴查周池各鋪每鋪額編地方若干弓兵若干地方是否包攬是否頂替弓兵誰爲精健誰爲老弱就中虛應者作何革除不堪者作何澄汰逐一分别確議造冊開報以憑酌處毋得延遲未便

一養士檄　牌行各府

爲作養人才事照得河東勝地原屬名賢崛起之區而大比當年猶爲多士雄飛之

會本院馬蹄所至蒐羅日有深心即令瓜期將臨薪木時復在念業已拓地庀材鳩工繕室將乘此數旬休暇爲諸士視惜分之陰且許以一副砺砥于三藩効他山之石即滿路名品未必盡入月中而一日知交豈容相忘意外以茲于觀風中得其抜尤者一二人循例行取送入書院作養爲此仰司呈府即將單開有名諸生該府速行各州縣徑自給文起送限本月二十日

至館二十二日本院親臨書院較試其萬
一有事相妨與途遠弗及者不妨陸續赴
會肄業如竟不獲與會者各學徑自據實
開報另行資助牌到該府及各州縣仍各
動堪動官銀距運城百里者各給三錢二
百里者給五錢三百里者給七錢四百里
者給八錢以上量地遞加以資路費俱毋
遲達未便

一淸查陵祠工程檄　牌行高陵縣

爲查脩陵祠等事據申
西平王陵祠工程俱已告竣可謂斂矣但冊
開木石磚瓦工料等項所費頗煩而查前
行動支貯儀僅僅五十二兩當不啻什數
倍之原行已訂逐項估計以便續發今第
日不敷之數另行設處是何說乎夫設處
者非科派則借支非取之民則捐之官以
該縣之清慎本院夙知而帑藏之空虛此
日猶甚今乃欲以一念之追遠而費難措

之重需無論本院以不仁滋不孝即

先王在天之靈應且怨恫為其後者他日何

以見之地下乎相應行查為此仰縣官吏

即將陵祠所用木石磚瓦顏料與各匠夫

工食一一備開數目共該若干除前發五

十二兩外尚欠若干即枝木拳石一夫一

匠毫不可令該縣有那移捐助之實而本

院冒不[illegible]不傷之名以此相成乃為相念

文到限三日內馬上差人報院以憑立時

補發即本院亦已預為之所以待必
非取之地方也萬無遲緩未便

一清查陵祠祀田檄　牌行高陵縣

為查明逃地以昭盛典事據該縣稟稱審
編查出無碍逃地一項四十畝係張喬里
八甲何順輕地給書香生員李君民作焚
脩之用等因到院據此看得
西平王祭縣有歲舉生員李君民不過守陵
後裔主鬯執帛而已焚脩以供四時之祀

本院已擬助費屬縣爲選買常稔編圖給
照然後可以久而無敝也今據稱逃地給
助亦自盛舉但有逃民無逃地種有人承
糧有人包逃未盡逃同戶將無有存逃未
終逃後時能必不反此田在未查之先屬
誰耕熟此田當入官之後有無執稱一有
未斷之疑終爲必延之蔓在他人未可嘗
試豈兹陵可爾易褻乎此不可不再一查
明者也爲此仰縣官吏查照來文即查此

田既稱逃產糧係何人辦納地屬何氏經管有無竦枝近葉同戶共甲之人是否年遠代更無踪無音可覓稍有牽制便非無碍若果絶無掛碍猶須照則起科取結給照斷未可利人之逃以求己之繼食土之毛而不供王之賦者就中查明確報一幷速詳定奪毋得遲延未便

一奬賞陵工檄　牌行西安府

爲陵祠工竣賢勞宜優事據高陵縣報

西平王陵祠工程告竣緣繇到院爲照
先王在唐代功德無兩雖旌忠之俎豆不替
千秋然傷心之陵祠可堪此日本院三十
三世來于江之右而千有餘年始自關以
西不謂攬轡之餘得慰朝宗之舊向者草
草一拜不無松楸凡筵之思既而諄諄相
煩但爲經營料理之事此中枝木拳石矢
不以過慮循良何意神道靈塲遂得之轉
盻嗟咄其誰非賢令尹籌畫之力亦可想

各執事奔走之勞今已告竣相應嘉奬看得高陵縣知縣聶溶洛下清流關中白吏素履精金潤玉宏才紫電青霜支折花幣銀十兩典史賀達用官箴四畏陵工一班支折花幣銀四兩其餘省祭官紀邦魁陰陽官吳鳳及禮工房吏人等俱當量行奬賞爲此仰司呈府即動本院贓銀照依封發該縣迎送各官公署見本院優禮賢勞之意牌具遵行緣由繳查

一嚴派掣以杜超掣檄　牌行運司

照得歲徵鹽課關係軍
國大計欲計鮮虧額須商自樂輸欲商無不
輸須法無不平乃平法無他只是一派一
掣要于至公而公道亦無他只是一出一
入不爽本院編發之序而已邇來倖竇日
異月新弊孔鬼出神沒派場則先後隨意
掣放則上下其手如商人中鹽三百引均
撥三場照序挨掣此舊例也今凌次開端

竟不依制原派前壓支忽後後應支西兆掣
可東奸人惟利是趨飛星何難過海窮商
待年可念候免任其守株至于自撈商人
定當以報納先後爲掣支遲速而亦鑽刺
成風順序無日民之偷矣法是蕩然更可
駭者遺舊銷新越前縮後串未給而引先
領價未納而鹽忽掣狐鼠横行風雨如晦
上實甚耳下何尤焉近據司詳弊書張五
倫等串謀棍商宋可賢等作奸犯科出乖

露醜殷鑒不遠前車可惕該司尚可不加意搜剔乎遡厥所自商人報狀原繇本院編發所以杜那移也今也不然動曰納銀有先後耳夫有報自有納報而不納非情也惟一有不循報之序便無不可歧納之途于是歧外生歧途中異途總爲上失其序遂致兩受其窮江河之下吾莫知其所底矣爲此仰司呈堂查照所列諸弊以後商人報中鹽引自正月初一日起俱以本

院編定字號爲序序定卽照號徵收不許參差每半月派場一次明示通知仍移文各司置一簿名曰請掣照依派撥引數挨名順序登入但遇掣鹽日期自某起至某止扣定四千一百九十引卽于住止脚下實註以上于某年月日掣訖字樣至具文請籤卽并請掣簿送院查與本院號簿及收銀循環三對無錯方與發籤其以前年分已派未掣者登記在前正月初一以後

報派者叙寫于後至于壓待與派報晒鹽各另置一請掣簿照挨支例登寫請掣其自摀商人應銷舊鹽請籤之時亦須逐項註脚以便査對批銷如此則政出于一弊消于潛上既無畫方畫圓之疑下自絶不公不平之嘆而猶慮法有不明而課有不足也吾不信矣

一捐資饍學檄　牌行運司

爲學會初創會費當議特行捐資買田以

供來學事照得河東道鄉學會缺然卽今
仰節書院數武雖問業有朋而駐足無所
至兩城諸先正恂恂彬彬具一時有道名
碩往往卜地約會而未免致嘆于類聚之
無其方也本院職在省方興起斯文自其
分内于是捐資屬司擇地鳩材建立書院
請　少宰曹座師主盟與　劉宮保公諸
老先生訂期開講相約歲寒不逾吾道之
興其自兹伊始乎惟是贍饍無資終屬缺

典雖在五日直指未免臨行低回而當此三空四盡那討餘粟餘布日討該司所貯本院禮儀尚存二百兩差堪支此爲此仰司呈堂卽照單開原封項數差人齎送鄉宦　少宰曹　宅上查收儘其銀數易買學田若干入會照畝起租照則承糧擇人收掌以供會文講學之費雖勺水無裨永濟亦一簣之加平地云爾

一核籤檄　牌行運司

爲籤號可異稽核當嚴事照得堆塩之弊有等奸商積滑常将掣積餘塩偷盤成堆却假借商名朝報夕掣神鬼伎倆不可方物本院下車即票行該司查将自撈商人塩引悉限十日内盡數報官納價置籤繳院如十日内報納不完塩盡入官籤號不繳攢書解究去後今距撈期已踰半載矣昨據該司呈送三場自撈塩籤到院不勝疑訝隨據各商跪門告掣尤可駭愕及檢

閱各籤有六七十引者有二三十引者甚有十數引者爲數無幾報納亦復何難置籤不多編繳更屬容易何當一推到今始來相弄乎此中情節不問而知其爲盜盤故智假報夙弊計此但可行之前司耳豈以該司之殫精勵治而亦有此伏奸耶相應行查爲此仰司呈堂即將發去籤號速提各商幷該場攢書到官逐一研審如許塩如許籤何事九月不置一繳便告豈去

秋行票嚴查竟作故紙乎中間有無盜盤
積餘借名報掣情弊查實具報凡此皆場
中頑蠹未可草草塞責縱迨速速

日行文告　　諭

一諭告理

照得本院初任一片雅意欲與三藩士民相期于無訟况當六月炎蒸猶屬停刑之候故下車問俗雖有放告故事而勾攝敲撲大非今日所宜此地風氣雖勁習尚則正凡我人斯各相仰體共享清平若無可柰何必欲發抒憤懣則須就事論事以眞情實話相控不事牽連不作虛誑本院亦

當勉强准行一二以解紛嚚但若審出所
告非其人所指非其事一字之欺三尺不
假招虛反坐律有明條本院誓不以姑息
開纏擾之端也

一諭巡池

照得承差人多齎
奏會稿之外差遣寥寥守株苦于候門遊刃
惜其無地因而思之鹽池奸弊叢生夾帶
盜竊月無虛日查

前院故有巡池之規在今日猶爲吃緊之務爲此示仰各役查照班次每上班聽差下班巡池又于本班之中分爲間日之直務于池內池外率同邏卒嚴加巡視但有越盜池鹽砍伐樹枝即便擒拏至于池丰衙役竊鹽盜草與夫豪强車戶夾帶鹽斤者即時拴鎖傳鼓報院以憑重究計功論賞必不虛負各役固不得徇情縱放亦不許借巡生事如違究革決無姑息

一諭鹽官

爲禁約事照得撈鹽之丁原係

國家服役正額非科派額外者比彼撈􂀀之

外別無􂀀差歲計一成且加賑濟視他處

夫役苦若懸絕

朝廷優恤可謂至矣乃法以時窮人因法玩而

其流之弊有未可言者每遇撈􂀀半屬虛

無一行查點輙稱逃亡大都一虧于官料

之包攬再若干儒紳之占役而

朝廷軍
國之事竟同弁髦乃其烏合池面何異蜂擁
花樹玉韮瓊芽任意踐蹋一握再握潦草
了事但遇商撈貧採則竭蹷買勇以博厚
利此自小人情態亦官司之不自奮發以
作之率也除以往不究外今後撈採之日
本院率各司與地方官親臨池上挨冊調
點挨丁稽鹽其有丁不足數鹽不及額者
初次將料頭責補下次即治鹽官以私庇

偷安之罪倘若各官能洗滌陋規董率料頭刻意從事與戒諭各丁無亂踐踏無故逃躲無後公家之急而先其私無借名色之占而失其實使

國課足而商民兩利本院當有不次獎賞從厚賑濟决不以虛言相誑也

一諭關吏

爲潼驛垂絕行道堪憐急宜嚴禁上苛下酷以保衛關事照得驛遞之苦至今日極

矣而潼驛之苦更甚驛遞之苦無能甦至今日又極矣而潼驛之苦無能甦又更甚故不惟逃夫且逃夫頭不惟逃馬且逃馬戶不惟逃夫頭馬戶且并管夫頭馬戶之官而亦逃至於舍官而逃而其苦尚忍言乎追惟其故則過客之明責飯食也又暗討廩糧也馬上之酷索折乾也又死要壓馬也一味憯毒爭欲髓與吸而骨與敲百般陵爍恨不傾其家而蕩其產乃主者佯

爲不顧故下人落得造孽而一切委官承差尤而效之飯外支糧馬外添騎封外加數嗟乎傷哉彼但以爲若冒破幾數之錢糧政應分共我奉行如許之牌票何異捧檄而不知錢糧主之有司但有虧欠何曾過與即牌票自有限制分内且難那堪分外况在于今四方差委似浪一闗車馬如雲我輩即不爲之酸鼻加憐亦何至忍心而益之毒乎則又何怪委官承差之躭躭

虎視之也今除以往不究外計此地當孔
道急宜刻定成規給與印簿每遇過客下
馬務要親自塡註某官奉何勘合承何差
委實實照牌應付奉
旨則喫飯無廩承委則支廩無飯至于承差官
舍止于依牌關支不許牌外科索此後倘
復相仍一毫僭越三尺不貸本院自須
題請申飭至若本院承差徃過定須查牌登
記有敢不遵禁約者許驛遞官吏馬戶人

等密密揹名呈告本院審實輕則問革重則遣配而于首告官吏人等仍行重賞决不以一人姑息開三藩荼毒之門也

一諭商

照得鹽政一項不廣諮則不能盡其利弊不細討則不能得其窾要本院連日從文移內細細推求又于訪問間款款辨駁乃知此中商困課詘弊孔百出幾于不可救藥若不急爲整飭江河之下也砥無時矣

爲此示仰商民人等有老練精詳之輩深
知其間利病有便于昔不便于今有便于
上不便于下便于奸猾不便于商民者何
者當因何者當革何者當通變何者當釐
正要令公私兩利奸弊不行非各抒所見
列款立陳惡可得乎訐須斟酌可否無徒
掇拾陳言偏執邊見致難聽信本院將加
察焉一有可聽自當揀擇施行决不以虛
言從事也

一諭差役

察院示驛遞之苦今日爲甚本院刻意甦息反覆禁諭到處通知况近在本衙門差役尚不仰體乎今後汝等各存天理各守官法各保身家姓命子孫前程但有敢于牌票外稍稍違禁加增稍稍仍舊需索者已潛令各驛遞密密指名呈報本院審實輕則問革重則配遣盡法處治决不姑息以滋荼毒

一練兵諭

爲練兵設防以重城守事

國家承平日久武事不備乃此地關係最重防禦全踈自無烽火入目不知兵爲何物當此四方多警所在震隣而人心叵測到處嘯聚此政年防寇而夜防盜家爲兵而戶爲伍之時也今計召募在營兵纔一百六十并各役强壯僅合三百然皆取之市井未習行伍則必教習操練所在得法而

後聞風興起或自有人皆職事者所當設誠鼓舞加意收集者也爲此示仰指揮孫承祖鎮撫劉有占今後每于操日衙營之後分別考校相其能射者習射能打者習打能刀鎗棍棒攻打火具者聽其各認一班務俾事事合法人人出奇從此操無虛日人有奮心然後相率唱和更加招選審實登記以備收用至于武舉生童人等有志切請纓力能舉鼎者聽其隨營操練差

等相待倘于中果見校藝無敵布陣有法
本院巡回試而收之分别題
請以竟其用若夫見在各軍月廪衣資已有定
議決不托空但在創舉之初未免給發稍
需各宜仰體共成盛事想一方保障原有
至情平生慷慨各負大義諒不俟本院之
諄諄也

一脩館諭

照得河東書院乃興文論道之地一方勝

槩三藩才藪官相加意科不乏人爲海內修譚久矣本院初臨茲土首所注念立有文學二會諭令有司敦請鄉紳孝廉歲選官生率同高才有志之士每月望日論文次日講學已有成規次第舉行昨見館舍損壞大甚急須鼎新脩理業行運司刻期成功今本院以巡行各省猶切關心爲此示仰管理員役督率工匠凡庭廡臺號舍墻垣損壞之處加意增脩如法補葺但可隨

地擴充徑須設法營造務俾煥然一新可
大可久不得如尋常粉飾徒取片時之觀
而塞一局之責而後可也本院訂期回署
即來相視果不負所委定行獎賞若依舊
潦草必行處治各宜仰體莫負諄諄

一嚴超掣諭

爲申明鹽法事照得鹽政弊於超掣所從
來矣本院自奉
命之日即承地方賢者諄諄披示心切識之受

事以來夏秋之交多雨池花零落課額空虛雖幸商辦勉支不至鈌解然其剜肉於五年之前而我露肘於一日之間即傾財掃堆猶慮無以給其待哺若使奸商豪民又營而奪之纔報旋掣何異過海飛星一往無還竟同落花流水但备以乞靈要津爲得計那復念守株頻年之可憐于是滑胥得而借口奸商因之生心或以堆鹽開唆次之端或以買號混挨掣之序蓋鑽求

之孔既多總之挨支苦爾而轉換之途不
一只見法紀蕩然此道自本院至止禁絶
已嚴而此物值今日滿條營謀必甚除以
往不深究外合行申禁爲此示諭衆商各
安本分無作妄爲但有鑽刺討支之書自
來不受倘若訪實求書之輩定須窮追而
至於堆鹽須照原納次序挨名派掣敢有
仍前作奸者該司不時體訪從重究解决
不姑息以滋奸宄特示

一諭去消舊以嚴自橯　行運司

爲去消舊之名以嚴自橯之法庶積弊得清而歲課易辦事自法窮于料揀而權遁于商橯也開新納而序挨支銷舊報以紗踈通豈商之利將民是惠法至善矣無柰法壞于忨弊生于奸始猶狐鼠潛行繼且豺狼當道而表裡交通之故遂至不可勝言于是有单銷新而故遺舊者有報居後而支獨先者有嚇天鑽刺未納價而徑行

掣去者有徹底欺隱已支給而槩不報銷者甚有通同場役盤甲歸乙盜張賣李耴他堆積餘之物享不撈自報之利神出鬼沒莫可窮詰揆厥所自皆緣銷支途紛而不一故奸滑徑多而難防頭緒不分曉則稽查必左支而右吾紀律不嚴明則監守皆明禁而暗縱今將槩止其自撈恐報納不時急則呼之而莫應將一聽其銷舊慮混淆無已久且蔓焉而難圖計惟有挨支

與自撈各序而料椂與商堆分行但各循
其一定之轍而不必借之以銷舊之名或
亦肅清垣實之一端乎為此示仰運司自
天啓四年正月初一起自撈商鹽不許銷
舊但遇撈椂該司各給印票一紙將所撈
之鹽查照新規另置一請掣簿序登照掣
不得攙移院號致滋多弊其納價之時仍
須驗票審實是否正商如係親族枝葉借
名圖利者即將原鹽盡沒入官仍坐以劫

撈之律如正商不舉有人訐告一併連坐至于鹽堆坐落鋪地與掣餘堆鹽所在俱交該鋪秤斗看守即取指揮總斗巡視各員役互結存案倘有擅動鹽堆即坐自盜仍令各役照數賠補不許一毫容縱如違則坐巡池官以疎虞之罪一併議斥夫復何辭如此源頭既澄枝流自潔又何積弊之不清而歲課之不辦乎

一弘運書院學會諭

爲書院告成學會已開應敦行授受之禮嚴明禁約之條以便管理事照得書院之設本院所爲邠之父老子弟計之審也親師取友固諸生之急務而承先啓後猶諸老之深心本院仰而體之創茲盛舉補此缺事捐資庀材傾囊置租其誰非該司所親理諸老與諸生所稔見乎惟是一片官地雖切學宮而數楹射圃已徙東壁總爲道地闢此百世不遷之塲亦使諸公念我

大道爲公之意故日來會約數欵不徒以
嚴會規且以嚴會外官私之異議不徒以
清會蠹且以清會內水火之他腸葢創而
舉之雖自本院信而任之則在諸公而申
而明之又該司之事也則除買田收租巳
附吾少宰師爲料理外而書院工程一竣
之後即當議鎖鑰歸附之實爲此示仰運
司即備云院文具印信帖致送少宰曹宅
上託其轉致宫保劉公諸老及孝廉明經

諸生先行交付俟工竣之日歸并鎖鑰還將院內墻屋及至界與所置辦棹椅等物造冊送院印記給發會中聽其委人自行收管所刻會約榜示院門該司仍出示嚴諭官師不得違約侵占地方不得違約擾亂使一班好事敗群之輩不得有所藉口以生他端有一于此該司直以三尺之法繩之無以姑息養奸也則道地之幸斯文之靈耳

文告　移

吉陽李日宣

山西

一件秦晉之亂萌已兆消弭之計畫宜周議設專官以鎮重地以杜隱憂事呈蒲州永樂鎮裁去巡檢添設府同知一員兼管總捕鹽法催督蒲州南鄉一應錢糧在晉管蒲解二州在秦管沿河一帶州縣并修理衙門添募吏書等費詳　行布政司

批事有舉之若以爲創而遺之遂覺其缺者此官是也此地故宜令今且署以府法門切于强鎮官雖節制勢則扼要當辟兇躭躭各村洶洶之日于此添設之官加以軍籍鹽法在務爲急在任爲重但未可以所費之不貲容易具請耳秦晉兼制政中此日奸宄跳梁之剿惟必上下交轄法乃歸一此中莫須會議停妥而後可乎布政司速議報

一件申明錢糧完數以明職掌以辨叅罰事

呈議留汾州知府楊嗣修詳　　行布政司

批據呈以歷年起徵之錢糧而責之先期卸事之郡首此實難矣以楚論楚當事應解苛責之網在晉言晉本官且著急公之聲則以該司所查既徵解足額又保障得手合于宗室鄉紳之拳叚父老子弟之泣留固宜急與昭雪以慰羣情者也如議候通詳會

題行繳

一件逋賦分數已明名姓含糊未報彼此相

推法不舉行祈

勅部院先摘全未完及八分以上應革職爲民

者指名条處其欠七分以上者勒令撫按

供報嚴究以信考成以完

國課事呈原任恭布政近户部以錢糧完不

及數題条呈乞具本昭雪詳　　行布政司

批據呈前任蔡左轄殫精籌

國刻若拊民卽其在任七月本年之數經手
解至三之一旣去續至十之九可不謂急
公乎部咨紀録墨痕未乾乃一旦以完題
欠先賞而後叅又何懸殊耶惟是題逋未
指何項原解可查實收固自有不言之喻
亦斷無不自之究者應須會
題候通詳行繳
一件民窮法窮則法詘於久逋之民法窮吏
窮則吏詘於久弊之法謹齋心籲

天披歷萬苦事呈議萬泉知縣劉嵒卿將本縣錢糧一槩全徵詳　行布政司

批錢糧大計所關賦額一定誰敢私意增損况在今日民窮雖極而

功令責成愈嚴乎以額外加派之際而行萬泉六分之徵豈惟缺額難塡誨逋生奸將此地以官爲注而他方以泉藉口法之弊也何日之底有此該縣所以有懲于前人勒石之錯而舊發爲及今改圖之請也惟

是愚難慮始法有通窮則均賦役于審編寓催科之撫字也固賢者饒爲之直行之耳他何計焉此舉不但有裨
國計寔切民風如議准勒石永誌繳
一件強寇劫殺事據蒲州申常王村百姓私販經陜西朝邑大慶關被關民㨿鹽結𨽻常王首惡鄭思條等糾党報𨽻搶掠格殺
朝民告撫院批潼關道會同守東道拿問白知州捕獲六人因公出中途被奸民鄭

四權等糾二三百人圍住刀插入轎又打
奪人犯詳　行守東道
批此地故多勇敢然自昔稱禮讓何嘗有此
不軌之民嶇起于堯都舜域中耶此輩以
王法繩之自當䰟褫而以大義曉之諒亦
心悟何者村落人不習知官法而又溺于
鹽灘必爭之利迫于格殺必報之仇故任
意一逞耳一夫作難守望群起而相之此
不爲利迷亦當威劫要未必人盡嚇也今

法在討暴亦應安良守東道且曲意安慰
相機勾攝盖必俟衆糾漸解暴氣漸頽然
後得其魁而正之而餘可無問也
一件强寇劫殺事本道呈常王村奸民搶殺
大慶關緣田幷糾衆打轎辱官劈城索犯
詳　行守東道
批白日揮刃劫鄰辱官地方異變早巳批州
詳該道矣至于秉正官公出爲佐領可制
糾衆薄城劈門奪犯此猶異之異者此該

州所未及詳聞之真可髮指據詳勦撫互用緩急得宜誠爲有見此中大夥容有可寬之路而一二巨魁萬無姑息之理該道其客圖以報

一件嚴責州縣正官稽丁督採以裕國課事據運司呈各州縣鹽丁撈採不力請乞申飭緣繇詳 行守東道

批撈丁之無紀極矣本院未出都即究心及此顧不意所稱若此其甚耳據呈言中

頂至五弊四不解猶可大息夫此地撈丁
非繇科派即各省納丁也各省一丁不容
逋負而此地乃以爲可有可無一聽其規
避逃亡而莫之問乎若池上虛實勤惰所
關不小一人作率群而效之將置軍
國大事等之風花委之泥沙無論有司鰥曠
可虞即本院亦深愧其騑騑之四牡矣今
後撈採本院親臨池上按冊調點按丁稽
鹽其有丁不及數撈不及額者初次許照

補再則坐各管鹽官以私庇偷安之罪三則各印官亦自覺其責之無辭耳若法之不行至于切近重地而猶泄泄視也又何怪三藩之鞭長不及者乎守東道嚴爲申飭或別有一法焉以振之俾司計者有所藉以告成本院即嘵嘵不避也速報

一件補脩橋梁以便商民事據平陸縣申本院面諭八政鎮南橋損壞二空復議重修詳　行守東道

批脩理橋梁自是地方要務况八政溗潤陸
壁關係運道而
吴　汪兩侍御之鴻捌竟委泥沙行旅愁
嘆猶有可念乎本院馬蹄所至沉吟久之
平陸此請具見急先務處但所云匠石取
之各州邑而牛車則問之河南以運道相
通前規可做或不嫌于越境然就中區畫
須是不勞不傷乃可耳守東道其急行查
照估記以報

一件反賊擽臧戶丁事據芮城縣申蒲州永樂等一十三村賊謀同劉百戶數千人合夥鳴鑼大書一字混天王旗將古人一村五百餘家放火姦殺搶掠無數詳行守東道

批據再申反賊李邦查等樹旗稱王搶擄奸殺眞地方異變不知古人常王之間相去幾何而一發難戰至于如此豈無可推原者乎想其操謀有夥而威刼從事亦自不少故雖明知當勦而不得不先之以撫相

機行止是在該道則夫申飭隣近嚴設防禦會同潼關一體應援猶不可不即時圖之也守東道查報

一件强横圖刼事呈蒲芮二州邑奸民結構假借報復糾合多人搶殺署永樂巡司百戶劉禎祥承捕孟浪致啓釁端詳 行守東道

批據呈蒲芮釁端則是結構有因非出乎空流刼然借名報復任負搶殺豈太平之世所宜有乎未必非幾之先見也我輩職掌

所在憂患切心政不可以其解散遂弛防禦至于劉禎祥承捕不善致生亂心猶須嚴查速報此政今日之病症耳繳

一件奇節異孝德妙感通祈　旌表以維風化事呈安邑東留里鄉宦劉吏部女劉氏適解州生員趙育賢五載夫亡苦節四十年表揚詳　行守東道

批據詳詩禮之家故應有此貞女十九可矢六十可堅最是三十餘日之首陽不能易

其亡人臨訣之託而翻然獨存使姑叔兩
有所終節孝各得其正則貞女士之有亮
節者積炭尺戶可以風矣故欲贈之曰名
門亮節該道行州給扁仍封銀二兩折充
羊果旌送取領繳
一件懇恩俯念司官窮苦唯支賑濟餘銀抵
扣柴馬事據運司呈議將三分司扣柴馬
抵遼餉銀一百二十兩欲于自撈工本賑
濟銀內動支抵解詳　行守東道

批區區薪馬向以之養廉不足今乃以敘忠
有餘乎但寒司可念卽以爲忠義無兩亦
當低昂于總分之間始爲得平若不得巳
而取之工本賑餘爲分司藉手亦自苦心
惟此項出無名之徵將來難繼若目前曆
大恐取給于此者指不足屈也守東道再
酌以行

一件衝開水口事據中分司呈大小堤堰損
壞工程各州縣官夫有修有未修如蕭滎

臨猗四州縣夫未到今衝口四十丈披累

工七八十丈乞憲檄嚴提詳　行守東道

批但循牆一過已知各州縣池工之難易矣

不謂水口決至四十丈而蒲滎臨猗四處

尚置罔聞也使他處尤而効之則蟻穴狐

竄害將叵測能不爲城池抱杞憂乎守東

道星急補築如過十日管工官吏并夫頭

一併解究

一件仰遵　憲諭特捋城守末議以固金湯

事呈復議運司條陳防守四事詳行守東道

批據覆議款款苦心有裨防政除添兵增餉

及設立營房俟本院酌定

題請外其餘卽行令該司轉諭東司兼理清

戎西司兼理保甲將營捕二務着實舉行

仍責委指揮鎭撫巡捕各官加意遵守毋

致踈虞取罪而于平陽府屬州縣並宜申

飭一體奉行不時查考以定勸懲凡皆地

方急務不容緩者夫法何嘗不善常恐行

之不得其人非驚名失實必有始鮮終故
無事則泄泄目爲迂慮有事則錯愕嘆及
噬臍此地方因循痼疾即今日振飭對症
想各有城守之責者目擊心動當無俟我
輩之諄諄相戒也該道其設誠行之無忽
一件靈鹽原以利民等事據陝西按察司呈
鳳翔府食鹽改行靈引課歸靈商詳行守東道
批據詳鳳鹽課仍歸解而引欲用靈此于
國無損而于民稱便何憚而不爲惟念鳳之

食戸有限而靈之引數大溢故利其羨淡美
猶須防其流害此不可不細商者且課幾
五千二百有餘而靈商一旦肩而任之情
實耶意氣耶老成熟計自無待議但事關
題請豈能以草率報行應須會同各道提各
役反覆審定務令靈解二鹽並行不悖而
西鳳異日不生他端且并鳳課拖欠多數
一經改議無虞汗漫則此舉因本院快行
之矣至于此議查自靈鹽入鳳之後無時

不掛當事之口不知何以茫無成筭竟同築舍則當時疑處固是今日議處何當一查而考之乎守東道其會同寧夏河東分守關西各道速議確報

一件議通邠鹽以順民情等事據陝西按察司呈攺邠州等五處食靈鹽行靈引課歸靈商詳　行守東道

批據詳五邠屬攺行花鹽八便八害深思遠謀眞老成勝筭弃心切同舟寧有二三惟念

靈鹽入鳳之後解商已視西安爲蜀道矣
今徑行之西屬將無望而却步乎此似當
與鳳鹽一并會議者不然靈鹽不過西
會典具在非經各道確議確報未敢入
題守東道仍會同議妥并報
一件疏通必用之常鹽變通欺罔之鹽引以
裕
國課順輿情消隱禍事據分巡關南道呈食
川鹽納解課詳　行守東道

批據詳漢人日用川鹽而時行解法爲欺爲拂直切痛快讀之爽然自失但念事勢至今不無窮而思變而
國制在昔豈盡獨見其偏且以買川鹽而納解課即
川院能廓然而在此等之欺與拂耳今不
題不便于改而改之亦必有道或不至如朝四暮三耶此關係
國課未可草草報行守東道其會同關南道

確議以報至于解鹽一引價三錢五分則
事出創聞不可審其故總俟查報

一件清查官地以杜私耕等事據運司呈西
分司清查出鹽池周圍官地一十六頃七
畝五分向在解州納糧抵充民間水衝砂
壓地糧侵奪職掌等緣繇詳　行守東道
批似此以禁地抵民糧豈惟非法寔擅權矣
今既徹底清查豈容復有隱匿如異時之
紜紜者守東道職掌所在其速行嚴查以

報

一件補修橋梁以便商民事呈重脩平陸縣

八政鎮南橋工程估計應用錢糧詳守東道行

批八政橋有

前院已行之規半脩全脩可倣而計也水

衝之地自宜石梁恭以木豈能久乎此萬

萬不可者今據議運石車徒應行各處矣

夫役石灰繩鉄又該縣任之則所需惟石

工耳果費以千計本院當助其半而院費

絕少已行令運司將所貯一二禮儀先發二百給平陸應用稍須搜補或免掣肘其餘則隨意布助想當不乏而該道亦且以五十金發矣至于用功宜堅築法宜精選匠宜老行事宜速而總于董事之官宜得其人大都平安二邑缺一不可耳該道其速諭之選舉行事無復數數請詳誤時失事也若完日冊報有功優敘豈有二乎繳

一件清官地以脩職掌充軍實以備保障事

批運司呈議東郭村官地每畝上地加徵麥三升五合下地加一升以抵孤貧及各員役充賞外查出東郭地三千一百四十二畝每畝徵銀一錢三分又苦池灘地每畝加銀五分俱充壯丁工食之用詳行守東道

批據呈地有肥瘠籽應分別驟而議增人情或難慮始徐按其實急公容有樂從況事須

題請政宜商確守東道其酌議妥貼于十日

內覆報幸無遲緩

一件清査官地以杜私耕事批解州申前西分司査出長樂灘地係民不係護池各鄉紳生員爭辨詳　行守東道

批據申灘地隸司隸州載在各志班班可考也就中不無那移究竟原有疆界即該州所申前政官莊後請抵補光景亦自可見則向爲在野之兔而今爲凶年之穀耳顧兵民皆吾一體而令甲不可不明此非

從頭推求兜底清查不能得其心服也司
與州總爲地方起念其聽守東道行府從
公速查確報萬無遲緩
一件懇恩俯准末議以救驛所倒懸以除里
甲末害事據高平縣申夫馬苦累加給銀
兩派于差糧内每兩加九釐詳　行巡南道
批以一兩添九釐即可辭夫馬無方之苦亦
似衆輕易舉但當此加派未除之日政減
一分寬一分之時而驟加至四百四十有

九恐民猶以爲多也驛疲誠有可念而民
窮亦所當恤該縣新型甚洊豈遂計無復
之以及此乎巡南道從長議妥報
一件積粟以備緩急事呈本道捐俸二百廩
給一百贖鍰二百餘丁一百儲粟以備緩
急詳　行巡南道
批該道于兵餉可謂無遺策矣至于括俸捐
鍰買粟儲倉以備緩急非身視官家視民
惡能有此眞心實政乎切爲上黨幸耳如

議通詳行繳

一件痛革積弊以充邉餉以均地糧事據潞安府通判署潞城縣王憲周申請將租糧革去盡入正餉起解詳　行巡南道

批異哉官明坐其侵尅之罪而陰開民以躲之門該縣糧數何日得清明乎以從來未破之弊而片言抉之本官留心民隱于此可槩巡南道查明速報

一件條陳末議以彌盜賊以靖地方事據平

陽府同知胡騰蛟條議八款勦除賊穴挑選官兵選募會手脩整器械盤詰文引議加厚賞重罰示警建設營房于隰汾蒲縣臨河一帶防守緣繇詳　行巡東道

批古人綢繆未雨全在閒暇今飄摇在眉睫間矣尚可泄泄從事乎本院初任政須與地方留心此道者著實講究急切舉行因于積案中得此爲之擊節巡東道速議報

一件飛報强賊事呈據汞和關防守百戸孫

陞採報紫金山聚賊五百餘船五隻聲言
報讐又採報河西吴堡縣至山西臨縣各
處打刼乞撥官軍協力防勦詳　行巡東道
批此輩嘯聚日久直待時而發耳今已成極
重之勢故應有叵測之慮猶恐受禍不止
一臨縣耳該道須多方調度一面禁論一
面捕滅審而行之仍申飭附近各州縣及
時隄防有備無患可也其加意圖之繳
一件賊情事據平陽府呈前報西賊結聚紫

金山令探賊在延安葭州神木一帶打劫

申飭防禦詳　行巡東道

批此地此日即晏然未可忘備況有其因乎

固當乘其未至而防之不至臨時嘆噬臍

耳想本道亦自有勝算也繳

一件飛報强賊事呈議留寗武脩守班軍四

百一十二名廣武修守班軍三百二十三

名并澄汰老弱逃亡空糧以資防守及平

陽軍馬衣糧草料詳　行巡東道

批年來地方多故不患防禦之無策而慮調度之不得其道所以一至盈庭便成築舍當事徒抱焦思而無處寔見濟具有如因軍于留因餉于汰不費一手一口之勞而可免萬無一失之虞緩急權宜更有玅筭此三晉之利非止一隅之安已也如擬通詳行

一件裁革里甲夙弊以完　國課以除民害事呈據蒲縣申議裁一切陋規免派里甲

以省民力詳　　行巡東道

批我輩此日在事政如提藥入瘴隨施有效常恐見地未深徇俗難干慮始而起念不切有初未免鮮終如蒲令擘頭打破徹底澄清倘力而行之不必問其他政而已屬循良之最矣據呈真可爲疲地稱慶即應勒石永示繳

一件議設要害官軍以資防禦事呈霍州一帶添設官軍防禦詳　　行巡東道

批據呈平陽西北歲受盜擾使如永和關等綢繆保聚何至有此而況霍北鼾賊如臥無人之境此可不爲寒心耶今玆所議眞補亡羊之牢而撤未雨之桑耳該道深心遠慮爲地方保障誠可嘆服如議通詳行

一件咨訪鹽法利病以求裕課通商便民事

呈議嘑縣鹽票分派各都里甲永免編僉之苦闔邑稱便詳　行鹽法道

批法但顧便民卽隨地更置而舉之可耳舉

之不得其道而至于逼命累累法安在乎
既票派各里稱便即舉之何疑焉如議行
一件申報拏獲強賊事據興縣申陸續拏獲
強竊盜賊趙曉等共六十二名詳行岢嵐道
批據報陸續獲盜于捕政不無有裨但山深
縣小多盜聚于一無論在縱在禁皆可憂
也岢嵐道其速審究而正之有功員役未
行旌者應一例補給以示鼓舞通詳行繳
一件出巡事申蒙本院面諭脩造禹門渡宜

鐵纜橫攔石門以便商民捧挽而過查得舊跡原有鉄繩年久被炭舡奸人砍沉河底今估計鐵炭工食共用銀二十五兩仍乞明示禁約詳　行河津縣

批今人思不過前人豈有眼前易見之活法而無人作始者然則此日之舉亦猶行古之道也古道壞于豪賈應有一法焉治之該縣且速圖舉事其費則本院自任之不以爲地方累耳繳

一件出巡事申觀風作興本州生員賞折花
紅銀動香稅詳　行解州
枇香需議留脩城久矣今動引例請給將城
爲築舍乎此請一行諸紛紛來告者以爲
口實該州其必有以處此耳其再酌以報
一件議脩橋梁以便商民事申陝汚新牛車
運石到八政一車給票一張回在三處領
銀該縣將發銀每處發五十兩銀盡再取
陰雨不給遇半日給一半詳　行平陸縣

批牛車久行河南張通判押發想至矣今沍寒冰結非安渠之時政須及時運石斲削與一切物料製辦齊備待開春舉事計日可成耳三十車儘兩三月載似不必增且不便增工食按日而發猶慮不給若隔岸行票何異汲水西江有心人做事那須瞻前顧後該縣過慮不當如是矣繳

一件據實呈報白鹿事申天啓三年五月十五日中條山從政里偶獲白鹿一隻見養

仍捐俸二十兩給賞詳　行芮城縣

批白鹿誠異質而該縣一種忠
君愛　國之意藹然可思但方今地震星熒告
無虛時災祥互呈雖云不諱恐于修省無
當也繳

一件嚴防禦以靖地方事中徊賊自河南經
繇陵川預爲防備詳　行澤州

批本院四日前即知有此已行該道駐州點
兵設防矣今寇至百勢必猖獗況東窮西

夺澤屬政當受敝此未可以其狥盜而忨之也該州卽會同陵寧各印捕官協力堵截務保無虞稍致踈縱害將叵測而罪有所歸矣此繳

河東先生 卷之三

運司　移

一件叩陳偏苦事呈西場車戶苦累議加脚銀原給九錢一分今添給九分足一兩詳行運司

批鹽車之苦據詳自悉但出場之遠近與脚力之多寡從古而斯何前人爲謀之不周耶抑別有今昔不同之極至耶今將加給九分恐商若未安將盡捐納官八釐恐司費無出兩者宜何居焉夫不有可通于兩

者之外乎爲若輩刀錐之末計固不猒詳

且細也其再酌以報

一件重地無兵堪虞乘時備禦等事呈練兵

詳　行運司

批據呈募兵有

旨矣但所議百六十人果可克数乎與所選百

四十人果無他慮乎且恐所指有名無實

之池灘未必便能飽三百人腹也如此莫

須再議議定然後次第及兵器衣甲火藥

訓練等務此何可不一一請求一一確報
若孫承祖劉有占只須諭令加意操練本
院将試而後用其留心無忽
一件損壞工程事呈　前院劉　發銀一
千两估計磚包北面内城詳　行運司
批據呈城墻包磚不徒北面爲然此　前院
加惠之實意亦今日防禦之急着也照估
擇日興工無怠無緩從此漸次隨力包脩
不許停止其工匠日給完日冊報繳

一件鹽賑活命事呈解州四十七年撈鹽收料短少罰銀九十八兩抵課解邊令原鹽掣放溢于原數鹽丁王玉告補賑濟幷前罰銀兩司議補賑詳　行運司

批鹽不核其實而第據虛報議罰誡于法為不平今實數既溢自應照還其贖但已准解額未便扣給姑以俟撈採之日准抵應撈之數可耳至照數補賑該司即與處給然亦須得往時眞正撈丁領狀而後可如

議行

一件支取食鹽事據　福府承奉司支鹽手

本　行運司

批仰司照例辦掣外查　府鹽每引加三異

數也　德府正照

祖制而差官餘鹽乃欲引　府例豈差官反出

德府上乎此項即不能減亦應照　德府

例如常支給況已經本院面

王直言各項從減矣何獨于此不經之費而

疑之此繳

一件斟酌鹽法以裨
國計事呈議鹽丁欠鹽追價果否長便不足
是何病根條議詳　行運司
批撈丁之忼誠無奈何追補之法原非獲巳
惟是料頭指一科十掩甲掩乙本以懲頑
反至害良此　前院所爲有慨于斯先得
我心耳據議補絕懲避自當清源护賑抵
缺亦是捄着從此設誠力行庶其幾乎如

照行

一件點綴近弊以絶包騙以省民力事呈據夏縣申池垣工程向被周圍守舖人役受賄包攬代脩潦草塗飾欲將池墻用甎包砌議報繇詳　行運司

批禁墻包甎堰工責鑿自是不易之議但恐行之者不得其道耳包甎工浩本院有志未逮今且治標而以全力望之後來君子倘各州縣能一體躬率即此標亦可支數

十年包騙蹇責該司急行申飭本院即日
且按轡周視之也繳
一件脩墻護課陳奸久弊事呈永小金賈三
小池墻垣傾圮晒戶孫顯揚等告請自行
脩葺三年晒成之鹽但乞速掣詳
行西分司
批墻垣傾圮猶鼠當防商晒乃有此急公之
舉亦足佳矣如議准春和興工工完本院
親臨閱視倘不托空譚自應獎賞晒成速

掣文何疑焉緻

陝西　移

一件賢道實心任事

藩工經營有賴懇乞移咨加銜久任以襄

大典以裨工程事呈分巡關南道副使劉文琦

加銜久任紫陽知縣呂應選擬陞漢中同

知督理府第會　題詳　行布政司

批王居方煥督理政須該道以紀綱峻望經

綸宏才百度既貞萬間具荷不徒士民顒

言再借抑且營部雅意相叔加銜久任允

協輿情而呂令實心實政人地資俸政應
陞補如議候通詳會　題繳
一件設法運鹽措處抵課以充國計涓埃以
蘇民生萬一事據扶風縣申應解鹽課向
派之地畝民力難堪今借脩城銀五十兩
革差工食銀二十九兩抵半季之課詳
行守西道
批課虧只有招徠一法耳即派地原非良法
况湊抵豈是久道此未可以一時美意遂

確然爲規者守西道查議以報

一件酌裁可已之費以救極疲之驛事呈潼津驛裁減公使廩糧詳　　行潼關道

批關門無驛不苦而潼津爲甚盖不在京兆潼關下也而京兆潼關且以衝疲免支矣何獨于津而疑之本院日過其地見驛使如因哽咽道旁只求一去殊心憐之欲與該道相商爲之解此苦網令此詳政不謀而同也如議即應照京兆潼關例張示

禁止以採此疲驛仍通詳行繳

一件鹽政事據分守關南道呈白河縣減免

鹽引詳　行鹽法道

批裒有餘益不足天之道也因天之道相地

之利前民之用並行不悖是在賢者之爲

地方計之審爲耳鹽法道議報

一件衝驛半逃棧募盡逋補救無策曠職負

愆謹據實詳報伏乞　裁示以甦困苦事

呈議鳳翔所屬驛站馬匹加添料草詳

行鹽法道

批苦驛非區區料草所能恤第于無可奈何中為萬不得已之計耳惟是過客之苛索勢差之毒擾積猾之包攬承行之措騙此處不爲之嚴飭而痛懲之即更議貲補徒滋朘剝何裨衝疲萬一乎當事尚于其本領處圖之如議通詳行繳

一件查脩陵祠以報舊勳以彰先德事呈脩陵祠估計木植等物詳　行高陵縣

批據報陵祠估計物料匠作具見該縣留心矣但既經估計應有分總費数若不詳報猶未估也何以發費仰縣仍將各色價值工用逐項大小開註造冊星速報院即其中相機調度有難刻計亦姑擬其大約之數以便支給俟各工竣事再詳補償可耳歲將寒矣工非一朝一夕辦也其速行之爲望

一件出巡要約事申縣設僻地原無驛遞過

客差役因孔道罷敝遂多枉道今議後有
事鄜鄜興武盩厔者應付其餘不准其舖
兵止遞文若行李火把悉行裁革乞會
題刻禁詳　行盩厔縣
批避難就易此俱在衝路則可耳固未有取
捷于迂者也取捷于迂不爲避難實爲索
枉今後但查有不由奉行鄜鄜興武至者
斷不應付自無混擾至于舖遞肩背火具
非奉牌諭悉行禁革則文告通行有日矣

仍候通詳會

題繳

一件疏通鹽法以實邊儲事申討鹽引詳

行三水縣

批世無不食鹽之地亦無不趨利之商商之不通而地方之誑上行私可知矣拔本塞源似不在召販于涇陽三原之間也買引報季日亦不足該縣何不為其易者尚其嚴緝私販招徠官鹽無徒取空文塞責耳

繳

一件條陳審編事宜以甦久斃之民以破相沿之習事該縣申每年徭站柴馬各役工食派徵民丁便富累貧今欲審編照依糧石均攤詳　行寶雞縣

批法不慮窮惟其通利不在大惟其均據申酌經權而調苦樂固通變之仁術而均和之善道也通詳行繳

一件出巡要約事申各衙門差役既要馬匹

復索舡隻用一折一乞示水陸不許並討

立碑禁止詳　行紫陽縣

批水陸並應卽　命官不能得之于馳驛豈差役敢過求于縣官乎此後但有舡馬并索及分外虐取者無論是何公差一味據實申報想各衙門自有不貸之法也准立石永守繳

一件分練馬步以飭營伍以固衛邊事呈議

榆林鎮城馬軍步兵各分一營操練以便

稽查虛丁月糧之弊詳　行榆林道

批令兵隳于無實餉糜于多虛所以包占影月之痼牢不可拔雖使衛霍握符桑孔持籌莫能幾也茲欲核虛實之故須是嚴分合之法則如該道所稱兩營四便頭續既清條理自易此訓練之實政清查之要策不徒可行之榆塞而已如議通詳行

一件怪異災傷地方大害事呈鳳縣六七八月雨潦秋成忽生飛鼠禾稼俱傷請蠲遼

餉詳　行巡南道

批雨陰象鼠陰物物象時乘氣数耶感召耶上下無德則鼠行傷稼地鏡其明徵矣與脩禳寧脩捄蠲餉賑災自非獲巳豈有二乎如議通詳行

一件疏通必用之常塩變通欺罔之塩引以裕國課順輿情消隱禍事呈漢中改食川塩仍納解課詳　行巡南道

批猶之乎食川納解耳但向也暗行之尚可
存乎今欲明通之遂爲廢食不知往時之
國制與今日之民風何以大相懸絶耶解法
一引二百斤價三錢三分商猶以爲苦今
川欲以引五千斤受三兩值商顧能甘之
乎慮始之難難在事後即今
瑞府之國有日矣不知將來支解乎抑用川
耶此皆不可不悉心而計者本院報
命在即急欲議妥一

題逥南道其確議速報

一件倡率義輸儲粟備賑以裕積貯以保地方事呈本道捐銀發各州縣易穀儲備賑倡率鄉紳士民輸穀積貯社倉以備兵荒詳

行守內道

批積穀自是善政所慮在行之不得其法則善轉爲虐故其始慮躬親之弗能假手便辣其後慮操縱之自上掣肘爲募總之不從民起見耳有如該道手扎之十行心計

之三法則揭袠以領提綱以貫幾見有眞
實爲民而民之不受其福者天下何事不
可爲乎徤服徤服如議通詳行繳
一件議通邠鹽以順民情以銷隱憂以裕國
儲事據分守河東道呈邠長三淳永壽五
州縣改食花馬池鹽覆議不便駁行再議
詳　行布政司
批立法固有成規通變須合衆議此舉久欲
酌行何當如許時尚一主徇民情一主存

國制不相通乎事之難與慮始如此也然不
爲之慮又覺具
題之難此案固有不容草草結局者布政司
還會同兩省司道及商人面審酌妥速報
繳
一件靈鹽原以利民事苦便須慮易謹酌靈
解二課歸併靈商以終通鹽美意及除積
苦事據分守河東道呈議爲搬屬食鹽改
行靈引詳　行布政司

批鳳商誠有可念故加石之説不行而革引之議必出而其如鹽有定引戶無溢口何耳今引革則空名之存玩不可長石加則餘滴他浸觴未可濫此中通變宜民非身親其地者不能得而寧夏道屢會未覆豈靈商亦有難認者乎只利可因民法不失制本院自不難于一

題也布政司會同寧夏關西河東等道再從長酌議速報

河南　移

一件食鹽事呈

福府差官文運食鹽裁减供應廪糧八轎旗

幟夫馬等項詳　行守南道

批方今驛疲不堪而民窮可憂驛之苦在供

應猶可言也民之苦在科派不可言也故

若

福鹽之可知不可知可見不可見即此可言

不可言也于難言中而得行其萬一之議

則所謂得分則分耳姑如詳刊行沿途州縣驛遞并移會分守河東道轉行運司順途縣驛一體遵守此後如有違約分外勒索者據實申報本院自有白簡從事此繳

一件議動官兵以擒山寇事據懷慶府呈太行山河南輝獲脩武三縣山西澤州交界地方囉唎諸賊哨聚殺傷輝縣等處官兵呈請兵馬會行山西協力堵截勦捕緣繇詳　行守北道

批據報太行山深而地曠境近囉喇界分晉豫其爲嘯聚藪匪朝伊夕而今果一發賁手矣官兵固不宜黃昏輕進而狗盜乃敢于白晝横行劄官傷兵無天無日不急勦之禍將叵測惟是先嚮導而後攻擊自爲正策但即以嚮導爲攻擊則出變局此非審勢量力不可以試除一面嚴行分巡冀南道督兵派分信地協同堵截外該道須酌量鄉官二兵設法撲滅仍會同巡南道

相機夾勤務期廓清無爲三晉兩河憂事平應須分別功罪以行賞罰其行糧分委事宜候通詳行繳

一件議脩橋梁以便商民事呈新安縣每車一輛給人夫牛價銀一十五兩車十輛共一百五十兩催赴八政運石緣繇行河南府管鹽官

批民間有車自有牛橋上有牛車自有工食該縣不過一調度其中時加勸諭奬賞之而已若每戶給價十五兩不知此銀取之

何項此牛用後作何歸着未可以爲題目
好遂信手作文也着查明回報

一件議脩橋梁以便商民事據河南府管鹽
官呈報重脩平陸縣八政橋工所調牛車
十輛該縣照先年事例派闔縣有牛車之
家每家五錢共三百家幫銀一百五十兩
每車給銀一十五兩緣繇　行新安縣

批一石梁擾及三百家本以濟民而反厲民
本院所爲食息不安耳往年每車日給六

河東文告　卷之三

分因憐其冬寒故更加二倘復不足又當詳請區處胡乃漫引派累之舊規及失休養之實念則本院不善行意之罪也計一牛一夫用之不過三月日食幾何消此公私如許即試執鄉之例而問之有此重費乎今銀入寠黠之手追之實難姑待運竣會其日費脚力牛草應須幾何即照鄉例補給其牛車仍照例易價若干給還三百人家就中短少俟春季本院按新安日審

實補足面取領狀惟該縣善體其意而行之無以恣承行包攬者之魚肉是即平政之一端也繳

一件書院新成會講有所懇乞　俯賜區文以崇正學以淑人心事申本州書院建完請扁額并請文紀其事詳　行陝州

批創書院以惠來學此維持世教第一事該州以一日之雅會發千秋之遠思此之功德固當與倡學主盟茲土者并爲不朽矣

書院取名依仁其堂取名與人爲善之堂

序續發繳

一件地方事呈徊賊逃遁詳　行懷慶府

批據呈本院當調發澤潞防禦之日已知此賊之不能據巢而遁矣今虎穴雖空豹關宜扼無致復如該府所稱開于躁而成于激也死者之輕發當戒而奮勇先登處不可泯報者之孟浪宜懲而臨敵不捄者猶須正恐將來此地非安枕之區耳賞罰以

鼓之風聲以奪之一似不容緩者繳

一件曲全蟻命事批襄城縣丞何起凢呈稱蒙委臨清買米苦差到任未久賠累不堪欲將臨清小灘二差兼委一官或別委任久一員等緣繇呈詞　行守梁道

批據呈臨清小灘買米一役而苦廹異色非法之平矣况開屬實繁僻地乃連年獨累一襄前車方覆而復責初任之貧丞踵之此實難也覽詞惻然一邑無正攝兩佐

無盡委之理應與豁一此兩差者或并一

或兼二當事想自有妙裁耳大梁道酌行

繳

一件剔除積弊革削重科以杜奸竇以全愚

氓事申條議革除夙弊蘇息里甲詳行登封縣

批此日無不苦之地無不窮之法惟在當事

賢者隨地體恤盡法稜剔庶幾民生其有

瘳乎據議款款出之熱腸字字見其苦心

從此設誠力行無以虛文視之而中道阻

之地方之福其自兹始矣如議准刋示永
守繳

一件乞恩脩葺祠宇以重祀典事申脩葺理
學尤先生祠宇詳　行維陽縣

批崇先儒所以興來學故尤先生之舊祠宜
脩也該縣捐俸舉此具見明道淑人盛意
可以風矣查官銀該縣無存于所貯禮儀
內動支助犒堂上製大扁曰斯道中天擇
吉上此繳

傳是堂合編

山西文華·史料編

第二冊

明 李日宣◎撰

《山西文華》編纂委員會 編

山西出版傳媒集團
三晉出版社

山西文集

第三卷

語錄　共[redacted]

第四卷

日抄　語録

吉陽李日宣

道外無人情物理人情物理外無道

終日憧憧有時撇下一靜坐便覺從前都可惜

識得窮理盡性以至于命直可一切抹下

道無往而不在中無往而不在性無往而不在

仁無往而不在

惻隱羞惡辭讓是非總是一箇不忍人之心致

君澤民尊師取友總是完箇爲人子之道

昔人謂本分之外不加毫末愚謂本分之内亦減不得毫末

每念先賢君臣父子兄弟夫婦有多少未盡分處便疑此生虛度涕泗不能自已

弟子入則孝出則弟肫肫懇懇雍雍肅肅便是唐虞氣象

學到朋來而樂不知不慍纔是時習樂與不慍皆從悅中看出

先君子嘗喜發揮强恕之旨故老來自號强恕

居士不肖每莊誦此意覺自强不息即是本體

斷送一生只消悔過兩字勉强半步獨有克己一門鄒師改克己爲見性

學問先須識仁人人具有是皆備之我功夫要在主敬時時常存此未發之中

先莊介常言人用財試金用火試先君子每語及此即曰小子識之

常侍先君寢夜半聞其咿唔誦西銘聲抑之則

寐語也又嘗夜夢臯陶伊尹周公孔子相接而語早起輒焚香揖謝先君之于學也眞寢食未嘗少懈不孝弗類負明訓多矣

人須是立志志道德者功名不足以累其心志功名者富貴不足以累其心至于富貴則純是情欲用事如無舵之舟隨風漂泊去志遠矣故志者士之心也

象山先生謂天理人欲亦自不是至論愚意只爭先後天如欲仁仁至便與三月不違隔一

塵吾師鄒先生謂人欲即是天理煞有味

問孔子不踰矩何不言規而言矩愚曰聖賢學問即極圓融貫通畢竟從方處做故曾子獨得其宗亦只是絜矩

矩自是踰不得的如匠頭一線墨即斤斤教人不得踰所謂差之毫釐失之千里孔子從心所欲便自不踰便是矩曾子眞實學聖人只是絜到不踰田地

有問萬物皆備于我却不是聖人無我余荅曰

惟見得我大故須忘我忘我而我乃愈大

艮始終萬物艮止也惟止能生動而生則爲無

根之萍而已木之生也惟根故根字從艮

未發觀敬已發觀恕敬卽慎獨恕卽致中和直

須當下體會

先儒乾道坤道亦只是隱隱躍躍說再執着不

得鄒南師亦謂離乾不爲坤離坤不爲乾

先君子坐間常大書張子語一聯養宜附命于

天道當責成于已毋呼不孝曰汝理會得麼

先君子坐間常揹書一幅天下無不是底父母世間最難得者兄弟此語非特爲處家庭而然學者體斯心推之繇鄉族之親及國與之衆相愛相敬渾然四海一家便是太和氣象即此應世何負平生

每到上床時追憶今日不似昨日有些些箅頭處夢寐亦自清安

夜夢得一佳境蚤起神氣一淸何當開眼做事不如夢中

但知朱濟道就是文王是何等自任
入對妻子出對奴僕清坐對朗月明星夢寐對
風雷蛇虎此處廓然無歉于中而坦然不以
爲念纔是不愧不怍

古之人存心。無一毫不可與天知。無一毫不可
對人言。古之人持身。不許一毫有愧吾影。不
許一毫有辱吾衾。古之人爲學。一毫不使被
人疑我。一毫不使被人瞞我。古之人與人不
作一毫猜忌之想。不設一毫彌縫之心。

我輩雖合者迹可信者心政如海闊魚躍天空鳥飛我輩學力一眞退藏更密政如玉韞山輝珠含澤媚我輩洗心一淨意味自別政如月到梧桐風來楊栁我輩眼界一高脚跟自清政如振衣千岡濯足萬流

人從困窮拂逆中來其所入常易以近道何也彼從前遭逢絕未見有可忻可艷之事後來卽極通顯此心終不離戚戚光景終是比他人沉著萬分堅牢百倍卽此便是不淫不移

便可徹天徹地亘古亘今故人有不爲也而後可以有爲

南師有云人一生走入華繁路如泛舟入海茫無湊泊余謂今之所稱美官者皆走繁華路也長江巨浪拍空一手把舵不定載胥及溺此時想曲池荷盞釣臺竹竿如隔弱水不復可望苦海茫茫何處是岸寄語長年急圖擊節余每爲惕然

有友艱嗣者爲言生意大苦余解之曰兒但自

顧滿腔都是生生之機樹到春來無處不花

有一明經問云惟女子小人爲難養余荅曰還是我難事莫怪他女子小人

一生講先勞章愚謂曰眞眞實實能先勞自然無倦今人病不在倦病在無眞實心一切都從虛文上做故文章日繁本實日衰所以子路求日益夫子教以日損

一生講夫子之求之也反覆分辨謂夫子豈求人者愚謂曰秀才看書須識大體求非夫子

所諱言夫子諱言求何事轍環栖栖聖人心
心念念只是行道濟世故所至于地方利病
風俗美惡民生休戚政事得失何者不關切
何莫非其所欲得而商確之盖意未嘗不欲
求而人亦無待其求自悉心以請事則若夫
子有以得之故曰溫良恭儉讓以得之而又
恐失夫子本意故緊接夫子之求之也其諸
異乎人之求之與若曰夫子誠求也但非如
他人之所謂求也味此意聖人一片行世苦

心隱然言表此子貢善體聖人處

學不在多無衆寡小大之敢慢法行自近豈天地鬼神之可欺

民窮甚矣但隨事畧減分于我何損乃可使地方受百分之寬我行謂何只到處就加念于事奚煩便足爲國家生萬念之福

日抄　彙草

關中書院會記

吉陽李日宣

宣之先出唐西平忠武王裔今高陵之陽猶有先王之隴在焉而嘉靖己丑宣之同祖世伯楊屛公又占洵陽籍而成第然則宣雖江右産無以異於秦之人也以秦治秦於體疑秦頎秦土厚水深風勁俗醇民質士朴縉紳家率好脩無所煩官府約束也有司者第率

其所近而文致之禮齊之無與易動將民與民含鼓士與士振勵縉紳與縉紳輯和上不煩而下不擾而百二河山晏如夫非猶是以秦治秦乎治秦以秦於道爲因余是以不嫵泰而一行之以因一切與釐仍革悉本民情而去我法獨是倡學明道一節雖出於因而若未勉於聒者故凡馬蹄所至輙不厭反覆申明諄切鼓舞乃關中所轄視晉梁爲曠而地阻民疲所案較晉梁反稀故事按轡不入

會城不知相沿何憚余聞
少墟馮先生倡道關中書院風規峻整宜以
廿年跂慕之深益以兩歲追隨之密卽乏升
堂之觀可抱過門之憾於是從諸藩臬請移
三原一案進城檢發破例也以八月之十二
入城十八竣事十九與先生相期於書院至
則先生率諸在會縉紳青衿儒碩肅於門余
亦率諸藩臬都閫郡縣學較長吏及佐領葦
聯絡而入不約而集不謀而同環橋而觀者

幾數百人余望其門歸如也門以內青靄蒼鬱蔚如也稍進一泓澄如也其穹然而起水上亭也其上則廓然堂也堂之右翼翼亭亭先生所啓居奉先師容也宣率諸司過而拜焉尋從西階上則東道班列龐眉青鬓玉立岳峙蕭肅令人神竦者諸有道鄉紳也傴僂而揖昂藏而植一段冲意可親清致可挹者彬彬諸孝廉明經也峩冠博帶絶去文繡而清揚巨麗迴出風塵者一派宗紳也角巾布

袍繩繩秩秩不譁不揚瞠乎其後者青青諸子衿也其中顏如渥丹垂紳正襟亭然壁立倫次揖讓之序指揮紀律之嚴使人望之芒寒色振者馮先生也余既與諸司魚貫而揖雁行而坐一堂之上雍雍穆穆淵淵浩浩唱和響答悠然可思而朗然可誦也不覺其置身伊洛之間而遊神洙泗之上矣余乃今知道之無往而不在也亦無人而不可與共明也余乃今知以泰治泰非必泰非必不泰惟其

可因也余乃今知先生之鍾情者深得趣者遠若水火之不能日離而圭組之無以易吾薪木也有以也余於是進諸生而告之曰無相猜也試與子各言所撰各質所疑彼子輿氏所稱幼而學之壯而欲行之之何物也通乎此左之右之無不宜也於是進諸孝廉明經而告之曰無自二也古人於仕惟懼其及今人於仕惟懼弗及也彼漆雕開所云斯未能信斯又何物也念及此向也羔雁託之今

也遽廬棄之均非其質也於是進諸宗紳而
告之曰莫予疑也
高皇帝功高萬古方其間關百戰拮据始創猶
日孳孳以馬上得不欲以馬上治也何智之
全而聖之至耶生於今之世反古之道非所
望於
聖明之旨也於是更進諸司而告之曰政在是
也彼以政以刑何以無恥以德以禮何以且
格刑政上所獨也德禮下所同也與其昭之

而無裨於治孰與因之而動以不言同然之爲得也於是史揖先生而言曰道可明而義亦何不可行也吾徒未可忘而天下何不可易也卽今日所與多君諄諄焉相告亹亹焉相期者何道之以也潔身而講道義所不出非持世衛道者所存心也先生唯唯曰子益我矣雖然愛吾身政所以愛吾道也宣又曰先生言至矣顧余思之道在必藏不得輕身以枉道道在必行不得違道以徇身今將爲

道愛身莫若以身付道至是而先生亦若有不能不憣然者矣於是易冠解帶升高望遠秋聲在樹明星當戸大守執爵而進焉餚核有數酬酢不作相與沉吟玄對辨駁解悅各極其所欲發明一隹之先生而先生無不披衷相嚮隨抑隨應亦各極其所自止蓋晝日相接午夜始散而先生猶以爲未已也次日再舉冠蓋如雲盤旋竟日主客莫問尊卑互陳卽胥隸輿臺亦罔不屏息環聳者又鼓三

下而始別先生乃更揖宣而言曰如此良會殆未可再予可無一言以記之余自顧不能文然顧所請事退而識其所訂於先生者僅僅廿條而先生暨諸同志亦各有所識合而録之幾可成帙余乃次第其始末以記時日如此是會也方伯史君文煥憲長沈君自彰督學陳君應元少叅賈君鴻洙都閫梁君甫張君夢鯉太守鄒君嘉生劉二守其遠高通府鈳史節推莛申長史廷對長安王令時英

署咸寧知事陸瑞鵬檢校蘇雙俊教諭鄭寅
黄籍訓導蕭文中向道行張斗文高夢元楊
文明鄉紳主政呼延君恭二守劉君養性通
府吕君俊民李君一道刺史許君東周明府
王君希文吕君下問進士張君紹齡孝廉劉
芳聲李芳賁甲總曹代之王紹熈李昌齡葉
增光黄運曄張國卿朱敬鐐宗尉惟爕懷雎
懷歟懷埸敬跧敬鉉誼衆諸生田應登李易
知葉本立韓在楊起泰馬元吉黄運勳劉仕

明王家俊劉克光劉運隆馮自畢等三百餘
人咸在焉例得並書
李日宣曰孔子之道揭日月而行萬古無不
明也乃極盛至今日反似明實晦大抵諱言
之說爲之祟耳然則晦非生於明生於諱也
國朝以經義取士軼唐駕宋業開天下以不諱
之趨矣儒者生斯習斯成敗利鈍原不得着
是非毀譽豈容有二乃至以所甚諱者而掩
所甚不諱者騖其末而遺其本兢其華而樸

其實學士曰吾且無以語言荒帖括縉紳曰吾且無以議論妨政事嗟乎吾不知其所謂帖括者於何根抵所謂政事者於何注厝恐今日之絢目巧心徒取希寵干進即後日之掀天揭地總是欺世盜名天下安藉此紛紛逐逐者而用之又況其所諱在此所不諱者定有在將率天下權謀術數以相尚而巧詐功利之與兢江河之下殆不知其所底止也馮先生所爲慮之深也

鄒南師語義合編序

道不在言非言不載道也謂言之不足以盡道也非道不可以言求也謂即言之不可以求道也道無往而不在言無微而不存故離言求者冥也執言求者泥也慮其冥而即之虞其泥而脫之將愈冥且泥也均之于道無當也典謨訓誥詩書易禮皆聖言也而聖之所以爲聖不盡是然後之學聖人者舍是安適也使言不載道則聖人復起之不易非乎

使道卽在言則何事遺其不可得聞者而更
尋歸求乎南方之人適燕薊者經鄒魯邀洙
水者繇淮泗非有所遵而循之將貿貿其何
之要未可謂所經所繇者之卽在是也夫惟
求至于無可求而後知無不在而未嘗在今
之語義卽古論語遺意也有會于心不假一
語焉傳之則隱而語所不盡非實有一義焉
含之則誕隱與誕皆非深心于世者之所出
也故合編非

吾師鄒先生所得已也然不觀其語則覿面而相失不惟其義則撫卷而茫然故合編不足以盡先生也而學者必不能舍是以求先生此先生之語義所爲膾于世也宜不肖河東之行吾師別我于風雨舟中手一册相示曰知子從事于此久矣行且試之宜受命舟車所至無弗與俱者而隨時隨地每一展讀則恍焉有會如持券索償應手知信如對症用方入口知靈一日闈中會以告馮先生馮先

生曰此迷津寳筏子柰何什襲爲諸司方請以梓會中州使者梁冠児牘至得一帙則先生從數千里外寄至者曰此別後諸子所彙拾物吾子公餘時復理之宜隨取披對移晷不能釋手視合編又日新也而其間淵淵慥慥隱隱躍躍則又若示入以無在而無不在可求而莫能求者夫宣何兕敢謂能窺其所在而力能求之以幾免于宮墻之外望亦不過信其後有作者終不可易而弟子之不能

學則莫知所稅舍久矣諸君視此言耶道耶可求耶不可求耶請三復乎斯語

馮少墟先生都門日抄序

猶記都門從諸老于古隍落日空庭積雪下也視少墟先生凝然冲然正色而却寒威冷語以破囂氛一時漢官威儀恍然復睹鄒魯遺風唐虞盛際猗與盛歟時雖同志相與爲賀而有識還復慮危無何一番風雨鴻鵠差池疇昔坐風立雪之場惟見凍雲護宇凉月

照扉亦可畏矣亦可懷矣顧此道關乎氣數
實繇道命先生以三十年來鈌事復之一朝
莫能卒歲以今視昔或亦天之所以王老成
也而宣又記一日與先生靜坐先生深譚少
不得筭不得六言寂痛快竊嘗以此仰窺先
生喫緊功夫全在筭得處做而不肖則謂郎
此少不得處便自有箇筭得者在因念我輩
行世不徒仕進一路固見少不得筭不得郎
講學亦然如今之論學者說躬行說反求說

默識說退藏于密其視講習討論不啻如糠
粃芻狗了不相涉顧細思之親師取友原屬
學問得力而審問明辨猶爲力行入路此處
但少都些些便不合筭若論盡頭一着幷躬
行反求默識退藏于密都筭不得到筭不得
時即堯舜事業亦不過大虛中一點浮雲過
目何有于他然則天下更有何事足以入筭
者都門紅塵滿道眼目稍不淸多被風沙瞞
過頼先生與鄒南師曹眞師及余葵源鍾益

都喬孟津高無錫陳宜興鄭建德及敝鄉蕭廬陵鄒安成饒進賢諸老後先登進提撕其間如醒醉眼如沃垢口今二先生雖遠去春明而一片餼羊地猶時令人過而起肅則幸有先生之都門日抄在余行部關中得卒業稍爲先生編輯屬鄒西安爲廣而傳之使人知落日積雪中猶有正色冷語者誰謂風急天寒夜遂無當門定脚人請以質之先生

道命録序

盖余讀道命録而知君子小人横分于道之中而總不能違命之外也而且知君子之所以異于小人者政不必强合于命之外而終非自岐于道之中也世之盛也君子能容小人而世之降也小人必不能容君子盖道之中原無君子小人故君子必以能容小人而成其大而道之外但有小人而無君子故小人不去君子即不能成其小成與不成之間命所載焉故君子之容小人也往往順受其

正而一毫不肯與造物爭即小人之不能容君子也亦往往陰赴其機而究竟無能與司命衡若然豈天之無意于斯道而時出一命焉以奪其權使君子未免致疑于造化而小人亦復藉口于消長乎而非也盈虛消息天之數也天不能使亢陽而無陰故日月星辰與雨雹霜雪互呈禎祥妖孽物之態也物不能使常瑞而無怪故麒麟鳳凰與豺虎蛇蝎遞見所謂命也惟人見陽而舒見陰而慘見

瑞而交賀見怪而脩省則道也夫惟道在能
使命各得其正命在能使道不失其常此俟
命君子所爲富貴貧賤夷狄患難無入而不
自得而小人行險僥倖其興也勃然其喪也
沮然及其至也無入不自得者何在不成其
爲君子而一當沮然者未免并其所爲小者
而亦無成焉則道一似乎權在命先而更若
借命以愚小人而靈君子然則道亦何負人
哉而何紜紜者之寘焉相尋無已也則總之

信道之心不篤而定命之學未講耳愚謂道與命二而一者也惟君子見其一故信得過處即是定若小人原不知有所謂道但當其勃然沮然處亦時作莫之致而至想故曰公伯寮其如命何古來衛道之苦而遭命之奇者莫如伊川紫陽二先生真勲華元臣洙泗嫡派愚嘗以此思古今人不相及我輩之生斯時原與道相終始者也時有難易道無窮通二先生時處其難即死生禍患如迅雷駭

電當于前有所不避今我輩時處其易乃何物升沉毀譽僅同浮雲大虛而亦有時介然愚故嘗謂道不慮壞于小人政恐晦于君子彼明與道悖者吾得執道而顯弃之而信道不篤者未免徘徊于道中將陰馳而不自覺此悖京檜胄所以不足爲世慮惟慮不得眞正彥明季通泰然諸君子登堂而揖與之共振此如綫之緒耳道命録余得之吾鄉熊擅石中丞九年矣中丞曰此丁愼所儀部近況

愚所至納之行笥時一披對而知諸君子之留心世道不淺也因關中與少墟先生譚及伊川紫陽往事不勝神悚因耴而梓之而西安守鄒子諱嘉生者請爲較成鄒子非他即是編中所載元祐碑間浩先生嫡裔也明德之後多達此其明微矣余從事于諸君子性命之學有日而于道一無所聞也因梓成緣筆而識之以報儀部

蔡虛齋先生密箴序

余少時好作自箴每爐頭得先君片語輒演爲帖書之壁間稍長知向學聞一佳話見一懿行必以座右屏當書紳詎今年過四十捫腹曾無一存何耶不密故也里之人經營十數年得百金念其心計之苦也日兢兢懸之杖頭不忍釋一夕忽亡莫知所去噫何其兢兢守之而莫知所去耶語有之良賈深藏若虛君子盛德若愚先君嘗諄諄焉命之矣學在能藏東不虛則藏不固學問不從虛處做

終是道聽途説何處得藏至于能取而不能藏則世之所號大愚不解也其視若愚何嘗天淵詩曰相在爾室尚不愧于屋漏子思曰君子之所不可及者其惟人所不見乎語密也而吾以爲有藏之義焉室中而無藏便是天地間一大窮人何以得不愧屋漏何以稱不可及彼孟子所謂美大聖神者不幾漫語乎故惟虚而藏而後爲有諸已而後能美大聖神不然則貨殖焉而已此余因蔡先生密

箴有感于先君子之明訓而不無致憾于四十年來之一無所存也人知蔡先生一生學問得力全在虛而不知其虛處政是藏處何也惟其密也密箴余什襲十年矣因關中會上諸老偶論及此遂梓而行之以示同志

高陵縣重脩西平王陵祠記

宣非異人即王之三十三世裔也自王七子御史大夫憲祖以嶺南節度來江右遂傳宣春侯祖游是以有我吉水一派而派分于吉

水者固綿綿未可縷指也其在吉水自宋迄今六百年來理學科名代不乏人今後先相望合吉郡各派亦幾四十世矣何來四十世之遠千歲之久而宣乃徼天之倖過而問之黃雲白草間零露橫岡蒼茫入望而王之赫聲濯靈於昭在上猶若隱隱可尋焉雖禾黍秋風不無河山遺恨而牛馬喘息得遂水木遠思固未可謂非生平之一大奇遘耳先是王陵西南向陵右故有祠祠圮惟裴晉公碑

記在焉陵之碑則置非其位意是先憲副藴草草一拜而樹之未辨其向也而聶尹雅意早且隨所樹碑向築墻以護之又隨晉公碑所在架數楹以奠之惜未合式耳宜至問往有墻乎曰久圯矣問有祠乎久燬矣問有祀乎曰祀典載春秋縣官行奠問何在曰搭棚爲殿耳問其後人惟守塚數灶皆村農每縣官來奠則頂香道旁一迎而已豐功野土王孫芊草仰視雲際不禁落然于是稍稍卜度

循其舊向所宜以受渭水之朝即畫方改築之築外樹棘築內樹松栢而築之四圍地有屬他姓者則議易而租之以繕陵祠祠雖狹小然地不得更徙就內拓闢以廣之合寢殿門而三更設坊焉則皆聶尹經綸也春秋有祀矣乃縣官執爵而至野老荷鋤而叉非體也于是檄督學陳年兄爲許以世員奉祀令代自行請本學爲申詳請給衣巾官有祀矣乃春秋來車馬歲時缺豚豆非情也于是屬

令尹爲買田[redacted]以供歲祀而聶令猶清出無人承糧之官地[redacted]并附其家承納以資焚脩事竣聶令會其工作報成而費不與焉曰此地方事耳不以聞宜曰孫子之于祖父也情在固宜自致義在猶貴仰體崇功報德脩廢舉墜雖自有司事而宣以本源悠悠之思當此皇華燁燁之會若一松一楸不能自致而以爲縣官慮孝子之心能若是恝可謂情乎以先王之興時功施隴西也其視

斯民塗炭不啻縣已痛癢使當今日四方擾攘所在疲癃宜不知何如痛心戮力者而令宣不孝以一人之私不能仰體而以爲地方慮先公應且吐之可謂義乎情自有眞義各有至此中不容一毫虧損又何敢一毫僭越彼孝子之所以靈承先德仁人之所以永錫爾類皆是物也而又何疑乎于是令尹始以其實報宣乃搜括所貯一二交際以償之而因得以報成事于先王焉詩曰沔彼流水朝

宗于海言物各有本也又曰孔惠孔時惟其盡之言能順卽爲自盡也此宣所爲兢兢于仰體以自致也今日者于先王赫濯在天隆崇在世藐焉宣何能仰裨萬一無亦惟是于無可自致中聊致其一段不能自已者如是而已是役也非以聶令素有宜民愛人之聲亦不至以是相屬而令之賢且能其于此益見矣宣行追不能爲文亦聊記始末以志日月云爾記內督學陳諱應元福建人癸丑進

士聶令名濬河南人舉人教諭方名養成四川人舉人訓導荆名應奎山西人歲貢龍名希契榆林人歲貢典史賀名逵用湖廣人吏員

弘運書院記

余不習吏事少時但知從鄉南師諸老譚學耳比釋褐即藏拙秘省尋改言路未嘗不與吏親而于吏事終芒然也邇受事河東則日親吏事矣於芒然中求稍可自憑者一以平

日所聞於父師為要領而後參以書生之智識日漸月融不爽分毫于是恍然悟曰學在是也予疇昔之所聞于父師者學也即吏事也河東為

三聖人傳道地而講學一會自吾曹師仰節堂數武外寥寥無聞焉余日覩諸老恂謹端亮居然有道氣象而又皆異時振古循良絕世經濟卓然有以自樹於世者豈其於吏道深而於學顧肯漠然乎余乃于始至即與諸老

間一尋會反覆研究見其溥博淵泉時出相應則又恍然嘆曰學在是也彼諸老向所爲卓然自樹者非吏事也學也學非吏而吏乃得之學吏非學而學自不遺吏然則學亦何負于吏哉不知今之君子何所見只以學爲妨政事而偏欲諱之而且使天下士之從事于舉業者亦相觀而謀曰吾且肆力于文章而他姑置之也嗟乎學者學爲儒學爲吏也學儒者明道以淑人學吏者學道以愛人也

今欲舉文章政事一切誘之于學外無怪乎天下無真儒無真吏而徒紛紛焉鶩紙上月露釣口角襲黄卽語妙天下名震四夷于道何居乎而暇問人耶且夫不衷之言聖人弗聽違心之行君子不居文章靈氣功名怪物盗取之亦爲不祥況夫以剽竊唾餘乘風雲于天上鋪張故事買尸祝于人間則是鏤氷可以耀日團沙可以尸饔也竊爲今之君子憂之憂之維何亦惟是相率同志刻意共學

而已余既于育才館拓地爲室以居諸子於矣繼念吾曹師還山固已有日諸老聚首更須及時登壇有人而擁臯無地長民之謂何于是卜得學宮之左射圃一區可以經營而又不敢以爲地方慮也因捜括禮儀得數百金稍稍佐以院費即屬所司墾而構之合堂寢門廡爲三其後稍一開廠即棟尊經閣爲主星而仍移其圃稍東焉制詳在志構成余題其閣曰經正民興示人明經也顏其門曰

弘運謂惟道能弘也題其堂曰傳是取三聖人以是相傳之義也凡旣備矣而余周爰始歸吾師亦應期且至諸老相向而賀曰兆足行矣時余以家少司馬之例得請引避且夕且行而師不能堅杜也于是相訂一月之內凡再會焉會有規則相商訂之會無資則薄有所捐托曹師與楊衆老道長買田以饍之如是者皆有志聞師且請于馮少墟先生記之矣而余猶不能已于一言者良

以余之受

命而來也吏事耳余不能以不習之吏事報

朝廷而徒以所習之夙聞對父師何以稱肅將

乎而非也今天下患無眞吏耳欲天下有眞吏先須天下有眞儒眞吏易致眞儒難得使余爲其易而以所不習者塞責于目前無寧爲其難而以所習聞者報効于他日之爲得乎此未必無少補于目前也此余區區創始意也或曰子所題者傳是也而記不于是何

也曰莫非是也天下人盡吏也人盡儒也而我乃于其中求一眞則是吏不是吏是儒不是儒夫自有能辨之者此又余傳是微意也若其大義則與諸君子譚之久矣是役也督脩則運使孫君名可僎舉人湖廣人運同鄧君名全悌舉人廣西人運判史君名躬盛進士浙江人添註運判趙君名九眞舉人世直人安邑令王君名楫進士山東人運學教授康君名姬昺進士陝西人訓導劉思恭歲貢

陝西人張堯功歲貢陝西人

蔡元老中丞論學

夫所謂大人之學者非有一等人謂之大有一等學謂之大人之學也人人各具此大而人不自知識取自知承擔惟學而後知之也學者何學仁也仁者人也學究其所以爲人也仁者以天地萬物爲一體知此體則爲人不知則物爲而已故曰欲明明德于天下自是合下事盖舍明德不見有所謂天下舍天

下亦不見有所謂明明德也而總之只在脩身天下無兩箇身脩者脩其萬物一體之身也故凡心意知天下國家皆身也致誠正齊治平皆脩身也故曰本在脩身身之未脩則物自物我自我一脩身則何我非物何物非我故曰事在格物物格則無物非無物也渾然在我不見有物也如是者亦非能有所加于我也喜怒哀樂之未發而天地萬物之體渾焉發而皆中節而天地萬物之體呈焉此

處若識得在我是爲道心若猶知有物即爲人心人心道心相去無幾此何如其危何如其微彼爲情識所遷者皆不能持其危而存其微者也自其不能持且存便覺有遷自其有所遷便指爲情識非別有一情識焉遷之也夫亦情識自遷之而渾然在我者自不遷也且情識何嘗不從未發中來乎發而皆中萬物一體也是名率性之其所則僻矣逐物而移漸至遺我我且遺又何有格物則總之

未透性耳透性則情識入焉而化而渾然者在我物惡得以移之故情識非能遷我也自遷之也自遷而故以爲情識遷之卽是自欺欺者明知不是如此而故以爲如此亦非有人焉以爲如此而我自以爲如此乃其中一種炯炯不容掩者自在故曰良知自欺者自欺其知也惟學而後知之也學而知卽學其不慮而知者也故曰復其見天地之心是則來諭所謂復小而辨于物之說也

讀詩序攷序

正學莫如明經經正民興子輿氏識之矣經常也先王慮天下萬世人心之變也而先爲不可變者以持之故六經者聖人持世之善物也夫既謂之常宜無俟明矣乃作者紛紛未可指屈志有所逆或排諸家而伸其是意有所會或合衆流而滙其瀾卽其發靈披微分門樹幟非不各有所執未肯相下然其一種孜孜持世之意則一也六經之中惟詩爲

正故夫子取其與于是有風以動之雅以馴之頌以攝之其入人冣深而其被物冣廣其用象冣傳而其取義冣要有易之精微而無其與有書之疏通而無其域有春秋之比擬而無其附會有禮記之莊儉而無其煩縟猶留心于世者所獨資焉惟是秦火而後漢詮繁興如申如毛如鄭諸子後先與序傳更互演繹雖于聖神刪述不無羽翼而于興時忠臣孝子之疢思賢俟加賓之紗撰義士靜女

之微言未免爲美刺互呈勸懲並用之義所掩而微以失眞至宋考亭訓詁一抒于性理自是詩學正脉然所謂掩而失者未少正焉此後之君子所以不容巳于紛紛耳余以詩獲售而于中一無所見也惟往見吾鄉張斗津氏說詩爲差合而惜乎未覩其全及讀渭南義伯史翁序孜而始悠然有會也翁以直節忤世稱名御史自拂袖歸華山惟掩門着書今四書六經並有特解傳于世人曰是翁

將忘世耳其得此于貧賤深矣而余竊以爲未然士君子之有所用于世固不必世之用不用也世用我則以身範爲繩糾世不用則以筆削代斧鉞年來世道剝復之間物情陰霽之會上以諛爲合下以隨爲通否者諛轉爲誹隨轉爲扼誹而扼焉則鬬其始掩然自以爲得時之馮其既又篤然自傲爲違俗之標其究且漸至于决裂敗壞莫知所底而人生而直之眞若目就汨焉而無能復振則何

也不正故也惟不正故不與今欲正之舍三百篇奚以乎孔子稱詩三百一言以蔽之曰思無邪言正也而與存焉夫人寂不可域者思千丈之堤潰于蟻穴思一受蔽于物而爲其所引則浸淫滔蕩沒其頂而不自覺故但有一閑邪存正法能使之止其域而不受其引翁之是攷也將以閑而存之也是故旁引曲通出入漢宋而後一准之于理如釆葛褰裳忠不欲題之以淫生民玄鳥詩不令聽其

或略其閫風域所界未容置紊雅俗互陳政不復諱亦要使千百世而上眞意不害于文辭而序傳不淆于註箋直令意者逆者曉然一出于正而先王垂世立言之意猶有存焉即未必有裨于噂沓背憎亦或少拯其決裂敗壞庶幾興之一機乎而謂是豈忘心于世者所能爲耶雖然此宜之所爲窺翁而翁于世政弗爾矣方今

聖明在御林空岩盡何來峻峋華嶽矗然在目

冉冉紫氣掩映十餘年曾無人一過而問而翁不以爲意也日讀其所著四書六經註疏已留照汗青矣人間浮名豈足介介翁瀟然環堵自七十子相從外容易不見一容而獨于宣之過也偏覺別有蘭臭忘其痂嗜華下信宿真足千古余乃得取其所爲詩序玫與二三同志梓而廣之夫亦竊附于經正民興之意云爾若其深思妙解自有叟氣非余之所能測也

新建陝州依仁書院記

依仁書院余過甘棠與惺所王公謀于落日岭寺中而甘棠地主遂毅然創始未兩月而報成事大哉仁乎有能一日用其力我未見力不足者信夫夫力無量以志爲量志所至即力所至故好所至即無以尚惡所至即不使加力至于無以尚不使加天下更有何物足以撓之使不得滿吾量者惟是力能得之于所用而不能得之于所不用能自必其無

不足于用而不能必其用之于無不足此欲罷不能之所以爲回而畫地自限之所以止于求也夫惟眞能用力者能信其原無不足亦惟眞能立志者能信其無所不用故始以志率力志一而氣自充旣以力赴志力贍而神愈王迨夫用力之久脉脉圓透息息歸復覺向之所爲率者赴者若相忘于提衡鼓鬯之間盡泯其持循執守之迹而天地萬物之備我者恍然在焉至此始信我大而物小始

信六合非外一膜非內始信昆蟲草木無不與我同焉含生始信衆寡小大無一之敢慢始信造次顛沛無終食之可違始信視聽言動無所往而非禮但一提念間光景隨處畢露不容牽合不容附會謂之全體渾然此志道據德所以必歸之依仁也王公固肫肫一仁者自拂袖歸熊耳杜門不見客日與諸門人講究顏氏之學故其論著率以求仁爲法門以深潛純粹爲造詣以躬行實踐爲境地

甘棠初見即開口與余譚立志譚自信而余亦因之反覆商訂頗受其益公之于學可知矣張子曰志仁無惡之謂善誠善于身之謂信豈志仁尚隔誠善一塵乎曰非也至善者明德之體而仁又善之長也無二體也惟志之初起僅能率力而非眞積力久至豁然貫通田地亦不足以窺至善之所在故必要之實有諸己而後謂之眞能信而後謂之眞能志乃王公之所得力者全在自信而余所與

王公相商者則欲信從疑入盖疑而後信信之至也孔子志學二十五年纔不惑又三十年纔到從心不踰夫不惑僅能去疑至從心不踰纔是眞能信信何可易言哉盖必有孔子之不踰而後可語信亦必有王公之能自信而後可語志故王公之志所以老而不倦者政其脉脉圓透息息歸復處直志所在無非仁非仁所在無弗志也學者但理會得志無非仁不但不必以我依仁將仁且依我其

于道也幾乎此余所題依仁堂意也不知有當惺所先生意否甘棠地主非他即陝州張守也此殆可謂能用其力于仁者余固爲表而出之以示後之來學者知此書院所自始未幾余且停車而問焉是役也主脩則陝州知州張天德舉人陝西人同知華汝諧歲貢浙江人判官周貴陽監生浙江人學正劉洪養舉人山西人黄綬歲貢新野人李如桂歲貢浙川人咸在焉例得並書

贈吏部郎呂年伯暨毋夫人合葬録序

癸丑之籍宣與同年呂心一氏官同曹取同容志同臭無足異也乃天作其間至于生我育我者之至情其圓滿缺陷亦若與同忻戚則撫景感懷有不自覺其涕之所從者憶在試政宣與心一竝為功令所縶無祿先大人適見背而中山年伯亦若後先相期乘箕尾而去時宣方踴頓東歸心一隨踉蹌西下蓋吾兩人初各逆知其有此而無柰俱困于數

之莫能逃耳浮名誤人一至如此爲之柰何
先慈氏之變也宣政落第南宫先慈以不起
之症奄奄半載若遲宣萬里外而宣之歸心
怔忡一似夫幾之先見者記竭五日夜走千
餘里無人經之險道倖及兩日而訣眞稍緩
須臾弗得也此自不孝生來第一徼倖事乃
吕伯母當八十心一尚爲銓政拮据一朝忽
心動堅杜求去窮日抵舍則伯母以臂瘡暴
發甫三日而長逝矣嗟乎異哉何吾兩人相

與之殷而相遭之奇亦若是其吻合耶然政于其同處轉覺宣之脩薄緣淺不逮吾心一萬一而中懷愴惻更有難言宣家世貧先君以十年老儒官歸致山中自惟課子學道以行其所志而自奉則甚薄衣不許絲卧不令氊委蚝七十六年僅博不孝子一捷遂舍而去仰視中山伯以一角巾長者歸然里中散金周急發粟賑貧致有司式其廬而

朝命褒其節長嘯澗步于玉樹韡萼中享古稀

而見齊眉相停而論何啻天淵先慈往宣淒
淒泣牛衣下與子媍謀脫簪解珥以襄大事
今郎再邀
天寵煌煌冠帔何裨泉下一尺土乃吾吕母則
一生純孝受天之祐八十老命媍猶三及舞
蹈今日者塡門車馬旣侈會葬之榮盈帙誄
辭爭誦明德之報宜爲吕母慶而能不爲吾
母悲爲心一羨而能不爲不孝宜愧乎夫子
曰人未有自致者也必也親喪孟子曰養生

者不足當大事惟送死可當今人但知養生故能勉其力之所可致曰送死則盡諉于計無復之一以虛文襄事此皆未體朱子必誠必信之說也夫親恩罔極人子報親之念亦罔極至親喪則尋罔極于情窮勢盡之日而一念不出于誠信將舉念皆寘觸處便屬有盡惟孝子處此肫肫懇懇若舉一生千條萬緒偏從此日伊始提心動念無非報親覺無限生意油然自發如此纔是不死其親纔是

能致盖致之于無可致乃爲能自致也嘗見村兒即極頑梗一當親喪之會擗舉哀號往往追悔生前未盡分處即此便見自致眞處顧豈有悔前此未盡而不思有以補之者乎亦曰無可用力耳嗟乎必以吾所可用力處而後爲致則天下之自致者鮮矣宣與心一皆處無可用力之地而時作村兒未盡分之悔自顧不孝缺陷負愧吾心一者尚多故因讀合葬録而致羨于中山二尊之德報心一

之孝格而不無餘憾于日宣之薄脩而淺緣也時寒月在庭凍雲生几宣撫卷沉吟不禁潸然爲之序

重脩平陸縣八政橋記

八政橋不知于名何居倘亦君子平政遺意乎愚謂平政先自平民情始民情喜公君子不示之以偏黨則平民情喜正君子不示之以回適則平民情喜富君子不與之以浚削則平民情喜逸君子不與之以奔疲則平故

平政無過平民而平民情卽不離自平愚嘗持此以馳驟秦晉大梁間覺所至有合卽今之八政橋可槩焉橋分鎮之南北而築于山左之吳公故道路之口猶稱吳公橋乃北橋無恙獨南橋高岸深谿合東西三派之流而滙于一磵磵當孔道又三藩鹽車城門之軌春夏一漲則兩岸望洋如隔弱水行者爲苦曩時當道慨然起而築之實出因民而聞其中有不違天理人情之正者時溺于堪輿諺

譚謂橋接鎮脉他行失山家止法故未嘗不利有橋而其隱隱徧衷又若不惜以我輩一片苦心附之狂瀾所以橋圯十餘年而曾無人一過而問嗟乎此頑民所爲不諳大道而天地之所以猶憾也余始入境卽詢橋所自圮僉謂谿流洶不可敵其法利用洩壽平陸李令爲具洩水狀則在別濬一支以分其勢隨屬令爲會費報以千餘計余曰是豈今三空四盡日所得藉手乎將置此不舉一聽其

途梗豈所稱徒杠輿梁爲非政耶于是檄令隨山伐石厚醑僱車于分陜新汚間且許以盡一番所節嗇傾倒爲資一匠一石誓不爲地方慮耳余兩檄半載尚慮築舍賴同年直指徐公一麾五十金而河東道府與各邑長吏協而應之尋

福藩聞爲運道亦雅意捐助曾不兩月而令以其成數報則所需于余猶未及三之一也令之言曰此中雖稍費然一切仰承德意無他

累卽民間亦聞有願輸助者悉令禁絕而子來趨事革且得仰而食力以民情卜地利庶無後艱乎余聞而暢然而又慮其未必然也則進而偵之新安間聞有以僱車之役科之飯牛家者余爲髮指曰若是則以濟衆名而偏累此數家也可謂公乎以不厲民令而使人有莫能控之苦可謂正乎飯牛之家幾何而無端科人數百錢是爲富之乎且使彼不必有奔疲之擾而滑積得乘而追呼是爲佚

使乎然則政之平也何日之與有于是檄該
令爲訪實寧免其辜增其酬而責以還所科
焉而余因有感于民情之多隱而聽政之不
可不聽也大東曰周道如砥其直如矢君子
所履小人所視言政惟平而後民乃不疑君
子所以爲履也觀曰聖人以神道設敎而天
下服言道必神而天下始服聖人所以爲觀
也君使民有隱而我不聽將有我見爲公與
正而人且以爲偏黨爲回遹我見爲富與逸

而入且以爲峻削爲奔疲者政奚以平而道
奚以神乎欲民之不疑而服也不亦戞戞乎
難哉夫履者平也謂平自我闢也觀者神也
謂神自我攝也爲政者不講于履與觀之義
而漫言平政萬無一得也其負此橋多矣是
役也共事則守東道參政王諱家賓北直人
甲辰進士巡東道參政王諱濚山東人庚戌
進士平陽府知府張名維世河南人丙辰進
士督脩則運使孫名可僎湖廣人舉人運同

鄧名全悌廣西人舉人運判史名躬盛浙江人巳未進士平陸縣知縣李名韞秀北直人舉人記內直指徐公即余癸丑同年諱卿伯號孟麟貴州籍徐州人并識之石

太史趙體師蒼雪軒全集序

河東為文清道地氣所攸萃而江右則伊雒真派士率有宗故豫章丙午之役既主龍門又奉安邑士林率彈冠曰進取誠難必而師資胡可失耶今不售復何待乎盖江右文大

率神理居勝往往沉鬱瞿溢之意多而砑砭
圭角之態時存常令觀者氣阻故士以文著
而未可以文格主以文券而亦時以文遺則
識神于天機之際占氣于物色之表非有道
者居之士幾以倖遇耳愚旣得遇于兩先生
矣或言兩先生者龍門天下文章安邑千古
道德而宣未之然也文章道德原不分之爲
兩文章不本道德則盡脂鏤氷何裨實用道
德不見文章亦扣盤捫燭苦人摹擬皆兩先

生所不出而執此以求兩先生則徭耳兩先生宣事安邑最久自是肫肫一大儒其蒼然似松凝然似山澄然似氷之在玉及其扣之則如黄鐘大吕皦然而不亂其發而爲文又鏗然如佩玉鳴珂之行明光殿上也此可謂以道德枯寂者乎若先生者生平篤信濂雒關閩之學以致知主敬爲宗其于性天微妙聖神闕奥原已洞燭無遺故自讀中秘書洊歷玉堂語妙天下名震彤管一代詞臣超今

軼古今觀其論說則析理精微應銜官六子序記則條達自遂有子長遺風碑碟則典雅不群出中郎逸韻至館閣鴻裁煒煌標鮮與報任苕蕘塤箎互叶而一派詩歌直追正始近體諸作和平諧暢不讓大歷開元宣卒業之則磊然如九都之比洼蒼然多玉也泠然如承露仙掌久而沆瀣猶存殘編敗椽也渾然如銅崩鐘應飲池見垣恍而色色靈通也宣乃作而嘆曰有是哉一至此耶竊常謂文

章靈物不根心而發如石火電光安能久耶人間即如鄴下諸子苦偉才詞賦表記家樹一幟三晉文獻最盛異時柳州河汾諸君子表表詞林率各有所自負以鳴于一時先生非發靈性蘊根極理要安能彌深彌廣探之莫得其崖窺之莫窮其際乎則安在乎文章之不出于道德也獨怪夫先生以瀰天經綸蓋世學術名與河漢爭流而實不能使天壤俱竟金甌已定玉燭須調而乘雲騎箕曾不

少待令十年來猶令人撫卷而致慽于石渠天祿間焉則文清先生所謂我雖困而道則亨也宜日侍安邑師于郇而西望龍門不勝山木之恨因先生門人河津令智君鋌萬泉令劉君愕卿謀其同榜平陽二守胡君騰蛟趙城令陳君時春榮河令高君之儁爲搜其家藏遺牒若干卷屬宣爲較而彙之而先生之令子玄將已駸駸能讀父書矣固不必游夏之贊一詞也是爲序

弘運書院學會約引

河東爲唐虞夏

三聖人相傳道地精氣所鍾脉絡自存宣不敏自丙午舉于少宰曹師之門即遡源此地有日矣邇以觀風茲土日挍諸縉紳岳峙淵涵皆宛然具先進之度而一派子衿金韵蘭臭率亭亭稱後來之英攬轡之暇固已快目擊而道存矣惟是明道淑人原我輩家法而親師取友猶日用先資故學不可不講也余既爲

諸士柘育才館一席地矣至弘運之創雖區區爲吾師皐比地與諸老雛社計實無非使後之來者有所歸往知所矜式耳乃鳩工方息而馬首欲東既慮薪木之始植資斧宜備更念枝擬之初集科條須陳則雖當憧憧逐塵日而亦有不能忘情者念我輩一生惟有此學學不達之天下不成其爲大而不合天下以成其大總之未識真已蓋真已即在天下而真能合天下以成此已即是先立乎其大

不然一失其大并其所謂巳者而亦無處覔故古之欲明明德于天下者政以 爲巳 今之學者非逐逐尋响于人則硜硜執其在我而其究至于巳無處覔此學之不講古今人所爲不相及也是以孔子憂之今欲憂孔子之憂只是學孔子之學學何在脩德也徙義也改不善也而脩之徙之改之又何在講學也或曰脩之而徙矣改矣安俟講也曰治廣居者不審規矩紛紛何憑涉遠道者不辨途

轍貿貿何往聞有講而不能脩與徙與改耳未聞有脩之而徙且改不由講也且夫識之默爲之不厭足耳何必誨學之慱思之慎行之篤足耳又何必審問必明辨當知講也者政爲審之明之也而誨也者政發明其所以識與爲也使人人脩焉徙且改焉而于我何弗脩弗徙弗改也故親民卽所以明明德也盡人之性盡以此也成物之智成以此也朋來之樂樂以此也莫非已也莫非合天下以

成其大也而不講則不得也明道先生曰講學本不消得理會然每與剔撥出只是如今雜亂膠固須着說破夫今之硜硜秩已與逐逐尋人皆雜亂膠固之病也而總之只是一箇無眞實心故講學不過提醒其眞心使各識其眞已而不至流于無處覓此孔子之學也是故孔子之憂卽孔子講學之約也吾輩今日憂孔子之憂而學孔子之學卽約孔子之約也宜不敏敢于公事旁午之餘聊訂其

一二會約以告同志若其間發明指歸與約
束告戒則自有吾師與諸老之條教在非宣
所能贅一詞耳

荅姚有道培吾名孫說

姚培吾先生名櫝郇之躬行君子也年四十
便不上春官布衣角巾瀟然譚道今七十矣
余聞之吾師曹先生久故一見莫逆尋與余
朝夕傳是堂相規甚深愚心敬之一日生孫
取名受是曰傳者傳其所受也能受則傳一

堂傳千百世皆此物也爲說以請愚發明愚曰傳從人從專非其人不傳非專心以授之亦不傳蓋心知其可受而後傳之何傳不受心知其一傳而無不受何受非傳故傳者必如父傳子祖傳孫而後爲眞傳而受者非如子受父傳孫受祖傳亦不謂之眞受培吾之說曰傳是非難受是爲難余則曰惟受之難蓋以見傳之非易上古聖人所以大過人者惟其以天下公物直作一家事看所以親切

有味而及其授受之際叮嚀告戒一毫不與以已私又何其大而遠乎天下有私之而反以公者此道是也愚有取于姚有道之命名爲荅其說以復之

高陵祭西平王文

惟王扶輿正氣貫日精忠胸偉安攘之畧志成補浴之功秉墉壑而通軌道磔梟獍以清禁宫鑾輅再返唐祚重隆是宜照丹心于汗青澤垂不泯流香聲于竹帛慶衍無窮如宣

自惟渺厥實叨續戎遡自王子憲觀察江右憲子游宜春侯封宋遷吉水奕葉隆隆郡號隴西基盤谷中理學世承之勿替簪纓代領而若崇豐枝長幹東奮西庸以及漢中之洵邑亦有儀部之發蹤何期歷世之如許而宣始于此乎觀風昔也披遺像于家乘生氣千古今也摹殘碑于荒草感恨寸衷秋蘚漬兮古道夜風號兮長松遡厥長源兮情深渭水仰止高山兮目極終峯惟王當賊泚肆逆之

時不辭百戰而折首而宣于酋虜眺梁之日未能一摧其兇鋒念所歷之世既異愧所負之才不同安得仗長留之英勇以殲此交逞之狂雄俾中原之疲累再造而曠代之忠武復洪乃屬縣尹治其松楸考其鼓鍾行且計日而授之業以佐守土者之尸饔乃屬候人薄具一卣瀉我微悰倘其念三十三葉而見此衣繡之來享也庶幾千百載之下而神與通

弘運書院圖記

學之東射圃在焉而圃爲虛數椽之亭將就圮余回翔城中卜一可爲斯文類聚地者而無所得當會孫運使以其圖來請曰審地之所鍾無踰此耳時司無他貯所貯僅一二交際會不足稍稍悉所節縮以佐之又捐資託少宰曹師爲買田備庚以贍之凡就緒矣不百日而報成余顏其門曰弘運書院謂惟道能弘也其次曰與人爲善之門使人望而知

止也其堂曰傳是取三聖人以是相傳之地也棟凡三各有廊廡其後即枕尊經閣復顏其閣曰經正民興示君子反經意也閣爲學宫地而堂則已附鄉紳自理遂于棟後界一墻以嚴之而堂之東則更有一隙地可圖仍徙而屋之于是堂始左觀德右仰聖而升堂入室則六經歸然在是焉此郇城缺典余偶念及此遂葺觀厥成固可喜耳査城東往有鄉學書院有表忠祠皆

會地也而皆爲諸當事之規近圖者改爲公廨今士紳猶切齒焉余不能不爲此地之慮其續也而石以志之籍以永之惟後之君子念此一片道地此會終不可缺其無以爲鄉學表忠續則厚望耳

薛文清公像說

古之至人所爲以道持世還以世綿道脉脉焉行宇宙而揭日月者其有神存乎道待人行人以神存故往往于杳不相通之地而若

有脉不容斷之眞夫亦莫之致而至耳文清先生宣生不與同時居不與同里而誦其詩讀其書夢寐想見其爲人獨憾若弗克見見若弗克覩豈以其形耶則今之所圖豊眉環瞳隆準脩髯者與其時徃矣抑非以其形耶則卽此豊眉環瞳隆準脩髯者其子孫方拳曲而奉之宣且見而焚香禮之矣試問先生何以二百年前不謀之宣宣二百年後不謀之先生而未見而思既見卽欽不自知

其隱隱之相通若此則宣之所以事先生與先生所以得之于宣者可知矣宣所識先生者數事爲進士政府欲賓之求一見不可得爲御史奉使監楚銀場曰此鄉多寶玉愼勿猷清貧惟手録性理至積雪飄几不輟爲大理以不屈閹振下獄人爭危之先生獨手持周易顔色自若虜薄城猖獗甚先生知勢必退猶上講學章以戢禍亂至蘇松饑民之亂波及五百餘家當事欲籍之先生不避權勢

力爭及寬政于王之刑同刻俱衣紫先生曰此事所共知人各有子孫獨排衆上言三陽發生不宜用重辟竟得減等英廟初政時召見便殿一日上便服先生拱立不入上爲易衣其後連日不召曰王意怠矣遂求去直沽道中餱糧不至日午猶未食家人不堪其困曰我雖困而道則亨也若是先生之于道何如也顧數者皆仁之事而仰視茲圖豐眉環瞳隆凖脩髯何其字溫而貌則肅心悲而面

則冷生如晶瑩照見五蘊而老如蒼松勁栢獨立風塵在朝能正色屈閹傳檄格苗而家居至姊妹不敢過其前若是其逈異何耶然則先生之所以爲先生形耶抑有形形者耶形者目可得而見口可得而言人可得而遇也形形者見而未嘗覿言而莫能名遇而不得其眞也所謂神也先生之神無徃而不在而我乃欲求之于宿楮淡墨間不已淺乎神無徃而不在人無在而不可求要當求其所

以行宇宙而揭日月者何物則先生之道雖先生之後人有未可以幾語者宣不敏何能贊先生一辭亦聊爲之題其像如此不知有當先生意否

曹貞師檢躬詩序

宣四十爲御史一切尚芒然莫知所適也則進而求之于平日所學凡事先從自心作印自身作證始而後隨印隨證漸次求合以庶幾于不仆一日問吾師曹先生曰師筮爲李

官便饒于吏事猶自津津譚學也此時亦尚
從身心印證乎師曰善勞不宜在自家起見
做學問那得不從自家印證顧是時隨所印
證便隨筆記之今所存檢躬詩尚在可考也
宜受而卒業汗流浹背固自愧檢飭之未及
時而又愧二十年來空負數仞之下而不能
一望先生之涯涘也夫人之大患患莫有躬
丈夫七尺軀從墮地來自少至壯而老何日
不在波靡中震撼但稍不克自振拔則隨風

逐流不知此項圓覆方充塞兩間者墮落何
處今之愛其身者非怠墮自逸則回互善掩
自以爲能自護惜而不知其逸之所以縻之
掩之所以溺之其究至于陷心志縱耳目踰
閑蕩檢不可收拾以爲父母辱而後始悔向
者行之不力而甘自薄之若是也故躬之不
檢不徒見金不有耻言不逮雖有而無即一
息之自逸一念之自掩皆爲暴弃之甚故曰
躬行君子未之有得言能行而後知檢也又

曰躬自厚言必檢其躬而後爲能自厚也此先生作詩意也或曰子之師深于學者也其于學也朝乾而夕惕得意而忘言戰戰兢兢奚事韵耶曰君子之于學也苦以入之甘以出之不拘以攣不縱而恣無非發乎天倪止乎天則如是而已故憤而忘食樂而忘憂夫子自道也有三之乾自有四之躍雲行雨施何可闕耶夫惟至人能自入之能自得之故其思微其致遠其機竣其發而爲言使人讀

之痛快而自悲迫切而不能自已先生之至于斯也夫亦不過自寫其天倪還于天則如是而止豈爲是忼物而侈志耶先生苦心斯道者二十年來而始有此今又二十餘年矣其爲微者遠者徼者貞之愈久而愈有味學者讀其詩會其意而不得其入之苦其于躬也猶茀之思也夫宣亦猶是以我證詩以詩印師庶幾知痛快而自悲迫切而不能自已耳宣行追念諸生之同志者相視而無以爲

別也因取此亭而梓之以期勉旃

卷之四

第五卷

總憲孫藍石先生　副院鄭玄岳先生

禮部公書　少宰鄭方水先生

司寇王憲葵先生　劉方壺年兄

司寇喬鶴皋先生　僉院楊大洪先生

鄒世兄　大司馬趙明宇先生

少司馬張蓬玄先生

報劉范董中丞徐孟麟直指囉喇賊事

王惺所司馬　呂豫石年兄

梁冠林年兄　綦元老中丞

馮履老中丞　大宗伯鄭方水先生

中丞韓叅老公祖　劉范老中丞

徐孟麟年兄　孫大素督學

秦殿下　惠元儒掌科

張心虞有道　陳幼白督學

李燦老中丞　歐解谷掌科

劉文石年兄　張芝亭年兄

沈芳揚憲長　劉翼白關南

王繕部曙東兄　沈芳揚憲長

又　馮少墟先生

王惺所司馬　總制李介石先生

綦元老中丞　呂豫石年兄

鄭實符守比　鄒西安

史蓮勺道長　楊範我神木

王愚谷大衆　孫運使

又　鄒西安

王愚谷大衆　中書科公書

上運司疏公書　馮少墟先生

少司農鄭玄岳先生

呂豫石年兄　恭元老中丞

日抄　書

清畝公書

吉陽李日宣

今天下民生蹙矣加派誠不可遽已矣有司日苦于責成矣無已則有丈田清糧之一法足以通加派之窮而又有分別摘祭之一法足以紓責成之用蓋加派之苦不在有力之家而在虛絶之戶與荒蕪之業彼日給之不暇惟正之難供而又何及于額外乃有司者

以一切求之則民困求之不得而上之人又以一切繩之則吏困是吏與民交敝之道也今若清丈行則計畝所入相畝所加窮民可以無累而有力者自不得辭此最切要著然又不强人以所不願而惟其地之願丈者行之行之且有法事不煩而民不擾又最方便著如是則民困甦矣而上又與之酌量地畝分別完欠以責成之而後吏與之俱甦不肖于此留意數年與鄒南帥商之至再至三遂

巡至今萬不能已不揣一疏幾于爲民請命則恃有仁人在不至托之空言耳惟台臺慨然許行之所造無量固不爲小人之一言徼重已也

再申清畝并議謚公書

日者小疏爲加派而討及清畝爲責成而討及酌罰此自書生蒿口苦心業蒙

明旨下部酌議具覆矣今靜聽良久部議杳然于是不得已再申催

請然肝膽已傾盡也葢清畝誠難求同原亦謂
各地自審行止酌罰非爲寬政在部院亦自
隱隱相合天下大事不肖豈敢執一人之見
直認其是但念民窮甚矣倘得乞
明旨覃布行之一二亦足少解倒懸猶愈于不
開一面不發一藥使後來措手不得噬臍無
及則非時事之幸耳若謂天下已有事恐多
此一番紛紛則只在有司行法者之善顧可
慮咽而廢食耶惟台臺裁而斷之又敝鄉解

羅兩先生缺典原經敝邑鄒總憲師所
題准議覆而未及行者去年鄒師出都門時曾
諄諄言于諸老先生頗多同聲之應今茲之
請實補
國朝與館閣一大缺欠想台臺留心典故動念
及此久矣至疏未諸賢各有本領各有公道
皆非出自不肖一人之口也不勝翹聳

葉臺師

世界至今一似支撐得住乃老師口口只說

做不得只說去不肖不敢爲拂耳之譚但回思前兩年一片朝不保夕之危關甲不謀乙之盈庭與日来舌可戰室可戈各持雜下咄咄之怪事到底卽于安靜漸就折服而官寺之内更聞有一二意外痛快人心處使封疆尚有一段隱然無動之機括

朝廷尚有一段凝然不移之事權伊誰之力此處非老師恐不能做此時設老師一去不知更屬誰做難說我去自有人来我不做自有

人做我去不做聽他做得做不得責備不到我過去人此豈
宗社托重海宇倚庇之元老所設心自處者乎向在途中見大踈直陳數事甚切機宜如此一言勝人千萬言他人言只是言老師言處便是做處卽明不做隱然亦做暫不做終須要做若事到今日做不去到老師手中做不得則是天下事竟不可做事到不可做老師去將安之乎故若爲老師一人計則勸去爲

天下國家計則勸做其實勸老師做處政善
爲老師去處幸無謂此不知巳之譚一槩不
以入耳也

曹貞師

一路取河東新舊志一閱過復反覆手札眞
簡眞易眞易知眞易從眞不可不知不可不
從持此以往卽極力搜滌極力補葺總不出
此世間父師恩眞不可報日在行與稍稍計
畫如壓待之商當尋一補救法撈摝之丁當

尋一稽驗法捕盐之役當尋一整齊法牙店之陋規當尋一裁革法支掣之夙弊當尋一廓清法城守之戍役當尋一召選法添設之兵餉當尋一措置法廉訪之不得真當尋一責成開送法書院之文學兩會當尋一可大可久法至于吏治之宜一大懲創又當尋一真知真見不僭不濫法凡若此者自合一一細心理會但恐從未親吏事之人一旦如新媍學炊老樵航海儘力搔爬不中痛癢不能

無望吾師之一一手示之也日来得劉道長一札謂鹽政中弊卽本地鄉先生亦有未盡知者豈此中萬徑千谿真有生斯長斯終身谿而不盡者乎而不肖乃欲以數月之程限一人之心知于其中尋所爲曲而微者而昭晰之太而甚者而滌除之幾何不爲諸宵小所竊而咲也家叔天津秋間或當量移量移一下不肖便須請避若不及今爲地方稍盡心力豈惟負地方負

朝廷且恐負吾師此不肖所爲拳拳具
請也

上閣部院諸老公書

此地風氣日上民俗尚敢乃三藩介在帶河徃徃以讎地私販相矛稱雄而亡命之徒所在嘯聚又惟恐地方無事常聞有枕戈袵金待時而動者若地方長吏稍失調停即見變生肘腋不肖下車之初據鄰近所報已見其端此日政在設法綢繆爲未雨計而河東一

隅人競逐末城守之事自來未講不肖政如新嬪到門聞大賓遽至便令衽袂操刀難辭血指俟有次第然後敢以聞之
至尊也所可幸者四五月之間大旱人望歲不得慮有生心幸涖任之夕一雨如注今野無曠土戶樂有秋萬一徼倖無虞賴有此耳地方相傳謂有歲無鹽從古如斯不肖誓之于
神予鹽無寧予歲民足孰與不足
天家福力大豈謂區區數萬貫與百姓爭一旦

命乎近因總約煩瑣人不知遵謬具八款實出苦心惟長者教之

鄒南師

學問不妨忙中做却從靜裡得古人學如不及猶失之欲罷不能末由也已政忙中做也而必于默識必于省私則靜裡得也然靜裡做得無分數到忙處便慮手忙脚亂不肖初焉每當忙亂時便尋箇不動法而愈忙愈亂及至忙亂過去一一從頭理會光景隨處了

然乃知光景自在只人自忙中錯過若時時看得此光景分明自然忙如是靜亦如是眞如水流心定花落意閒不肖每念及此未嘗不思久在忙中煉去亦自有得而至于擬議處多終是見地未澈揣摩之苦亦繇學力少融所以急急思歸不徒爲精力稍留計亦欲更從靜處再尋繹耳清夬一議再疏始得一覆雖蒙舉朝以爲急務而當事尚阻人言猶未知其所覆者何如也容歸與老師細商之

解羅兩先生事原來爲中瑠所弄甚傳
上怒幾欲以薛西原事相加日得葉師東始知
之亦可咲也然在庭諸公見教無不動念者
即部垣亦許相機行之或諸先生之靈猶在
耳

馮少墟先生

老先生以出處卜世道者也今即一去千古
而百二秦關已隱隱負東山洛社之重政不
患無出山之時患非其時耳天挺眞人兩鬓

雖如銀而丹顏艮背政應淸時壽朋此回闕
中薪木自存春風一度政好灌漑舊本拂拭
新枝公門桃李芳菲應不徒三徑松菊已也
不肖承乏河東春間以
陛辭一疏稍稍發明大干
内怒賴閣師力捄得免初意卽思乞歸計從鄒
師于青松白石返其初志而相知者以爲近
于懟不可旣又思此地屬正氣所鐘且晚聞
諸長者一言之壯猶愈于負千里笈故芒然

且来以從未親吏事之人一旦肩此重任如深山老農忽被人牽之海上一望風濤不勝股栗惟老先生循循教之即来欲以文學兩會責成地方賢者尚不知能行否弁望老先生指示

劉范老中丞

不肖以是月初九履任初八駐安邑即知有蒲州之事而蒲長與守東具在也不肖即正色謂守東此乾坤何等時尚作此太平禮數

是夕卽催蒲長星馳還州蒲長還遂一似欲請劍者不肖力止之曰此亂民走嶮矣尚可復追追則愈走愈嶮不可收拾且本院久聞此中有懷叵測者恐該州不能擔此錯也無已先出示安戢俟其糾漸觧而後復議擒擒則迅雷不令掩耳得其一餘可勿問耳蒲州悵然去不肖復再四與守東言之來朝復任訖卽追守東還部矣未幾守東果以詳至不肖如議批去今幸爾無恙但聞此中梗者甚多

而其首郎一青衿何書生之能制衆命若此耶兩西從尚勇敢如此光景更出意外恐將来有事必此輩也朝邑昨到見問之乃知兩地不解之爭方来未巳不肖殊以爲慮蒲長秦人其收六人斃一入皆恐爲蒲衆所疑而蒲長一往之氣亦似未可降今欲議罰自是政體但念露刃辱官逼城奪犯之子弟未能一問而先屈其長爲人上者不亦難乎鄙見如此不知初受事人尚須一言否惟翁臺教

之

孫拱老中丞

主上冲年一切近習不知大體日來撲兵科之

頭辱工部之堂逐封郎之去如此光景閣臣

竟無能申一字之救正眼見此輩猖獗無紀

而又益之以千五百不能足數之新閹無法

以馭之日驕日縱幾不可問恐將來蕭墻之

禍必自此始翁臺謂天下事可憂乎不肖歸

思久訂只待家中丞天津消息一動即借題

作文而一日在事一日未敢少息已擬中元後循故事一按閘中當與翁臺遥對于月白風清之下賦秋水兼葭耳

朱平涵先生

念先生在湖無異司馬居洛今既相中國矣海內人士平日所手額而歡呼者固未嘗不願相公之厚自樹以荅人而亦未嘗不欲相公之重自愛以活我世界至此似尚支撑得住人心所歸即是天意盖不能無望于先生

之靜以聽之貞以居之耳若不肖野鹿之性
于山較親卽今河東之役亦屬勉强叱馭之
日已訂入山之盟今行有期矣

劉是庵相公

書生自不諳吏事芒然而來負此任重旦夕
氷兢不知何緣結此一局歸向南山之南凭
几竹窻下榻松屋稍稍料理經史闊畧性命
欠缺而又以其餘爲課子灌園計生平願力
大要如斯此非相公知已之前不敢作是語

亦非相公推心之極不能信是言因簿書倦
餘剔燭具牘不覺饒舌及此盖肝膽所欲傾
處卽孟賁不能捫其朕也邇來大義漸明正
氣日昌葛藤旣斷籓籬自固世界至此猶是
二祖十宗之靈川貴似有次第惟朝鮮易主疑
是奴大撒網處今我聲罪不能要約未得鎮
江以東不知所底萬一東屬一離西窺日近
恐關門津登之間終無安枕竊候冬春之際
似不能無迂慮耳相公以爲何如

司空鍾龍源先生

國家濫觴之極採藥之難無如連年選用畸人今大勢已成後患叵測若老先生必不能爭此輩盖且得志將來流禍縉紳莫知所底則今日權于行止緩急之間有不容不爲老先生加珍者幸無謂後生小子之不請于大道也仰惟崇鑒未一

大宰趙儕鶴先生

大宰百僚之統而四海之均也統者同也謂

其能化天下之異而歸之同也均者平也謂
其能砥天下之陂而還之平也夫天下原自
同也原自平也而人乃于其中忽起一意焉
以爲異忽出一徑焉以爲陂當其異亦未嘗
不以爲同也當其陂亦未嘗不以爲平也而
其中意之所畸一似不能化之而使同徑之
所趨一似不能砥之而使平此豈眞有難同
耶有難平耶抑我先爲不可同以待天下之
不同先爲不可平以待天下之不平耶老先

生爲山中大宰者數十年其視天下異同平陂之故不啻如寒暑之以歲晝夜之以日代也顧天下之所傾心老先生者原在異同平陂之外乃老先生之所注意天下者亦即此化難化砥難砥之中以不肖覩于異同平陂之際至今日可謂砥化幾盡矣倘謂猶有未盡化未盡砥者則天下更無太平會同日此不肖所趨首拭目于老先生者也日聞新命所在手額況夫荷禮樂甄陶之素辱道義

合葢之久如某者乎其爲世道
國運賀何容言旣
總憲孫藍石先生
大宰進退天下者也總憲彈壓天下者也老
先生以總憲負大宰之望者十年而今以大
宰兼總憲之任者一日天下之所憚老先生
者彈壓而所望老先生者進退乃不肖所祝
老先生者以彈壓之柄收之總憲而自任天
下之重以進退之權還之大宰而隱留天下

之望是則區區一段芹曝之自獻耳既聞
新命不勝世道
國運之賀惟是不肖職在馳驅日逐塵走馬蹄
所至間亦思行吾所學以不辱
朝廷一日之命負師友十年之誨而智盡能索
猶慮不知是德是孽旦暮引領惟老先生有
以敎之

副院鄭玄岳先生

陰陽消長天之數也世界豈能必盡陽而無

陰但當其熾則思防之而處其微則須振之雖緣人事寔有天意今政當審爲防而厚爲振之時耳顧靜觀機局一似天意有屬而不足爲過慮者惟老先生凝然處之日來

新命原不足爲老先生多而國運世道政自可卜不肖聞報喜躍不知其身之在車塵馬足間也

禮部公書

嘗念典禮通乎神明名法切于世道造品不

眞雖孝子慈孫不容阿其所好持議一當即
時久事淹轉覺廓然無私如敝鄉解大學士
羅文恭補謚改贈兩事眞
盛世缺典館閣遺事不徒敝鄉先正以此諄諄
傳戒即海內巨卿故老所嘗切切注念者也
而事之隨時錯過常因待人而行不肖非遭
逢
聖明倚恃名碩念不出此固自不肖有激之深
衷而實以補敝鄉鄒總憲先生前牘耳至于

羅司馬吳聘君及會大理王太常與梁之尤
孟兩名儒皆衆著急議猶未可當老先生而
失之者敬附以備參考考而後知不肖之不
敢作孟浪語以混
聖聽煩清襟也此天下萬世之公論惟老先生
採而加察非敢以小人之一言邀重已者仰
冀留神

少宰鄭方水先生

人之趣嚮各有所嗜而聲氣不能强同如不

肖叨冒仕路者十年閲人卽不爲多受益時復不淺要其中求如老先生之精心鑄古虛懷治世取善如江河之莫禦愛人若雨膏之不遺眼中之人指難再屈至令不肖以對非之下體謬辱芝蘭之薰收有扣必應無言不眞則是不肖生平所遭父師之外無兩而中心之藏形軀都可盡捐者也不肖十五志學四十無聞視此鷄肋之役眞同駒轅之扼南山之南與鄉先生相期良久徒以

君恩難酬臣躬當匪不得不勉縻此二百餘十日之官俸了此五千數百里之路債其間知盡才竭不敢自愛而作德作孽惟有天知所恃惟此一片不自欺之衷以報

朝命而對知己耳今瓜期尚爭兩月而尊恩不能一朝業已借家叔之美題援一例以乞避旦暮翹跂葢不無望老先生之早爲玉而成之也未一

司臬王憲葵先生

世道清明之始時情陰晴未定向者啓事一
借不肖亦疑當事大熱恐反不能保全世界
今不患
聖意不轉患吾黨精誠未至神氣不固故當再
須以養之到得安車臨芮城則是天清地寧
時候也不肖此番奔馳毫無所裨于地方惟
所至以先生之靈得與諸君子相尋講求虛
往寔歸頗慰懷來且幸世道有靈到處與起
風斯可矣河東爲

三聖人道地而學會泊如不肖近有所構少宰
師已相期春歸爲信宿之會想當不爽若長
者之車則心切跂焉而未敢必也今將何以
教之

劉方壺年兄

世界若無人挺身擔承寔若無箇眞心實意
如年兄看得透拏得定着下得穩隨所展布
無不從眞實做出亦無復慮有窒礙去住將
見百二河山會有一番清明而使後之聞風

而起見標而趨者亦各有以自見則年兄之
明德遠而功施宏也

大司寇喬鶴皐先生

世界清明不必山中無君子亦不在朝内絶
小人只彼以其富我以吾仁彼以其爵我以
吾義並育不害並行不悖便是廓然大公故
今之學人與其務敵人之黜莫如慕守巳之
舍即不勝人亦不失巳但巳不失即人亦自
不須勝眼中光景惟是銓總各得所託而老

先生又處不爭之地而寔負至重之望有識

合轡同志彈冠何容言旣即今

沖聖在御百傾待平于嚴明寓昭雪以解釋行

平反即此便足存天地生生之意而養國家

和平之福斯天之所以優明德也後進渺識

不知有當老成遠衷否尤孟兩先生事已再

四逑于兩臺使而尚羈會

題至小疏之干

大怒則在常情之外雖爲當事所批抹而言已

衆着且

旨內有非地方人才等語又更無妨于兩先生之行止也呂惺老不知會易名否此不肖髻年所心師者向者小言悔不及此便間望有以示之

僉院楊大洪先生

不肖十五志學今四十無聞每念學必通之天下而後可語大而通之天下者未有不本諸身葢不徒爲天下之能信我任我而惟思

我之足以爲天下信天下任斷未有自家一
身信不過任不眞而能使天下信且任也自
辛酉春與老先生雪中一別不知經幾番陰
晴幾番風波始有今日每與鄒南師爐頭床
頭喫緊商確只是以轉移世道爲大學問眞
可泣鬼神而對日月就中潛消默化聯絡調
護雖皆行所無事寔不知費多少苦心令長
安諸賢者多知之但知之有淺深耳而好機
方動惡趣遂生自孫王鄒馮諸老振刷去不

肯已决意拂袖今高景老黄黄老左滄老與
鄭副院先生輩猶能言之所以不忍遽去者
以
二祖
十宗之靈於昭于天使一派老成後先乘運而
入覺正氣日盛而吾輩三年之苦心為有在
故勉強于役一番以報
朝廷而吝知已今草草之局結矣賤性多呆喜
逸而善勞毎念天地生人從無有使之逸而

能有用于世者故自入河東無早起不數星無夜卧不聞鷄每行事到不能住手處便思山中事比官中較多若不及時歸理恐後精竭神疲愈多而愈不能辦故今日所欲歸從師友于青松白石間者豈敢謂求天下之于我信且任惟求自信得過任得眞于一身耳然此肝胆語非老先生前不敢出也伏惟崇

鑒

鄒世兄

弟髫年從吾師學。積漸二十餘春。近做官、乃知受用。如貧子、每日討得幾文錢。緊收腰纏。到手用時、乃知此物不是死的。而又深悔前此討之不及時。收之不大固也。則又如尋夢者、記着一段好景、恍然過之、眞可快心。因念兄此日、時時好討、處處好收。切莫覿面錯過。到後來尋夢、便駟不及耳。弟少時頗有根器。常若憧憧過去。不及灌培。年來稍知自立。近于拨攣到處、與諸有道講求。殊有憬然。故將來乞歸。欲朝夕吾師、再商討箇眞實下落。恐終日尋夢、到底失眞也。小兒屢荷垂念、弟數千里外一切丟下。只此一事、無時無地不切心。平時不會孝吾親、此日方知親恩重。弟嘗謂今人莫説能報親、卽知得當報不能報、亦是箇賢子。所謂報者、只在能體親之心。能體、便是能報。弟向不知體、今會體得遲來。言下愴然。此弟肝膽語。兄念之、無以爲迂。

大司馬趙明宇先生

今天下凡官皆可勉强做惟大司馬勉强不可做凡官事皆可勉强勝惟兵事不可勉强勝非智不能謀非仁不能養非勇不能任必兼此三者而後可與幾老先生之有今日也天也非人之所能爲也而今日之信老先生能做能勝者亦信以天也非人之所爲信也今日之所爲做不在東夷不在西虜只在都城之内與肘腋之間今日所爲勝不在謀戰不在謀守只在隄防國内之人心嚴明各營

之軍政覺察衙門之掌記與磨厲眞正之豪
傑如是而已卽所謂眞正豪傑者亦不徒在
兵不徒在將不徒在謀人策士只堂屬之間
體訪得眞信任得過布置得當如是而已凡
此皆老先生所饒爲之而不肖猶喋喋効口
給者以事勢至今日可謂極危而安極傾而
定極紛而一極難而易若至今日而猶不能
做不能勝至老先生而猶曰不能做不能勝
則甲乙傳舍朝暮徂公豈國家之福今日雖

欲不披肝露膽于老先生而有不能恝然者諒老先生之信之聽之有日也

少司馬張蓬玄先生

不肖十年前知有張堂邑先生知老先生品耳今讀移愚録始知老先生之深造以道而自得之也我輩學問不日進則日退更無畫處著脚如翁臺所自云二十五爲司李性樸而志未定三十四爲吏部志定而氣未充四十二爲選郎氣充而養未恬政是日進夫學

患在自信不眞耳信得未處便是已至然則翁二十五而志定三十四而氣充四十二而養恬用功不爲不早得力不爲不敏今受用學力處不爲不深將從此日進日養日恬直是知命達天時候當此世道危疑時事搖杌之日翁臺毅然以身任之地高望重學充養粹一言勝人千百言一著勝人千百著轉移世道培養正脈銷融戾氣非大力人不可天下事自是我輩事到底亦不過了得分內事

知翁于此念復不淺故敢以不揣之言進亦知翁不以爲逆而吐之耳不肖幼而知學壯而未聞道今四十過矣尚茫然莫知所得力也邇以周爰之暇隨馬蹄所至與諸有道間一會聚頗覺受益至關中書院與馮少翁周旋三日眞爲暢意少翁初報起而旋報巳不肖深爲之喜此天之所以玉老成也向者歸山之堅而今還
朝之速無論少翁所不肯受卽諸有道相愛亦

不必如是其急耳翁臺謂何如

報劉范董中丞徐孟麟直指囉喇賊事

不肖以十九至潞詰朝方行學而會中州按君檄至謂衛懷之間盜賊日熾近有借囉喇爲名挈屋而食適獲輝兩邑募勇而少謀不行關會遽以鄉兵臨勁敵夜半搗巢中賊詭殺官傷兵挺而四走則盤結于大行之十二回八澗嶺等處時方集兵力勦恐其南竄北望未免流毒澤屬謂須澤屬及早整兵夾而

擊之庶乎有濟一似不容須臾緩者不肖一
見駭然未辨虛實卽立訂巡南道星夜馳澤
一面點兵設防以戒不虞一面探定虛實再
受方畧想二三日間該道必有以報聞而不
肖以兩地相屬責有所歸不得不被纓從事
顧得無徑情乎大行介在晉豫地易嘯聚今
一寇不足憂而將來則可慮此兩臺事也特
在同舟敢以爲告此諒寇老自有方畧耳未
一

王惺所司馬

兩河士習沉潛眞摯知是一二有道先生甄鑄其間如翁眞脩峻持力扶正學不肖神往已久日來與呂豫兒相約聆略大義而豫兒又以貴恙爲慮若𢙢然一過何異寶山空歸

討冬春得

請東歸當便道與翁爲一日之會然翁臺則未可以往來禮數相拘禮原不爲我輩設耳吾輩一生行藏無定惟此學不可須臾離故親

師取友隨時隨地常恐錯過翁謂何如

呂豫石年兄

弟向謂下手須知罷手難近思之有罷手難所以有欲罷不能樂顏子欲罷不能是顏子樂處也仁兄世間大聰明人學問有本領功夫更切實所以一日勝人千百日一句勝人千百句細讀口占與來諭雖孳孳求下手實著其實已在欲罷不能之樂境矣想仁兄自知之不以告人也弟一路頗爲諸君子所不

弃卽隨處一會亦自有不容罷者但恐道聽途説終落口耳障惟心知兄弟時時有以振發我弟于兩河得兄猶關内得馮先生也匪佞匪佞尤孟兩先生事卽日商之梁冠兄然此自我輩事兄但寬以須之耳

梁冠林年兄

覃懷一晤如牛女七夕至焚膏繼晷而終不能免麈手之黯然别後之縷縷則所謂引之而愈長却之而復來卽吾兩人亦不自知其

所以然而然耳學自是我輩家常茶飯講如是不講亦如是且有講而未嘗講者有以不講而實實講者弟向亦偶隨一二鄉紳諺意相拉一行之而其不行處尚多也何獨于覃懷而以為缺乎居敬一語弟受益無盡此政弟生平所從事未能者而吾兄更一提而醒之則是所謂不講而實實講者此耳此後願與吾兄交勉之

蔡元老中丞

陰陽消長天之不可違也惟陽至而長則天之心也君子見陽而舒逢長至而交賀則人所爲見天地之心也老先生生陽月而官陽地固已秉天地之正氣而納海宇于冬日矣當此陽德方亨政屬君子道長凡在照臨之下並懷覲揚之思而况麗澤之深仰止之切如不肖某者乎據案率謝未盡所懷

馮復老中丞

不肖向過雒聞有曹月川尤西川孟雲浦三

有道先生蕃伊維真源也而儆同年呂豫石銓部更津津言之不置謂日來已建祠矣三公中惟曹巳得謚而尤孟未也此自今日急須不肖應之曰此道弟自不涉但有主者在耳壽別未數日而呂又以其文來且欲不肖聞之翁台而不肖未敢徑情也壽晤梁冠兄于覃因以其文托之言于左右想徹清襟矣當不肖過雒時曾有一草爲儆鄉羅解二先生及一二名人具

請者爲銓部所見銓部即欲以尤孟二先生爲
附一語不肖且聽之敬呈台覽蓋知翁臺于
此意更不淺耳倘台見以爲可或未免一
題幸附一賤名見意

大宗伯鄭方水先生

不肖野鹿之性原不受羈山雞之肋久已自
厭顧歸意雖不自禁而回首五雲時懷西方
美人之思以今視昔好景日生某即退處林
皋枝草卷石亦忻然有起色矣解羅兩先生

事終是
聖朝缺典館閣遺事不肖非以鄒先生前議亦
不欲倡此綿撮不知此何與
聖懷而當事者以爲
大怒不敢違率爾抹去日得政府十行殊爲泉
下人噴飯此不可當老先生錯過也若清丈
一事辱長者至敎拳拳殊有心銘今且聽當
事者之自爲行止耳不復以抹時之針爲齊
門之瑟想周官周禮必不因宇文荆舒而少

損也承雅意復爾瑣聒未盡

中丞韓叅老公祖

今時事之孔棘者誠如尊諭莫兵餉若矣顧餉在商猶取之兩利耳惟餉在民而徵之無厭誅之獨苦非有心人于無可柰何中時時調而劑之撫而摩之民之得免于兵火而無逃于需索也倖也此敝地所爲依泰山喬嶽人蒙蔭而未知也日者不肯以加派之苦計及清畝責成之苦計及酌罰一疏

上見俞而部不覆不得已再申催
請因以爲督學驛傳兩公祖地自知微言不足
以上動亦聊以行吾直耳若此法不移目前
未必無一二流水之利將來窮而思亂迫而
走險恐一覆不復可收也老祖臺謂江右何
地能堪此天人交若皮骨盡銷乎宗祿爲累
已非一日兩藩之釁政防其漸卽此一事綢
繆而豐公駿烈已不可磨萬里征人徒有東
向手額而已

劉范老中丞

日來秦梁一路所至與諸君尋會稍有利澤其在馮少翁則信宿相對耳不肖無用人百凡只仗學問作主而學問又不能自做只仗親師取友作主此肝膽話非翁不敢以告也楊周王劉諸君子並還朝矣可喜可喜

徐孟麟年兄

弟自七月離河東轍環五千數百里不知作

何狀徒惱亂一路驛子腸耳昨從潞來有一言奉商者此中胡椎官有品士也一病纏綿苦無痊景身念雖重而名心未斷故尚偃臥一室使其在考滿後可以設法求歸乃滿期已過而不敢申文者獨以未見年臺耳弟語大守曰按臺仁人必不以是相督而郡中不敢也弟昨過暴襟兄乃知其清苦狀至典衣買藥弟爲之心酸聞此君自來郡不受人一文錢耳不知仁兄能信弟假之面呈罪狀姑

准一考再看天意乎弟與之同鄉又其病自弟入境始故常以爲切己痛癢惟吾兄念之知有同然也未一

孫大素督學

日自潞來有一久鈌之典須與明公商者潞之舊守會見虞先生諱臯者眞有道碩儒海内第一流品也其居官狀郡紳程徵源門人綦襟漳兩翁並能言之不佞但聞其單騎出潞拂袖入山事與所見角巾布衣四壁如堵

日與一老兄瀟瀟白頭相對而已今起官至冏卿堅卧不出不惟官况如水亦且衣冠不備不惟有司不識其面目亦且鄉里不辨爲官人蓋性命之學原有眞得而躬行實踐猶其本體此而不爲之留姓字于并州則于潞爲遺事而我輩少直道矣日聞程暴兩翁已相約舉呈其所呈行事非不使所得逆不使但據所知有不得不爲門下告者知門下于此意復不淺也

秦殿下

宗子惟城首藩獨重猶衣裳之有冠冕也寧惟是形勝百二必藉金枝森秀玉葉吐奇以爲麟圖寶牒瑞乎勸學廣進二說日來向老殿下諄諄言之業蒙不鄙近見宗生在學落落晨星殊非職攬轡西來初意因再四與當事者商訂廣開薪蘸以爲首藩重至查前案乃知猶有已經入闈尚未送學者若爵宗誼洦敬詮誼潒敬鐵誼余存坏等則書傳所謂

學養子而未嫁之説也職反覆思惟不得其
解蓋在
聖恩浩蕩于親親中特加賢賢開科設貢網
天潢之麟鳳而敦水木之本源豈有他意亦曰
本支日衍禄食寖薄不如是不足以開學禄
之門而廣樛羅之路耳迄今各藩菁莪蔚起
珠王錯陳朱邸半青衿而奉璋盡髦士梁園
菟苑應拜下風其誰非老殿下今日之况榮
萬禩之道光也而又何待乎若以王孫折節

廣文嫌于褻體則臨雍之拜
天子且行之不有職向者
天潢之俊宜賓一疏乎內明言宗室自中尉而
下有志進取者亦既讀卧碑之文騁虞門之
步矣茫茫仕路恢恢天網何可復作羈縻學
士之術絕鼓舞英雄之路乎業欽奉
明旨煌煌史冊歡呼快覩已傾海隅不謂以秦
藩之重以老殿下之賢猶有未讀卧碑之中
尉似亦宗政之遺事而

盛典之闕節也職議起于昔憂慨於中敢盡布
腹心以效忠告伏望慨頒
令旨于一二日内將誼洊等速行送學俾職獲
觀其盛將籍手以報
朝廷庶幾不虛往時之伏蒲與日來之曳裾若
采芹盛舉緇衣令名則老殿下受之矣職何
敢貪天之功也

惠元儒掌科

數年與翁兄相從于悲鬱憤懣流離孤危中

道義骨肉生死肝膽古道于今有一無二世界至今似尚支撐得住我輩當天下事爲于不可爲固是難事若可爲而不爲亦非中道今天下事尚在何當閉戶兀兀作老蠹魚乎弟志願不敢後人而學力多未能信今春一疏忤
旨雷霆之下不敢徑情言去故乘此輶軒一過與馮先生促席信宿邇來司空踉蹌刑餘大勢巳成加以

聖恩濫觴小人日侈
主權旁落老成不振即一考功不相涉之
怒而亦不可回至今盧黨乘機促令出都聞明
衡手抱呱呱不瀰月而走光景如此不知誰
與發
聖明之夢而抒忠義之氣乎此事若不可爲而
實不容已于爲者翁凡于此想見之審也

張心虞有道

吾道在今時政揭日月斯文于此地更屬淵

源而一路尋訪空谷足音不無跫然然至翁則往從安邑曹老師已獲耳食近于關中馮先生饒有心聆徒以眞人天際不得一促膝譚心爲悵惘耳世界近當淸明翁既不行義于

朝何妨達善于鄉不知河以東可使一借羽儀否則是不佞所欲頂首皈心而未敢遽爾者也倘得枉重卽三日春風勝于一夕雪夜耳便間其有以訂之

陳紉白督學

先西平王塚在高陵傾圮不堪聞有司春秋之事俱搭蓬爲殿可咲也頃不得已爲之所亦自不爲地方慮惟查有司每來祀事本家衣冠寥落僅一二撲簌之老農頂香道旁殊不雅觀則奉祀衣巾以西平之功德在茲或亦可徼今固不能無望于仁人拂拭之倘從此繩繩相繼許令自行呈乞使勳舊之後不至墮落塵泥年兄明德遠矣先西平雖從事

戎行而當時列在文職兼軍國而令中書至
于封王之後猶贈大師則其勲勞可想見也
抄來裴晉公製文奉覽不知還知會兩臺否
幸弁示之

李燦老中丞

風景愁人每來可怪黠陪𠜲着一箭已下三
鶌中權之勁可知近頼銓總相繼有人虎豹
隱然在闗則明月雖孤懸天末轉聆自動浮
銀海幽草即深歸曲澗亦隨時揺曳春風耳

嚴氷在庭寒色當戒千萬珍重

歐嶰谷掌科

年來世界雖未大見淸寧然公論日著正氣日舒使一切邪說横議不得有所逞以亂人聽吾黨卽落落晨星猶不至與螢火爭耀則所賴于諸君子之力不小也弟一出春明兩眼如漆今方馳驅秦晉大梁之間稍稍一了故事卽圖

請乞而一日未稅舍一日之逐逐作苦不遑寧

處知已如翁何以策其未逮乎李王兩兄眞鍾氣而來者吾鄉涂陳兩道長皆具骨力人翁與曹心兄不可不悉心與之商確況有老僉院在自能提衡其間也卒復未一

劉文石年兄　讀此過來人語眞切有味

弟自入河東日纏綿簿書不意偏于車塵馬足間饒有會心吾輩在仕路轉覺學問喫緊轉覺親師取友力大前不知而今知之又覺悔不及吾兄加意做去當知政事與學問原

相關斷非相妨者願吾兄留神弟不久且尋歸而求之矣未一

張芝亭年兄

仁兄故是到來入信手拈來頭頭是道若弟則如啞子學唱自意雖明求一字之入人耳不可得也而何同心之應一至于此此祇以見仁兄之虛中不擇受乃弟則何以報塤篪雅誼乎弟幼志學壯而未聞道今欲老矣邇以馬蹄所至隨處彙拾微有利益始知吾生

親師取友自不可須臾離學不日進則日退再無一中止地令人著脚矛歸去賦此久矣願吾兄共勉之此道未嘗不在山林而偏于仕途得力鄙見如斯非心知兄弟不敢以告也

沈芳揚憲長

仁人心心爲民言言刺骨我輩自無二三但事經

舊制未免費知許轉折且不使後日更有起而議者故須再四酌議妥當然後可耳大都鹽不苦于須鳳之行而苦于拾邠鳳之遺援邠鳳之例以不使之褻意自須竝請但酌以事勢恐未必兼得也業巳付守東道矣憲長視其行移當知不使愚衷幸便中轉一語速之可耳

劉翼白關南

讀詳而知仁人之留心地方若此其切也不

佽一片戇衷不敢後于觀察固當斂衽服之矣但買川納解猶之乎用解行川耳充類之盡誰非欺且拂者且以川院爲不佽舊父毋又同年莫逆即能勉行之于今恐不無議其後使後人以我爲口實則不佽安所逃罪不

題自不能行而

題則又恐莫必其行今欲爲不得不

題須是持不得不行之議乃可則在當事會議確訂之也至于防他處之聞風而援例與解

引之鹽價稍異等語則在報中更煩說破不
知老成以爲何如未盡

王繕部曙東兄

來諭此中鹽弊弟所不解卽心能解之而口
不能言之惟見人有以此相向者則斂衽受
之耳劉公深情遠思不肖節節敬服但此事
必須
題請而欲爲不得不
題須待定不得不行之說而後可不然我言之

而內邊不即行則我爲無色即今日能行之
而後日又有議則我爲口實坐此沉吟不得
不行各道會議俟確有成說乃敢執簡從事
也弟此意自不淺身在井上而袖手看人下
陷世無此忍人仁兄知我素矣

沈芳揚憲長

我輩學問不日進則日退只做得有分數隨
時隨事可以受用政恐日不足耳承諭敬服
惟是不佞之于此道不敢謂未嘗從事但學

淺識闇而才又不足以充之往往隨馬蹄所至輒思求一言以自壯然一暴十寒日知月亡究恐寶山空歸竊有餘惴至于君子小人原自易辨而非不肖所能及此獨云制不如服服不如化則千古至論不肖中心藏之矣

又

承諭此地方㝡切之利病。有心人不易之議論。不佞方誦服之不置。鼓行之恐後。何至更作不必然之顧慮。惟念天下有明知其當然而不能遂以爲必然。有此見以爲然、而彼見以爲不然。有上見以爲然、而下見以爲不然。有今日見以爲然、而後日不能保其常然者。此道是也。即不能一一而返顧之、而不得不再四商確其間。使異日不至有彼此二三耳。然在我則更無二三也。憲長今且與當事者熟計之。計之詳妥、乃以見教。俾不佞得有所據以

上請、便是要策。無復他疑。憲長謂不泄不忘、不

倖其何敢當不倖則謂無惡無厭欲與憲長共圖之。

馮少墟先生

南北陪推二老一似欲以一去存世道者身在仕途憧憧無一相當若不藉此學作主真疑與塵俱飛不知所著

王惺所司馬

來諭謂不肖一過開示剖抉人人鼓舞夫開示剖抉不肖何有所望翁振衣登壇使地方

諸士各能自鼓自舞于舞雩春風耳學在立
志立志在能自信故任不重道不遠不足言
好學便不是篤信信者何信此志之所立也
志所立既重且遠自不至將第一等讓與他
人而自做第二但志第二便恐愈趨愈下拖
泥帶水一墮于聲利氣習便不知流落何處
去則雖如餘姚先生所謂安頓其中而有不
能者故學問只有最上與下兩地更無一中
止處可以着脚然則一息尚存此志自不容

少懈是則翁所謂先立乎大之說也顧大不是空空說須實有箇立處方見得果重果遠果不能奪若只說箇天地萬物一體而無誠敬以存之則堂堂如張便難與並爲故爲之難言之得無訒乎愚謂必先有箇存之而後能有以立之所謂未嘗致纖毫之力者存存不息也即所謂忘敬而後無不敬也非謂一無所致也我輩自立志後所信得過處還是致力我未見力不足處便是能立翁謂何如

依仁新地光景若何不肖將望而趨矣幸翁

留意

總制李介石先生

國家留意邊事政如醫家運氣一處不到必

有痿痺不仁之患今之精神只一幷用之東

隅而置西事于度外雖人情事勢使然夫亦

知有老成人在遂覺無事此迂遠爲耳然撤

桑畜艾政須從易處著力視彼平居悠悠一

旦事來則脚忙手亂何啻勞逸百倍故精神

無時不用而後能無處不到亦如運氣者一息不貫便慮斷絕此亦今日之明鑑也日聞新命不徒爲世道慶政爲邊事喜蓋鎖鑰非公不可而綢繆于今爲烈耳遥瞻闕門紫氣殊有踴躍

蔡元老中丞

向尊教謂人心惟危恐墮落人欲便是以父母之遺體行殆乃忝所生之大不肖毛骨悚然既又謂內省人欲之根未能斬斷而行解

爲二常費收拾終爲罔生不肖又茫然嗟乎翁臺尚未至伯玉無非可知之日而已勤武公作詩自儆之意其用功何大密而行法何大峻耶顧不肖謬謂道心自微微但當使之著人心自危危但當使之安政如波恬自澄水定自明若一慮及墮落便思斬斷則無論大虛中自多一番障翳亦活潑潑地徒增如許滯泥及覺眞意遏抑生機枯寂非性天之福也不肖嘗謂道既率性安得有離即戒愼

恐懼亦非別有持循不過時時提醒所爲須更不離而已記得往時吾師鄒先生坐間有生問求放心者先生忽呼其名生輒立應先生曰爾心自在曷事外求此處并行解亦無從分何事收拾到恐一番收拾翻如池面之萍拂去復來不著不安爲轉甚耳不知有合翁臺尊旨否倘有可以發吾覆者幸不弃而終敎之

呂豫石年兄

終日憧憧若無暇刻雖欲時復一搦管商訂而有不能也安得更如弟子時行有餘力以學文乎以此見夫子所謂夫我不暇非是謙辭蓋實語也諸義常于輿中再三披閱受益良多然畢竟不能賛一言但令人録一冊于座左時時捧誦耳

鄭實符守北

事變之來原自意外彼鹵莽冞入者固其自取而孟浪傳報與棄擲不顧者恐亦不能脫

然以謝死者也虎穴雖空豹關誰當路徑一通飄風暴雨常未可期此叅政今日慮耳承眞摯之諭足徵綢繆深計不勝嘆服

鄒西安

世道自是我輩責任但學問淺深見地漸次則須各人自家理會原不容一蹴亦自不得强同今之開口說玄說玅說不着勞力者皆論其理本如是如袖裏一珠不摸索亦不得也不肖十五即從鄒南師遊日日說學今四

十餘尚一無所聞大叙真實懇切沉潛巨麗以風世教可耳若區區小言不足以當之也

史蓮勺道長

日纔休車得近刻讀之塵襟一時消盡翁非以貧賤驕人者貧賤得翁自足驕人耳如不肖此日所據則翁所到來者未可謂之富貴而亦未嘗不謂之富貴乃不肖則亟亟欲脱去之爲快而實不自知其意之何以至此不肖安能以貧賤驕人者但只覺貧賤中要做

之事尚多于富貴故惟恐不得及時赴之以遂其欲充滿其量則翁所謂何暇問富貴眞玅言也然翁似又去貧賤不遠矣而不肖則方欲入之而恐不深者近已借家少司馬之

題作文乞歸

疏上而諸老不爲覆蓋爲不肖復

命完差地而不知此富貴貧賤之介不肖所不能一朝居也

楊範我神木

時事至今日政如歲防饑而夜防盜也惟能防而後能有備無患故氣虛則病入木朽則蠹生有心人作事常于人所忽不加意處獨力持之非好事也有所事乃可無所事耳門下當此險阻力持于先事謀成于當機固地方之福也

王愚谷巡東

孝道至大任吾心所至不能報昊天萬分之一故只有隨時隨地隨心隨力黽勉之一法

若但憑一念所至往而不返流而不知節則前念盡廢并一念亦無當孝子之心或不若是惣門下天性篤至當此無可自致之日須求無所不致要未可但憑一念之所至耳千里歸途一惟自愛自愛即所以報大翁也

孫運使

三聖人道學之祖而此地自曹師仰節數武外竟寥寥士大夫皆好脩而皆相忘于敬業樂群之外此不佞所未解不佞性埶而意呆欲

極力一振然不爲之所後將空譚故一堂自不可少也有堂不可無室故前門中堂後室必須三棟棟之兩傍隨處宜廂以便止息及書記廚治之類此諒職事自有妙裁運司冷淡而院需頗消索日費亦自不給故不欲以此爲地方慮近查一二别貯差可應手而非足下爲之區畫即有才無所施耳見來札甚喜但射圃自不可廢亦須有地以建之而後可今即用其地不可仍其陋其間增改潤色

未可惜費但用之得其當督之得其人爲要
也周垣以內聞地寬宜種竹樹亦足粧點育
才舘增脩數楹想成矣惟
三聖人所居尚有志而未逮也容再商之

又

天下事非止一身一家事而幹天下事須持
一身一家心以足下之實心實政知無不做
做無不周卽自不佞出河東後爲日幾何而
文學兩所色色改觀使逐塵而飛之人坐享

其成其功德寧止一身一家者比乎縱執事
自有至念不以爲勞而勞自獨也王鹽差官
事昨已當殿批鱗人謂從前未有此敢言者
王只謂各省皆有官差此地一止他方便難
行而不知官可差但不必皆中官也今以不
佞言于差官體面使費明去大半與一切需
索剥害盡從洗滌且開單來議矣不佞只唯
唯聽之而承奉諄諄又謂本院未開口不便
差官不佞亦唯唯應之計此日且行文本道

訂去此番且任其來看光景何如徐作商確
未爲遲也不盡

鄒西安

嘗念美質易得至道難聞晦翁兩語深得夫
子一生孳孳好學本意不知喚醒多少群迷
夫世之所謂美質者聰明也才辨也聖人之
所謂美質者忠也信也蓋但篤信而不好學
即不爲善道即是似忠信而非眞見得何有
于我我無能焉則此忠信入道之門即認爲

住足之地雖終日譚學祇同嚼蠟然則忠信到此亦尚有不能全憑處何論聰明才辨故知美質之不足恃至道之果難聞而後知學之不可以已也世不乏資性人而往往自謂我于此信得過不須更尋苦功夫去做究竟一無所得未免反爲資性所誤故參也竟以魯得之而賜只僅僅億而中讀來教知門下實心向學不佞翹跂

王愚谷巡東

兩河之間四五州縣與運城一帶頗爲福鹽所苦不佞一路所聞鼻耳都酸所以日見

福殿下不避逆鱗業已得其心動而無柰左右之難以理諭也昨已商之河南道矣俟其有復然後與門下細圖之便間幸預與運司計議運司于此亦有苦心蓋非我輩爲之主持渠但學啞子呑蓮耳未盡

中書科公書

紫薇郎署清切

宸居地貴而職簡古所謂右史也吾曹兄弟遭
逢
聖明入則親聆
玉音出則翻閱金匱此日從優游中料理異時
見紛沓處暇豫若非有賫捧傳宣諸
大典闕切職掌一叱輶軒即高車駟馬辟人行
萬里不足易吾一朝承明不知諸兄弟何以
席不暇煖卒相沿爲轉輸之役也不見夫大
行諸君有職外借差之罰乎中秘秘也謂其

養重而秘也大行行也謂其承流而行也今
欲慕行者之瀟散而厭居者之安重寧舍其
優游爭處紛沓遺其料理忽圖暇豫假異日
當天下事一着當前回首往昔杳如尋夢乃
始悔馳逐者之誤人多也此吾曹兄弟中相
沿之錮弊不解之大惑也此外陞遷行取如諸
大家世兄不居尚璽而爭轉部曹甲榜諸兄
不講明吏禮間推臺省均亭而令
祖制舊體前輩芳蹤杳然無存近得呂徐二兄

遥接金稱老一脉乃庚申癸亥兩考則遠不逮丙辰之甚此自衙門前輩之過其實諸同寅於未事時何當緘口不一申說乎吾輩心切臣時何地非安危之所繫志存衛道何在有升沉之可言但就官論官亦自有體體在而其義可顧名而思耳是在諸老省丈共圖之

上運司疏公書

河東爲

國家重地地連三藩事關各鎮巡方使者一歲之内强半按轡四走于中稅課之徵解文移之催督報納掣放之必清禁戢保衛之加嚴則運司事而席不暇煖之人第時從而考訊之已耳此何等難任而按前此各司盡一班孝廉結局折肱借途之輩夫孝廉折肱非無賢者但一謂之結局借途則意氣滋味即賢者亦有難堪而我乃責之以任重任難不亦難乎不肖受事以來頗費摉剔稍悉其槩于

是開眼露齒與諸司明明說破以安其心而行其志今事漸就緒因總司之缺請補併以

疏之

聖明伏乞台臺主持許爲議覆但求銓部以後孝廉與甲科互推而折肱與循良同升兩言而定所關鹽政不小至于今之選補則當事自有取裁非不肖所敢與也

馮少墟先生

我輩行藏原自前定而有道出處更非偶然

要以關世之汚隆而視道爲委蛇則先生今日之行有不得不勉强其間者日來少宰師還亦述諸君子雅意欲以原推相屬而政府謂奉
旨不遠又恐以爲抗而不敢遽自是正理亦合
尊意今之正陪四推皆賢人也此政可爲世道賀耳

督學陳幼白年兄

轉世莫若士士則爲鄉里之胥宇仕即爲公

侯之腹心故課士所以課吏也課士有文有行有行無文亦錄之而有文無行則弃之此督學者事也弟則謂即文可以課行沉潛者氣不浮篤實者詞必根正直者語無回互遒勁者筆自峭拔以養勝者必不樵拾入口吻以骨勝者必不工致于字句持此以往今日之品地異時之造至萬不失一而我且於其軒輊抑揚之中而寓鎔鑄鼓舞之意故即文可以課行也此惟督學者能之也承年兄亨

箎以金謹當襲珍非止爲弁簡而已乃所云予道以治者道不離治治不離道以入治人道之所以不違也猶之乎離文無行離行無文以文課行士之所以不失也此年兄所爲見之大也弟以治行道總以佐年兄以文課行之一籌故課士所以課吏也吾兩人所爲共成其是也然弟隨意所至偶得其一而年兄無處不周政用其極弟何敢擬焉

延綏宋念義大叅

今之翺翔仕路者盡文具耳此日眞正豪
非犯顔
朝廷之上則戮力封疆之間而其中削去虚文
聿脩實務破除體面獨存氣骨撇下毀譽升
沉一任智力肝膽即未必盡可盡成決不至
悠悠泛泛此門下所謂一日勝人千百日也
即來凌老中丞且至矣門下德不孤矣

姚萬涵比部
翁臺學行優長品地清眞向來一承

使恤不知活人幾數此日國門多故平反自劇
有心人政好從此中廣種福田爲
朝廷保養元氣出一無辜勝正百有罪將來取
償于螽斯振振應不爽也刑于時爲秋秋斂
也生意于此斂藏也惟斂能生于斂中求生
故生自不已弟嘗謂人只顧滿腔都是生意
樹到春到無處不花仁翁念之

王求如國學

風塵之中乃有高賢而又苦把一臂失之想

足下同此憧憧也世路悠悠所可自憑者惟此學問一脈此道如凶年穀用之饑渴乃見至寶布帛菽粟何處不宜人人有獸之者必異物也有心人且憐之切莫以是生異同念耳我輩脚跟要站得高眼界要看得大心氣要養得和平功夫要做得純熟淵淵浩浩自然左右逢源門下從此尋向前去不患無會心處也親師取友是日用不可須臾離事不佞與門下已相期于寒雪凍雲下矣

苗涇陽

天地萬物一體自是吾性本體處處圓滿時時活潑此體不但我輩有是人與物俱有學者若不信是人與物俱有卽不能信天地萬物與我一體何以能盡人盡物而贊天地乎但信得過自承當得下坦坦蕩蕩那有震悍淵淵浩浩那有束縛卽此是本體卽此是功夫那有他涵養克治先儒所謂常存未發氣象便是眞會涵養克治者也抑明道所謂廓

然大公物來順應最是透徹語夫廓然大公尚有何束縛不甘者乎物來順應尚有何震悍不寧者乎知足下于此極力苦心敢以爲告

聶高陵

先陵在宿草彣同平岡不圖徼天之幸得躬展掃寔慰平生乃以子令尹之贒築塲有託而又以執事者之敏告成不日使堂斧更新廟貌斯奕猗與盛矣夫孫子之于宗祖情在

原宜自致義在猶貴仰體則凡一木一石一俎一豆除自致外更無受人捐助之體除仰體外亦更無眞實尊敬之法故一切脩費必須一一開具補償而所稱祀田更當查考明白一不如約斷難任受倘于此相體得到始爲相成之至惟令尹念之

田陽曲

我輩心心念念惟恐有一民一事之不得其平耳故不憚以身從之但隨念所至自無可

已而又恐其眷眷多事也見來字于審編中寓清丈事不煩民不擾而從前積癥兜底一清得令如足下何憂民窮幸相訂同志者共圖之

劉登封

我輩此日如提鋪拔入所在張口以待即未必能各飽其欲亦庶幾不使立斃耳足下有志行人幸力行所願父母之于子也原不求報亦豈要譽所謂罔極然自有報之寔冥冥弁

之昭昭者望足下留意會語一路所稟將成帙矣俟梓成寄覽幷望于此道加意無失我輩本色念之

蔡元老中丞論學

向尊諭謂物格卽物有本末之物不格卽物交物之物不肖因思物交之物卽本末之物但思則格之不思則爲其所蔽而已蓋思則引物而歸我何物非我若不思則引我而交物我自我物自物何物非我則物與我轉合

轉親故能以我格物若我自我物自物則始以我逐物繼且以物引我故我爲物蔽至于我爲物蔽豈惟不能格將物反格我我終一物而已日來偶與劉宫保公論格物宫保公引多說取裁不肖因粗解之曰格式也則也如今紙格窓格雖各具一格而究不離于一全格夫天下有一物必有一則萬其物亦萬其則而總一則之于我而無不合式故曰格如紙格窓格一格稍不合式卽不能成全此

一大格則格以內雖各有體式而枝節脉理處處相關若一爲其所蔽則稍有傾斜缺畧一壞而萬不能成而我亦滿身痿痺而不自覺又何以能致知故惟知萬物備我而後能以我格物故曰思則得之不思則不得也向者謬意謂識得在我卽爲道心若猶知有物卽爲人心政是此意而不意翁過爲奬許反爲之開發無遺拜賜憮然惟翁有以益之

潼關馬荆陽大叅

小言何辱大序愧悚愧悚至讀人心不危則作在正學不作在邪說猶爲神歛人心自危但當使之安人心無時不作但當使之出于正心一不安則危者愈危而一不出于正則自流于邪至于邪行則始以濟私旣且害正豈惟不安將陷溺于波浪泥濘而不自覺從未見有汩于波陷于泥中而能昂首舒眉作掀天揭地事者夫心無時不作乃至使之日汩日陷而不能昂首舒眉是則來教所謂待

文之興而不能自認其不待之興也學問寂
是以人治人爲要若不肖初學但知以我治
我耳安敢問人率爾附復并謝未盡
禮垣都霍顯用年兄
日來見
新命不徒爲世道喜喜
聖明在御一切闡微恤幽捕鈌捄弊得正人主
持爲快衆望耳如敝邑一解學士縉爲開國
第一閣臣一羅文恭洪先爲昭代第一理學

狀元兩先生皆以國本被謫一缺謚一缺贈
官又一羅總憲通爲居庸關第一功臣亦缺
謚此三者皆今日急務往敝邑鄒南師曾疏
請得
旨而未及行又去年屡言之葉閣師諸老皆稱
允者乃弟昨補申一疏竟爲
中旨所寢即蒙貴垣魏擴凡輩雅意相許而亦
恐付之高閣此等非老兄就中加意則
一代缺事百年幽光將不知所底矣故今日所

望于老兄者遠且鉅也世道浸明全憑二三有道提攜望老兄挺身肩之若弟巳援例得請夏初方可稅舍從此歸去山中不敢聞天下事天下事惟兄輩好爲之弟即在青松白石間有起色也

劉范老 徐孟兄 會稿請補運官

運司之不振也非法也無行法之人也不知國家于此重地何若只以結局借途之人居之此不肖所未觧乃居此地者初以爲止一收

支吏耳其道類膻今非身親其間亦不知如此之窮與如此之苦蓋真有難于啓齒者恐言之齒寒也夫責結爲借途之人于寂窮且苦之重地彼去之惟恐不速肯屑屑焉以身爲法受桎梏乎若然則必賢者而後可而以不賢人之招招賢人此非

國家輕重地是輕法也不肖有感于此久矣故

因總司之缺

請補因以疏之

聖明借重禹名會稽知翁臺于此有同心也伏

祈早

題顒望顒望

張象風中丞

日聞都下戒嚴疑是從奸細起見而何闕門杳無聲息乎往時廣寧隔絕河上消息竟同捕風邇以當事者之靈或不至于暗中模索則彼之動靜向背應可得其大槩而我之戰守緩急亦應早有先着不知可令肉食者一

聞其畧否日得閣師一札似謂目前可以無
慮乃輦上諸君子時有飄搖之虞卽同事闕
下而所言不同有如其面又何怪禁中闖外
之不能相爲謀耶今總督之席是否可虛西
人之來是否可信各口之隙是否思乘鎮江
之帥是否得力闖門之事是否無虞弟逐塵
之人一切茫然惟伕年兄公餘有以示之弟
則有北向稽首

二祖

十宗之靈使魍魎速奪燕然早勒而海內窮民立解倒懸之苦即高卧松陰亦可安枕顧非于老兄之望而誰望耶未一

程夏縣

此道布帛菽粟人人受用但自力行耕稼不必昏夜扣門而得者足下念及此無時無地不可體認況在居官猶是喫緊此不徒吾黨之幸抑地方之福也會語一冊附覽

劉心虞道長

河東之役往時吾衙門以爲仙也而弟以闇衰弱植從未親吏事之人當之如啞子吞蓮苦難自說亦如繭蚕吐絲日埋頭其中而莫知所出耳今得年臺起而代之以老手運新硎一朝十二望而知震應有一番雷厲風馳以快輿望蓋不徒地方之天幸亦鉛鈍之奇遭矣鹽政大模詳在志中乃令甲日新軌轍時殊此中積瘢夙垢愈出愈奇前人所謂終生于斯而有不能盡者非虛語也以弟之草

草結局只當縣而不知惟近因運使之缺委署一有心之人就內極力搜剔稍暢衆念而設法畫一或可永行然終是五日京兆何異一夕雪舟興則有限念自無已故所望于年臺者大且急也滿懷縷縷非一筆所得盡俟示代有定然後走一函遲之境上是時更稍稍彙拾以聞耳未盡

副院鄭玄岳先生陞少司農

經國秉憲皆今日重任眞人持世何在不可

以明道但若久借重風紀之堂嘉賴爲更切
耳南宰之推自是山公盛舉顧事勢之不能
得則不待報而知之也日讀大疏使人茋寒
色振何來一番啓事透出如許高岡雝雝喈
喈想躩躒哉乃翁卽從此雲封霧鎖青松白
石亦益然有起色矣不肖嘗謂持世之人不
必盡登之巖廊卽爲世愛人亦不必定奪其
林皐但爲世間存此一種不可磨滅之人品
爲朝中留此一段不容抹殺之公論卽世道

揭于日月矣老先生謂何如不盡

呂豫石年兄

邇來一二要地頗有着法此殊可喜南總憲自是得所惟南宰之不得則不待報而後知耳大凡持世之人豈必盡入五雲多處即松風山月亦足醒醉眼而照塵心安在其于世不相涉乎世界原大我輩有心爲世界亦須是要做得大若但從一箇人身上起見從一件事體上着念又只從一邊住所開眼則世

界便隘學問便自大室碍故吾心即宇宙雖是箇空蕩蕩的話其實我輩得手全要在此空蕩蕩處討箇眞實下落所以眞正持世人無地不有把柄眞正爲持世人亦無地不可護惜蓋必知是而後世界始做得大學問始做得有着落此弟心曲話非知己之前不敢以告也

恭元老中丞

學問只是有常惺法一呼即應者惺之體知

放即存者慢之用從用歸體遠如是復不遠
亦如是復安知頻之厲不轉爲敦之無悔乎
六驗雖切不如一自考考成也信也信從疑
入自考之所以爲敦也翁壂平日所得力者
在敦而所不可及者在自考直是用常惺法
宣何人斯敢與絜近比遠哉近則莫近于孩
提稍長遠則莫遠于墟墓宗廟兩陞于此雖
若一本于致知一歸于誠意而總之不離乎
常惺者近是先聖後聖其揆則一豈有二耶

彼所謂有語病者意別有在此則宣之所不識耳日見

新命爲危疆喜而不能不爲知己贊一辭往虜薄都城薛文清爲大理上講學章以戡定禍亂及貴州苗叛文清當贊畫軍事曰與勵威武以服其外不若布恩德以服其心爲檄布喻諸苗示以禍福順逆然後耀兵以懼之而貴州以平聞苗可服也兵不可遽耀也是在冦公自審之矣日與徐孟麟直指會拳拳囑

便函爲速勸駕以解此倒懸今督餉監軍皆有遠謀八翁臺政好同心戮力以圖之不肖行矣未盡

《山西文華》編纂委員會 編

山西出版傳媒集團
三晋出版社

山西文華·史料編

傳是堂合編

第四冊

明 李日宣◎撰

山西文集

文告　讞

吉陽李日宣

山西

一件指賊嚇殺事呈賊犯趙思勝糾合夥賊

一十九人打劫陽曲縣失主劉珽家財物

拒捕殺死官兵招　行守寧道

批據原案則常三董甲在十九人之外應與

之岀而無柰其自斃也豈天理人情之中

有不能問者乎然則停獄之傷人多也趙

思勝罪不容死而能不阿死黨以白常董亦其良心之未盡死處然常以拒盜而致扳視董之因奸殺身又有別耳眞賊候審决未獲嚴緝餘如照

一件出巡事呈太谷縣訪犯楊喬招虛追究原訪喬永興招　行守寧道

批廓清地方惟是廉訪之一法使捏誣之術行則法窮矣此中承行開送造意設詞總是一條線索所謂通家也報訪者不督過

大抵爲所司存體耳若以豪强寒膽之日
而爲奸雄得志之地則存體之説政壞法
之繇甚且不肖有司一以民命爲迎逢而
不察情實率意文致以一招了塞猶爲可
痛可恨嗟乎彼心之不存又何體焉故凡
我輩欲刻意爲廓清地方計則訪民即可
訪官如行之不力莫若不行本院其有以
懲此矣既經該道覆審姑依擬繳
一件賊情事呈天啓二年十月内流賊八十

餘人自交城潛入永寧寧鄉直至隰州搶
掠汾州并各州縣官兵尾其後賊來先奔
官兵反被殺傷竟未成擒我兵見財貪搶
致挫軍威究罪招詳　行守南道

批敵誠勁但不能一矢相加而惟抱頭束手
立受傷殘即不至于大喪失而以五員一
地方之神氣固已不壯甚矣前無臨敵必
往之勇後有見利則趨之過懲貪懲怯固
是今日對症之藥耳依擬

一件逆天剿殺事呈犯人趙登仕長子縣聽
選省恭官與功兄登舉有嫌因鄉約公報
舉買軍犯崔奉山磚瓦完贓舉疑仕教唆
尋相嚷仕亦未讓舉投水溺死舉子惟精
等扛屍仕家毀房搶財架詞告檢招虛究
罪詳　行守南道
批父死有故鳴官自其至情但舉之溺也不
繇仕則惟精兄弟所心知也故欲加人以
罪而忍于檢父之遺精之徒其容免乎故

所惡于精者加人罪小而恐失罪大也依擬分別發落餘如照

一件怙惡剿殺三世啣冤乞天剪究以正大憲事本道呈解州人趙起元調姦孟希聖妻陳氏被希聖殺死起元并陳氏招（行守東道）批據詳摟人而死亦復何尤因摟并殺誠有可恨但思希聖聞起元之言逆起元之心而歸謀陳氏陳氏次日遂如所謀苔應則夫婦兩心似已相照而況開口就罵明是

拒奸夫夫即兇且莽何恐瞞心至此獨想起元異時吃果之諾可以對衆掀簾而入即便摟氏則陳氏未嫁之前于趙或有他因而希聖平時所聞與在床所見光景容有可疑疑希聖于此必先有一殺妻之意而後臨時提應手之刃即其殺趙斷鏕殺陳猶手其鏕以鳴官此等着數希聖固已自立于不死之地又殊不似莽丈夫所爲者何其不爲陳氏寃耶若謂希聖拚妻抵

命雖成殺姦脫罪則倉卒舉事料不出此
抑希聖此中豈遂無一段眞情不容泯者
而何滿簿招詳不一發明至此乎本道不
可不再一質審以服其心若孝廉青衿之
事與此全是風馬牛寧復置問彼且自請
息矣眞情見矣即行成者亦可從末減矣
惟起鳳依擬繳
一件謀業殺父撓法滅憲不服關解等事呈
犯人楊起鳳因田宗營與張枝有窩藏賊

贓盜割麥田之隙糾謀起鳳等中途截毆張枝死不旋踵擬首惡宗營絞罪感病身死今擬起鳳等脅從徒罪詳　行守東道

批田宗營以小忿立毆人至死梟獍不斃于抵而斃于病則天道之不可問耳顧殺人原非一手而當場已定脅從且匾担钁柄不在杨子下而項心顖門總屬亂毆傷彼起鳳楊河寔係下手初招屢審亦曾擬絞只爲一命無二抵故爾議寬然恐非法之

平也宗營之斃或亦天意有屬彼二兇者即不能與首惡同縶地下亦何可使之釋縲絏而優游城旦乎此不可不細加推擬以服死者楊守約守山守度原招拳脚姑依擬守東道覆究確報

一件强横圖劫事呈蒲州芮城奸民尚九玉張順滿等因失羊之故承衆互相格鬥殺死數命焚燒房屋劫搶財物招詳 行守東道

批蒲芮之間民之不懲也久矣本院入境來

遂聞常王劫奪之叛未幾復見古人焚殺之兇皆非清平之世所宜有者據招止以亡羊小事諕死疑情捕冦成仇結告不理逞其一往遂致大變殺人如麻燎村若原如此獟獍眞同虜夷彼造意擬斬亦復何辭若下手漏網豈以示懲則尚九玉張順滿次第授首外九能刑查輩猶須研究分別者也顧積釁雖非一日而糾捕實始發端故最可恨者莫如老弁劉禎祥本院昨

干考察日稍稍鞫審則龍鍾鼠覥一似漫無能主而其口詞亦云妄聽下役則今日之廓清地方宜先掃除積役如此不可不并問耳若逋負招尤之順田畏刑妄招之順洛狀雖可惡情則可原總只得其首從而分別之而其餘可置也事干重辟該道仍嚴究確報仍候通詳定奪繳

一件局財人命事據平陽府杜推官呈絳州犯人孫聚庫因販猪客張守正嫖娼任桂

蘭起釁責賠櫈腿横毆正肋折致命負痛自縊究聚庫徒罪詳　行守東道

批以折櫈腿而折人肋世有此兇惡異類乎項心顋門額顱鼻梁前胷後脊凡致命處無不重傷守正即不投環亦應無生理矣此而以威逼則是殺人者可不死而虎吏横行亦有八議之宥乎又况傷重之人安能昂首自縊門上此中隱情胡可勿問守東道覆究確報

一件橫殺人命事呈滎河縣犯人閆新起因堂侄要兒父子逃戶貽累新起納糧要兒父子回家收麥因索糧鎗刺要兒死不移時先擬絞罪後以分服旋改徒流招

行守東道

批據招閆要兒逋糧累戶于法無死所而新起功叔乃奪情而立斃之刀下如此兇恐疑豺虎亦爲咋舌世有見豺虎而不手刃之者乎殺人者死三尺曉然今乃欲引分

服而減之改絞爲徒質以求生之心我輩原自不淺但恐應選父子刀頭之血欲燐而應其弟兄薪下之鬼亦泣豈復有牖下之想耶以本院意即免其死何至許配則徒與絞之間應有以處此者該道尚不猒詳可也餘依擬

一件强寇劫殺事呈犯人鄭四權蒲州譚郭里民謀同古世虎古三位張和尚等私販過大慶關與關民搆釁結黨殺傷人命告

院道捕究因自知州拏獲六人枝斃一人後公出中途又拏二人權等疑自左祖秦人遂合党圍轎劫去仍擁城劈門索去先拏五犯知州諭去委杜推官署印設法擒拏究罪招詳　行守東道

批蒲民合謀叵測已非一日本院未至郇即以爲慮不意下車之夕遂聞其一發不可嚮也關可暴犯可劫城門可劈共戴之長吏可誶而辱何古人張里之不可續而逞

乎岌岌乎蒲之得保有今日也今長吏易
矣兇黨戢矣當事乃爲之分別首從酌量
遣配解去一面以示前盟雖不無委虵其
間亦法如是止耳顧吾猶慮夫叵測者不
及時而戢之恐爲桑政他日憂方大也依
擬分款僉解發落餘如照
一件欺君蔽憲事呈潞州衛應襲薛世瑶等
嫡庶爭襲祖職指揮招　行巡南道
批世襲以嫡瑾雖長非瑋匹也且有先人之

誌在安用爭爭則瑤無直理欲于理外全情寧薄其罰即于原擬從末減可也仍候通詳繳

一件查核僞引事呈屯留縣犯人梁守魁等收繳引內假引一百四十二張究罪招詳

行巡南道

批眞商自無假引假引有名非眞商名也豈有眞商自售假名乎故凡假引只問僞造彼行假者但能示儆非不問也不勝問耳

梁守毘等依擬餘如照緝結

一件查核僞引事呈長治縣收繳退引內查出僞引九十一張批究書牙韓彦湖等招

行巡南道

批慮以僞引累眞商而察引之法不窮乎然出手自不得縱也韓燕湖等依擬餘如照

一件拒捕人命事據澤州申犯人畢國詔等拒捕打死鹽捕王應顯事在四十八年九月初九日延至十月十七日方行檢審致

屍無全骸頭止半面駁批覆究詳　行巡南道

批據招畢國詔等拒捕殺死王應顯屢勘情眞梟斬何辭但事延半載始檢屍無全具可驗其間誰爲收掩因何稽延致令致屍實國死後匿隱種種情節略不詳奪而僅以一抵潦草結局恐重辟不若是之易擬也巡南道其覆究確報

一件出巡事呈高平縣訪犯王加祿招

行巡南道

批據招王加祿何物市虎既誘嫖以害人復借賊而詐賄淫且險矣官司僅有一核訪法而亦爲若輩竊而行之平民倡戶并入礪局此而不懲則何人不可網而何處不可穽乎依擬與陳一明分别枷責贖發其秦李二倡贓即行縣嚴追置棺三十具以給孤貧之死無所歸者餘如照

一件出巡事呈澤州訪犯崔光啓招　行巡南道

批利在而躭躭逐之怨在而信信修之此原

不爲細人過督但無若此奴之睚眦而指以賊典守而竊以賣者也其他指命許倡又何怪乎依擬責發其七倡銀行州嚴追半製襖半買棉以給無糧孤貧之生無衣死無歸者繳

一件打死人命事呈犯人姚秉旺等招

行巡南道

批惡人力而羅之庭貪役賄而縱之肆使鄉紳之毒流不盡而地方之欝積莫伸姚秉

尫之罪豈在馬三俊下乎責枷反抵亦復何辭劉繼考等一夥神棍依擬與各犯分別遣配杖決發落餘如照

一件查核僞引事呈曲沃縣犯人張養生等收繳退引內查出假引二百八十六張招

行巡東道

批至于引而可假則無不可假矣至于假引難辨則孰有能辨者哉天下事之最不可忽而往往忽過者此類是也依擬繳

一件飛報賊情事呈賊犯賀登儒蒲縣人糾合西賊五十餘人自大寧地方過渡到處舉火放砲劫掠民財拒捕殺傷官兵招

行巡東道

批賀登儒等糾合秦黨白日鳴鏑望屋而食搶擄奸殺所在有據若不即授首固將來樹旗稱王之巨魁也歷審既確梟斬何疑依擬通詳行繳餘照緝

一件謀殺人命事呈翼城縣犯人張五常因

張可賢索債謀同兄弟四人將可賢擡家

橫毆次日身死招　行巡東道

批據詳可賢之死于五常兄弟也論造謀則

五行寔同五常論下手則五常交肘五行

卽先砍一䥥于腦後而後拴門擲尾庫刀

火烙剛掀爐齒應手橫加逞四虎于一羊

自應登時無生理矣其延及隔宿者幾希

也今但當問其致死之情狀以爲抵者之

案耳寧復問意如以意則將曰我意在一

毆斃氣固與謀殺異也不知世有毆人用刀斧火烙者乎有刀斧火烙之下見完人者乎而曰彼死于刀斧火烙也非死于意也有是理乎則又有謀財而因以殺命者亦曰我意在財耳殺非我所欲不任抵也有是理乎夫不顧死者之抱恨而但爲生者求解法一片悲心誰是鐵石但論造意下手原供昭然而究竟絞常而戍行使吞舟漏網疑非法之平耳要以死難復生罪

疑惟輕姑候通詳繳

一件截殺人命事呈犯人王納訪係浮山縣生員因護妹夫毆堂兄王賜爵頭破腦出死于六日訪父王國正計殺三子納謨以抵爵命招詳　行巡東道

批據招王納訪既護姊之夫而毒手以加堂兄又慮已之抵而忍口以逼親弟人但知爵之死也謨主輕而訪主重不知謨之死也假于父實造于訪彼國正之思忍于謨

以誣莫允以爲此衣冠盜賊之愛訪耳訪一斬何足贖一兄一弟一伯乎閲至此不覺心爲之痛而髮爲之指矣史漢儒禍因也罪輕則情法不平餘不足論候按詳繳

一件劫財殺人事呈犯人張洪恩與犯宗月盤素識專一借勢詐人因竊張成綿被宗室畢海償其事結讎彼此駕詞妄告究罪招詳　行巡東道

批甚矣晉宗之不可亢也即一張洪恩假虎

肆威罪狀已明而畢海以成綿之挑激相
持不解于烏有無是之訟互誣互告三歲
不結置朱門華屋輕裘緩帶而尋青衣囚
首蒲伏公庭豈惟失體秖自苦耳旣息矣
依擬宗紙免
一件盤獲賊犯事呈犯人張來狗糾合夥賊
席士清等上盗襄陵地方路撞王守保妻
晁氏隻身穿孝即時殺死又白晝搶奪鄉
寧生員郭濟民因嫖倡埋刀被地方偵獲

究斬招詳　行巡東道

批據招張來狗等殺孕婦于馬首奪青衿于草間世上兇物那更似此常言盜賊有良心到此莫知所解矣歷審贓跡既明礫首何枉依擬牢監詳決雷萬水同情異罪姑與新弟等分別徒杖餘如照

一件出巡事呈太原縣訪犯崔正招　行鹽法道

批據招崔正何人而能約束一鄉乎彼以爲名可使人震而不知其心爲路所知耳郎

其指詐之款半出人命幸灾樂禍固天之
戮民也豈宜令之與鄉人立者依擬發驛
其償銀行縣速追製棺以給孤貧繳

一件訟官邑罪事呈猗氏縣犯生張元綱與
署蒲州徐同知因徵糧有隙適生員令狐
夢鰲病故綱糾衆抬屍鼓噪徐申報各院
綱慌誘哄老生張汝爲承頭許以通學人
出一錢共貼銀四百事完綱仍養活及汝
爲如約華員綱悔前言分文不與汝爲首

告招詳　行平陽府

批書生爲徵糧小忿凌逼印官去任復賄買老生抵罪網之心路人所知而恃讞者猶反覆委曲惟恐其枉何其借一漏網之學霸不値一破䯢之明經耶怪哉汝爲始而受其弄股既而拖之下水使之智盡力竭而無逃于一定之鐵案夫人何能勝天哉此足以醒世物之躭躭爰爰者依擬發落仍抄呈學道除名汝爲紙免

一件改批救命事呈犯人譚繼書聞喜縣人

有絳縣柳庄村出水一渠地高流下灌至

聞喜繼書等四村田兩縣爭水府擬聞邑

歲折社飲銀四兩與絳抵渠糧詳 行平陽府

批渠係絳地水利聞田此兩邑不斷之雀角

也革社飲以抵渠糧事若難干慮始議實

便于杜爭雖爲絳實爲聞該府一言剖破

藩籬堂下想當自帖耳如擬

一件出巡事呈霍州訪犯栢延付等招

行平陽府

批訪從方從言一方之言未可執以繩人故在好而知其惡惡而知其美耳今以餔啜賤役而題之以豪不幾鬭齒決而爲放飯流歠咲乎此徑可一叱去之彼羅織者卽不加過督亦不可不記其姓名以爲孟浪加人萋斐自恣者戒准註銷繳

一件出巡事呈聞喜訪犯王化行招

行平陽府清軍官

批驛遞至今苦極矣身在事中者猶惘不加恤隨事開耦將馬骨日高而民無孑遺也如此彙書政宜枷示通衢以戒不仁惟嚇矛戶五石米尚須審確方追彼何物驛書非有所假安能得志于若輩乎有所假則責有所分矣餘依擬

一件拴賊掠殺事呈犯人赤郛甫平陽衛軍在臨晉白坊里屯種糾合夥賊張新元等在蒲州高市鎮迤西劫奪生員張光徽搖

詳　行平陽府理推官

批赤邦甫明是搶奪該廳引辦最確郭元貞等詐索自其行徑而架陷可無重懲罪豈在誤糴聳詐之樊一道下乎即不加斜亦應責放邦甫依擬解總兵衙門墩哨薪元三犯刺發蒙城淶川候馬等驛站一道准贖發餘照緝

一件盜領陷命事申犯人楊嵋秀臨晉縣樊橋廠募夫頭賄通已故書手楊允升透支

四十四五等年分雇站銀因該縣署印萬通判查出前銀追補閻秀乃妄告四十六七年募頭呂楊二人攤補批行杜推官查究議將所欠限三年扣完詳行平陽府杜推官

批惠役之法只在及時足給使人沾實惠不致浸魚于滑胥豪頭耳區區透支不過爲奸滑開騗苟婦人之仁毫無所裨于辯覺之衆也楊呂二奴自有應得之罪閻秀無賴已配不便再擬姑量示懲以責其扣抵

可耳餘如照

一件糾黨劫殺事呈犯人李豐桂等蒲州人

借姚良霄父姚立銀見立病故不還霄告

追招詳　行平陽府杜推官

批置實債而駕虛劫以告者過也顧是此中

徤而無謀者之所爲大都亦聽探觚者之

出沒其手耳懲之亦足以止誣依擬良霄

豐桂等並贖發

一件賊反擄殺事申犯人薛六娃與王來俱

走馬遊戲六娃誘引王來妻女姦占不捨
崔一中以親故唆告崔承才假勾攝行姦
招詳　行太平縣
批走馬浪子別是一團遊戲世界但旣來求
質便不忍置之禮法外愚夫賤婦亦何足
恤但六娃奸人之妻占人之女又從而奴
蓄之虜使之卽此輩門風所不忌乃其心
術行徑至此亦不復知天理王法爲何物
矣承才淫役下六娃一等王來夫婦一杖

之外紙贖盡免一不免而夫婦女娃隨之
矣餘如照

一件搶擄大變事申犯人宋景花因甲首田
滿畐病故楊氏養子年幼倚里長强搶家
財又將地勒立文約覇占義子田良泰告
究詳　行冀城縣

批莫非王臣乃于中横生里甲弱肉强食此
今特通弊本院固深惡之如景花乘人之
喪而搶奪强霸可鑒也姑依擬與黨崇人

別剌臂發落

一件抗法逼命事申犯人薛世增輪該料頭不出縣差薛東興衙拏抗拒及添差輒約惡宗南田中途打奪致逼東興自刎幾傷東興毋告批究招　行萬泉縣

批才丁避役至于逼公差刎頸如此之奴使之首料亦必漬衆僨事故且領之鬼薪以示悔禍耳然其狡其玩其橫恐難革也姑依擬發落

一件吞賄滅憲事據夏縣申先年上司經過夫馬繇水頭鎮因不便胡知縣議改繇縣其承舍于涑川換馬後承舍亦繇縣騷擾不堪程知縣調議仍舊奸民串同安邑積棍妄告復改縣詳　行安邑縣

批改驛歸縣以待親臨夏邑于此自不獲已若弁不相涉之差役枉道而擾之至于需索要挾流毒馬户則是夏邑此舉寔自貽之慼耳前院之案墨未乾而奸棍串同紛

紛告翻差役之横此可見其一端矣仰安
邑王知縣并前詞速査報
一件蠹虎殺民事申犯人張養才清河所馬
夫向因清河所馬迯夏縣倒換天啓二年
夏縣因騷擾申請復舊仍自清河經迯涑
川蒙前院批允養才妄告欲仍迯夏縣招
詳　行安邑縣
批此輩但知自徇其私其實亦差役之到處
肆毒爲之驅也既已確遵原憲馬户公差

自應貼意守舊張養才于原擬量從末減
聊爲紛紛告擾者懲耳不必重究失我輩
軫念驛遞至意繳

一件盜賣官鹽事申犯人孫官絳州店主有
安邑解思義販鹽十引卸店因病回官見
義不至將鹽盜賒與黃遇夏等義到不見
鹽價又不償告院批究縣提不起理者四
載原告已故其子解河涙後告究詳

行安邑縣

批見鹽之入而不見其出也能私諸人而不
顧其負于人也其父失之而其子不得拾
其遺也孫宦之罪豈一杖所能盡乎姑依
擬發落

一件强姦服幼事申犯人楊文勝有妻兄韓
應會借父銀十兩後父故文勝與弟文魁
分爨異居魁年幼毋鍾愛父遺貲得偏厚
相爭成隙毋遂向應龍索負龍將勝毋打
一掌勝妻韓氏不抹毋弟告縣勝慌及揑

强姦侄女告院批究詳　行安邑縣

批憐少而厚與世情之常誣弟以辱女人道之變勝也舉念及此即應受雷霆之殛矣魁貪而不義自應加杖若應龍負人逞兇韓氏袖手姑鬪雖經懲發猶有餘恨姑依擬發落

一件土豪橫惡事申犯人裴崇實用銀七十典張五倫店一所倫父汝才不知後才因糧差急將店受價七十七兩賣與生員張

師孔爲業崇實告爭招詳　行夏縣

批父在子不得擅五倫安得與人居崇實安得受居于五倫又况一典一買情實自不容混乎依擬居歸正買罰坐私典此自確然不移者但崇實不宜使之業價兩空耳五倫追價贖發繳

一件出巡事呈榆次縣訪犯侯英等招

行太原府

批淫父故應得肖子子雖貪不足以幹其淫

之蠱也而又何苦于剃婚窩私討出無倫
無法之途乎依擬父子差等贖發若寇之
房價應給其子王之遺債應還其弟至王
咲眼身可失而身價則應追追則製棺製
襖以給無糧孤貧續報查繳
一件出巡事批駁究壽陽縣訪犯李梓招
行太原府理刑官
批此奴一似不能有爲者而諸證中孫一化
爲之稱寃李自新不認房值胡應登不居

傭工馬忠且稱病不對豈節節風影乎旋
復質以指官科里一二事而諸證中亦遂
推調不知至問其妻子女則曰如故問村
寺則曰古未有也此中未盡之情不細細
加審不足以服其心該廳尚覆鞫確報

一件出巡事呈臨縣訪犯薛九嵒等招
行汾州府理刑官

批覆審九嵒句賭窩賊既非清平之世所宜
有至于吞孤寡之地而復婢其女煢煢使

人心惻已面諭以地還砲兒自種而以其女聽同戶之長者出嫁因以爲砲兒婚資老奴心未盡死固已崩角應承矣其行縣嚴結之取同戶領狀餘如照

一件出巡事呈石樓縣訪犯許三移招

行汾州府理刑官

批覆審節節有據但干證口滑有異同耳其嫂棖羊而弟嚇之其叔爲不義而族之子交而證之亦出爾反爾之常又何怪乎歟

嫂事或傳訛傌流倡則有據卽行縣速追
製棺製襖以給孤貧可也入官贓如照減
十之三餘依擬
一件乞憐貧宗推恩賑濟等事申貧宗朱明
江等賑濟詳　行澤州
批貧宗眞可念卽知其人衆難優名雜難查
而惻然此中有不能不勉强加意者仰州
且動倉穀各給五斗量助賑其有何法可
廣濟者仍具詳定奪繳

一件謀殺人命事申犯人閆琳繼妻任氏因女
閆氏與前子媳暢氏爭乳母嚷任氏偏護
女将暢氏毆死琳恐傷痕重将麥稭遍燒
妄稱失火滅跡媳父暢登俊告究詳

行祁縣

批聞有很心之姑而未見此妬乳之婦吾慮
任氏母女之不得其死也姑毆媳死翁又
從而火之暢氏其有夙業乎何遭之暴耶
情重擬輕固不能不爲法披劍則是法亦

世間大不情之物耳姑依擬將閆氏研撥發落仍追銀十兩給媳父外再罰閆琳買穀五十兩儲倉備賑繳

運司讞

一件踈通塩法以實邊儲事呈池東禁墻脚下水浸成洞兮兵地方隱瞞不報官脩補究罪招詳　行運司

批護池者城守城者邏卒耳若卒爲城狐則池爲漏危安取于暴而禦暴乎自應與監守自盜者同律而僅僅以杖儆殊未盡辜姑以無眞贓寬擬贖革外巡檢所司何事各役所職何業量與記過其墻洞行安邑

速築各司既有分地應須時行巡閲未可
忽畧大甚也餘如照
一件圈殺商命事呈犯人郝夔鶴因貧借孟
宗孔銀四百兩將盐二千餘引貼併後盐
出場有利告欲分息擺詳　行運司
批商至于無力而貼人還場光景不無可念
但當價高則眼熱而思分甘倘價損能袖
手而無分痛乎如此類只合于立約時斬
釘截鉄斷其後言一言及約外則據法重

懲庶紛紛者自止耳今廖鶴固未査約何
如第以有情而作無情之告亦可惡也既
念其窮應免其罰不爲例繳

一件抜掣大弊事呈覆究奸商宋可賢蘇天
福路連登串謀弊書張五倫僞票假付抜
掣蘸引改杖擬徒詳　行運司

批滑書奸胥表裡爲祟貪賂壞法不知其幾
自非該司殫精發覺冠場巨蠹幾爲吞舟
漏網恐老骨頑皮一泒窮商不足啖矣仄

覆駁審眞情畢露倢以徒懲猶是寛政至

蘇路二奴則大縱耳姑依擬

一件剪鱷除害以靜盐場事呈犯人喬枝秀

自撈堆盐五百引以少報多串通場書尉

名楊將别商餘盐賄買場斗賠盤抵數盗

掣七十九引被趙昌祚首司究招詳

行運司

批餘盐久有嚴禁場規壞于私竊本院下車

目即已行司稽查豈今尚有通神使鬼如

尉喬輩者乎使非該司精核明察徧地蝨
賊不知成何法紀良可痛恨依擬尉責法
作奸罪不在喬下并贖外餘如照
一件捜奸正法事呈犯人王我鈺等駁究招
詳　行運司
批欲清積弊須嚴超越欲塞通同之膽須削
倚伏之跡則一派奸棍闌厠舞弄欺人于
所不及知而自據于無可誰何其惡有甚
于門外之躭躭逐逐者王我鈺等覆審既

眞各依擬追劄繳

一件抄殺孀命事呈謝氏告堂侄張國祥將故夫張杭四分夥院賺賣欠價二百兩不償又將房拆賣受價七百兩尚存地基批究招詳　行中分司

批謝氏當病中而即以百五十金之約還國祥夫亦知此約之終爲畫餅耳此眞婦人之仁婦人之智彼祥即能忘伯氏生前之負能忘謝毋病中之擲乎今無約之償即

難斷給然多收其值而猶存其址亦何不可分甘爲老寡婦朝夕計乎司縣先後皆執償貸之常未爲得擬猶須細審老媍後事何如而給之此天理人情之正豈冀之誼至此逐絕耶光受依擬氏免紙取領繳

一件贓財勒婚事呈犯人孫登雲以女許張家盛又許富僧究罪詳　行西分司

批據招孫登雲之于家盛也女而又女何其親且愛乎既納其定又從而背之豈親有

時踈而愛可轉憎耶抑盛之名不敵其富之實耳世情冷煖于無可解之內猶有不自持之慮况其他乎登雲旣有認錯之悔富僧且出甘退之詞亦可見天理在人不容終泯耳雲也薄罰串媒宜懲富僧禮仍于登雲手還而復責家盛如其數償之似不宜徑追之家盛也餘如斷

一件衙蠹故殺事呈犯人李成又名李蘭若俱生員李士馨鬼名居近西女池慣恃强

奪畦已晒成鹽一百五十五引意欲盜轉
交通棍徒斬定祿妄告巡檢多報鹽引招
詳　行西分司
批法以防真小人而乃敗于僞君子至以一
無行青衿三窩其名白日而希暘昏夜而
行露一着不遂則買棍脅官不難指法爲
奸慢天說地反覆顛倒殊爲可恨法當批
行學道究革念係初犯姑依擬行學登入
三等簿以爲儒名盜行者之戒餘如照

一件稽查籤號事呈犯人馬可盛等係東場
等積興將自撈商薛長等鹽籤重置又將
張鴻業已放鹽籤貼未開字樣又將西女
池鹽堆餘鹽踈失二堆見在未派種種未
明駁行覆究詳　行運司
批據招明是盜賣明是隱放而乃推擔于重
置之誤藉口于封價之商縱舌長三尺無
能逃于追賠之科矣商籤坐掣一請盡放
自來無有繳未開者原籤見存何得錯貼

此祇以見其玟而遁耳場弊原知不可方物不謂罔兩晝行一至如此此豈可草率結局解一面而潰千丈乎仰司嚴究確報速速

一件籤號可異稽核當嚴事㫖自撈商入籤號不遵院行半載方造顯是盜盤堆餘行究招詳　行運司

批卽撈卽報卽置籤然後按納序掣法也乃納價于六月之後而置籤于半載有餘則

法所不載而弊是顯然姚榮盜情不問可知彼有堆無隣者亦可付之勿問乎至如喬增福隔年造籤猶爲可異此中一聽其崚夷而草草結局將弊何時清而法何時振也切爲當事者虛之該司尚細鞫以報

陝西　讞

一件出巡事呈乾州訪犯馮應奬等詳

行守内道

批得情勿喜無情便自可恨今一单四款而三無所據安知其一不爲莫須有乎馮應奬准免罪釋放彼報訪者亦已大甚當事猶不可不記其人以戒後姑幷免追

一件出巡事呈長安縣訪犯單養性等詳

行守内道

批看詳此人事多風影而所證者止四事如
秉人之急而措其地值因人之告而受其
謝賄固君子所不道而常情之所有若蓋
居而受賀與殯父而扣資則律所不載而
情所難得者而一槩責以充類至義恐不
足以服其心也今止追其地值給主餘贓
俱可勿問罪則改徒爲杖可耳繳
一件盤獲私塩事據平涼府總捕廳呈犯人
馬宗梅係鳳翔扶風縣塩商以四十八年

塩引上揚天啓二三年扒記影射私塩三
鄉關巡司盤獲究招駁批詳　行守西道
批塩無越季乃四越年又以四十八年引揭
二三年扒種種可疑不知當日經驗衙門
從何稽查乎鳳屬引目多商弊因之一聽
其影射竟無底止想非平凉隔屬所能遥
斷也守西道覆究確報
一件申報蕩平流賊等事呈犯人俞士坤等
聚結三百餘人在漢川地方放火劫殺姦

汚婦女殺傷官兵究擬梟斬招詳　行按察司

批據招亡命大夥刼殺奸擄流毒一方肆焉無忌是眞緑林之魁楚何異白晝之侊儻然則漢南一片土不至飄揺于風雨倖也歷勘旣確梟斬何疑餘各依擬

一件人命事呈犯人趙子寅子時順與生員竇立爭娼構讐有魏良義挾告竇立革義擬徒時順唆義復告道批廳立禀赴咸陽将時順良義收監子寅率鄉民保竇立阻

之寅殺義子時才以賴告批乾州究問實資等硬證問立抵行至中途時順率諸弟并實資毆立死立子實文炳告究詳行道内道

批據詳怙惡縱子殺義圖讐子寅之罪不在時順下惜乎天報之速旣褫其驕子不得更問其悖父耳七十就木之老奸與鬼爲隣敗戍論配則有比有昊之分也實資妄證同謀竟是立也死對乃與賄敗未遂之

可官同擬幾爲漏網既歷多官平反應依
擬分別徒杖餘如照
一件拏獲私鹽事據寧夏河東道呈犯人李
桐等詳　行巡西道
批鹽法自是要政祇緣法難克類故時且議
寬而地方不知亦遂以為此無大關切事
下可恣意為捕攖而上亦任情與出入此
積癥也如此案誠有曖昧可疑何來一縣
官堅執不解致道府盡作袖手即捕無他

弊官無私庇而政體所在亦有不能為地
方觧者一案未結多累可念巡西道其嚴
審之以報

一件出巡事呈靈臺縣訪犯韓景春等詳
行巡西道

批世間貪狠不少如所招韓景春兄弟二虎
盤踞一方戰栗贓私旣以百計而無證觧
免者尚多則本院渡河而東未見有此窮
奇也從來無有威劫縣官者彼亦應宿而

何二十八罹之妖媢轉烈乎惡至此則凡窩訪匿盜尅官啄民腐青衿而魚宗室又其遊刃者耳據招種種髮監恨不撲殺此獠以洩公憤姑依擬各枷責發落仍榜示通衢以杜後害其楊崇賊馬十兩行縣速追半製襖半製棺以給孤貧之生無衣死無歸者餘如照

一件申報拏獲礦犯事呈犯人李汝傑等詳行巡西道

批稟聚蟻腐合烏彼各鶩其利耳而安知其害有不可勝道者故礦禁甚嚴而非該道神玅先發曷能撲滅至此提衙之功固當與該縣共紀矣依擬分別發落餘如照

一件大夥鹽徒活活殺死官兵事據寧羌州申鹽徒王之增張榮夥同馬江馬門子百餘人興販私鹽拒捕殺死官兵唐之才劉傷劉佐李勇隨拏獲增榮二人餘俱逃走詳　行巡南道

批盐徒如此猖獗成何紀法既獲其二餘可
挨緝惟是殺死之兵應厚恤其家而待盡
之捕須曲保無虞則之才應動給官銀二
兩與埋而殺傷劉佐李勇二人除給與原
贓外各再給五錢醫藥取領附卷巡南道
嚴緝究報

一件出巡事呈犯官丁文燦因目疾請假半
月將印務交王履泰暫攝燦疾久未痊泰
久攝不歸該府吏衙化朦不呈請究罪罰

治詳　行巡甯道

批此弁流之所爲不振而衛法之因以不肅也印務何如關係乃一則目疾拖庖經年漫無一劄一則手𢫘越俎時久忘其爲歸雖猶鼠無從蹤蹟而押櫝可容縱恣太倉粒米誠不足以贖其辜耳衛化等雖必他情惡得無罪依擬繳

一件出巡事呈訪拏白水縣典史徐宗林等詳　行潼關道

批據招徐宗林疑是長安輕薄兒豈堪百里紀綱僕乎此向者一見而知其人之可怪也大而強盜可賄細而炭傭亦騙其他指引指糧種種有據寧復置問俟擬贖發遣

欽報銓繳

一件出巡事呈朝邑縣訪犯祁汝英等詳行潼關道

批據招祁汝英一門豺虎屢縱罔兩即其窩訪造訪撥官指官乂應扱之有北不知何

以局騙多贓威逼三命之賊尚容漏網至今日耶既有數十實證自合永遠引例乃僅改發近衛亦姑與生全之寬政而未盡洩積欝之衆怒耳依擬發固原衛充軍終身拘妻僉解招達　部知其三倡之贓行縣追解華陰縣脩砌　西岳廟放生池取領餘如照

一件指官詐嚇事呈犯人劉荣昌係蒲城吏見風水李正芳常在縣衙因王立德告訐

張紳欺隱地土轉托正芳關通方知縣行
賄不遂張紳受虧因疑榮昌等串害見方
敗官告究詳　行潼關道

批先賄而後訐小人也不意去婦亦有不屑
之遺行若此亦見良心在人無容泯耳榮
昌滑胥亦復何責而過送未遂只合與張
紳均杖依擬繳

一件叛謀滅殺事呈犯人彭惟新蒲城人因
僧清夏淨妙爭地新佐清夏鬥印謀毆淨

妙死于旬日内清夏間印俱死趾絞爲徒

詳　行潼關道

批一僧死鬭二命斃累已足償矣况斃累于

未結之前例且應抵乎惟新居間朋毆以

誅心則無謂以下手則莫必趾絞爲酌固

情理之確然不易者反覆全案此爲得擬

候撫院詳發落餘如照未緝另結

一件飛報賊情事呈犯人楊　四買韓城人有

强盜八十餘人自宜川來三韓獨泉嶺四

買在彼買桑皮被賊鎖引路打劫官兵拏獲詳　行潼關道

批逃兵流劫而居民猶及安堵官兵士紳之力殆未可少彼四買一桑傭耳執而爲導亦復何疑而責以死不亦苛乎不能死而從之亦導之所不出也然則導無罪乎布袍無恙池魚可念就府所擬自應爾爾候通詳定配餘如照

一件出巡事呈蒲城縣訪門曹餕吾等詳

行鹽法道

批如此小鬼亦能通神彼昏不知而墮其中誰與惜錙流而嘆納溝乎亟懲之以戒弄

臣依擬

一件出巡事呈鎮安縣訪犯鄭得才等詳

行商雒道

批據招鄭得才鼠役而虎噬者也故大而官銀嫠地小而賊布僧鞋無不可磨牙而獠齒焉而其他可不問而知之矣惟是審證

既明庄地自應給主而復沒其價不已贅
乎則何不查其占種若干年追奪籽粒之
爲當也餘依擬
一件辨明劫鞘非兵事呈北直沙河縣地方
强盗打劫銀鞘郄抄科參謂係榆林神木
兵非也今查係山陝黃河兩岸之賊辨明
詳　行榆林道
批不遠數千里而行劫此其人豈復肯受覊
縻于兵籍者而以兵擒賊反加賊于兵有

是哉風傳之訛一至此耶此政可付之不
言而自白者該道無容介介也如是通詳
行繳
一件申報拏獲大夥强賊劫奪京運銀兩事
呈報拏獲强盜王大任等四名在北直打
劫陝西解京遼餉衆賊分贜逃散大任等
行至府谷神木地方被鄉民焦邦榮等拏
獲見獲銀九百兩騾馬六匹詳　行神木道
批西賊流害兩河已非一日而今且劫秦餉

于燕地猶其蝉蛻之狡智也以鳴鏑之雄而受縛于制梃雖繇天理亦見人豪若有功不賞賞而不破格恐後無復有力而拘諸原者矣似此先議重旌有功次當審放無辜并未獲有名嚴緝正法可也通詳行繳

一件申報大夥强賊劫奪京運銀兩事呈續報拏獲劫餉强盜焦汝登等詳 行神木道

批此地固多緑林而兩獲不出十日雖繇天

理發見而非該道妙算固猶何以克此地方之福可以賀矣節捕各犯并招正法通詳行繳

一件申報拏獲大夥强賊劫奪京運銀兩事呈賊犯王大禮等詳　行神木道

批劫賊橫行眞同夷虜屢勘得情即應正法使道路爲之一清也依擬監候梟示至于賞功釋枉猶須加意餘如照候通詳行

一件出巡事呈渭南縣訪犯牛三省等詳

行西安府

批見利而忘義見已而忘人乃亦且自號于人曰吾三省也亦可咲矣依擬其房地價值還給主僧銀行縣速追製棺製襖以給孤貧續報查餘如照

一件查究假引事呈犯人盧文用係三水縣戸房申繳退引內檢出假引一百一十一張秆牙店究罪詳　行西安府管鹽官

批私販充物官商之所以裹足也欲禁私販

須嚴假引即明知其上下相蒙而不得不
嚴謹從事耳姑依擬以後還加意隄防設
法緝捕未可漫漫徒取塞責也是所望于
能者

一件興販殺命事據三原縣申解犯人喬氏
將女焦氏賣與焦五爲義女嫁李芳桂爲
妾李因妻嚴又賣與周富爲妾尋焦氏身
死不明喬氏告賣良爲娼打死等情批究
緝詳　行西安府理刑官

批據招焦氏不繇逼娼而死喬氏應坐加誣
之條似矣顧焦氏之死不專屬病而周富
之致之大有可疑者審李芳桂之家距周
不遠而楊竹實與切鄰乃焦之出也芳桂
原有他情原不關病焦之死也芳桂楊竹
俱云不知焦之殮且埋也喬氏謂聞于三
日後而周富謂其同殮同埋楊竹謂其見
殮不見埋輾轉支吾僅有一唐三作證耐
又爲周富申途麾之而去解人追之不獲

苐于周富手得其衣包而曰事不在彼莫復追也一種疑情可以理斷而未得其實供富之不仁可想見矣最後嚴訊喬氏哭稱富以脚踢焦當胸致死豈盡無因周富自稱焦死後更爲喬作孝衣豈盡至情至楊竹之始而需索不遂未免啖喬既而賄賂一通反若爲楊亦覺不能一言謂死者之繇病則其眞情又且隱然在言外也今卽夫妻無重擬之條而母女有必至之情

安可置唐三不問附之疑獄乎仰西安史
刑官嚴究報
一件興販殺人事呈覆究犯人周富拳毆妾
焦氏鬱死不過氏毋知徑埋招詳
行西安府理刑官
批虛無可奈何之地而當謗以相加之拳周
雖無殺焦之心而不覺成致死之故矣覆
審得情自應依擬惟李芳桂賣休非其旹
心而致之死地追論何辭故合與反覆之

楊竹同條耳如照實收繳

一件詐訪嚇殺事呈犯人王仲千與楊守荣皆三原皁隸荣被訪疑千中害彼此揭告各院批究招詳　行西安府理刑官

批以妻誘之以娼弃之仲千固已豺虎不食其餘矣彼逼人之媍而兕其髮詐人之錢而折其齒與夫揞賊而啄黄冠借寇而殘青樓兩奴皆目無天日眼裏檮杌原非一配所能平此衆怒者姑依擬

一件出巡事呈華陰縣訪犯弋自貴等詳

行西安府理刑官

批潼驛之苦本院每飯未嘗忘故往往披肝
以告過客厲口而桿差役顧無奈積年攬
棍更有甚于此者據招幇貼使費歷歷有
證眞爲髮指此奴尚可一日容于闤門乎
依擬枷示驛門發落

一件謀霸滅門事申犯人陳付因贖地與陳
利相訟付以病死兄陳陟指誣陳利王克

忍原與付有讐因地價捐吞致釁究罪招

詳　行咸寧縣

批據招陳付以贖地未遂與陳利構訟就事論事自有實案何至以不相涉病死之兄誣人抵口乎誣而不反坐恐刁風日熾坐則彼訟者死者皆有因也依擬發新平驛站而量減其徒一年以示寬或亦法外之情耳彼陳利之逞忿鬪辭與王克忍捐價啓釁即各有情節惡得無罪其量加差等

可餘如照

一件明辯宗泒以正世系事生員楊復起呈

辨先賢楊震宗泒眞贋承繼奉祀緣繇

行華陰縣

批明德之後只立身行巳不愧前人便是眞

傳嫡泒不在此區區俎豆間耶生勉之若

其中承祀繇來非一日辨而正之則有司

存該州照行繳

一件蠹國人命事申犯人王古路富平人伊

弟王古鎮同妻田氏僦居于李學吉家後
鎮病故遺氏身寡路同子去喚弟婦學吉
藏匿不出告究詳　　行富平縣
批據招田氏之夫亡而獨僦居也亦幾乎在
野之免矣其伯意之其主匿之意而失焉
則訟匿匿而遁焉則誣意此事勢之必然
者若不究田氏之所止不幾令意者虛認
其力占之汚而匿者實享其包藏之樂乎
古路兩詞矛盾不無失實學吉中情糊塗

姑免深究蓋論其平則意者與匿者各有
罪也依擬

一件出巡事呈綏德衛訪犯連桐等詳
行延安府

批據招連桐事蹟多風影所可質者僅三事
耳而其中拋荒地糧則四十一二年數已
詔免矣因廢城爲屋誠有之乃遠年毀壞之門
似無甚侵欺也佛寺旣距桐四十里拆殿
徙木或不容易乎惟罪以强占官地桐即

百其口亦不出矣大都此人一似敢作無
忌者此中自有應得之罪而贓可無問乎

繳

一件捉獲私鹽事據鳳翔縣申犯人謝小仲
等買鄜縣商人來忠等脚单照張影射私
鹽詳　行鳳翔府

批鹽政惟引是憑耳浸假而爲脚单已自非
法況隔屬交通影射之弊安有窮乎鹽壅
課逋職此之故此本院所亟欲禁止者仰

鳳翔府嚴提鹽商來忠李可顔等一并招

報

一件捉獲私鹽事呈覆究犯人來忠等詳

行鳳翔府

批有易引之单所以有加单之弊官印可盜

而用何愚民之不可誘而走乎此革单之

議本院所為切切欲行也姑依擬自今仍

通行各屬嚴切裁革如訪有易引前弊卽

行參治

一件劉死官兵事據西安府呈犯人高養友
等招詳　行鳳翔府
批鹽徒拒捕官兵斃命署官匿而不報犯人
提而不發一延六載漠不相關此皆無法
之甚者也仰鳳翔府嚴緝究報
一件岀巡事呈寶雞縣訪犯曹尚文等詳
行鳳翔府理刑官
批據招曹尚文父子濟惡官民被毒即其本
管之不免而同邑之弗恤他寧置問惟念

一門三惡應分首從況子無贖父之條而父不及孥以罪則用一緩二未爲縱也至于搢娼身價只須追給豈堪登報此宜不應入官耳餘如擬

一件出巡事呈南鄭縣訪犯李準等詳

行漢中府理刑官

批一夥鼠役狗黨舉念攘臂皆世間所不經見衙門所未習聞之事豈謂聯袂成帷便可障天耶鞘內邉銀應查曾還官否而後

追入其水戶一項行縣速追買粟買布製棺製襖普查真正孤貧而給恤之餘如照

一件强賊劫獄事呈雒川縣强盜越城劫獄詳　行巡西道

批城可越乎邏者安在獄可劫乎守者安在無守無邏紀律安在無紀無律令甲安在此殆不能爲職事者鮮也踈縱自有正條嚴緝不容忼視該道速報

河南　讞

一件寇上加寇事呈閔鄉縣犯人田有慶與
有庭有玉兄弟搆訟成仇有慶謀同田有
物等將有玉扯入有庭門內共毆傷重死
于十三日之內招　行守南道
批從未有閱墻之釁竟成死喪之戚者田之
無良一至此乎家有異變
國有盡法分別正之允不爲枉除斬遣外徒
杖各犯仍差等痛責發落還斷給資養其

妻子有龍免紙繳

一件出巡事呈訪犯張進德招詳　行守北道

批初閱此招謂世間那復有此貪類及覆審乃知其一生唯有錢到手但知是我三尺不在話傷心全不顧人一提進德之名自應愧死無地及至衆口歷歷但有叩頭唯唯而已姑依擬先嚴追給主隨如照入官固知此奴饒爲之也繳

一件出巡事呈訪犯徐俊詳　行河南府管鹽官

批此政所謂賣菜傭耳賣婦不知姓名盍廟豈無施舍其莫須有乎卽據所供私販未滿百斤逃地不過一分而遽執城旦以繩之似猶失之甚也姑與改杖餘如照實收繳

一件出巡事呈訪犯耿可培等招詳　行巡南道

批據招覆審得耿可培父子兄弟一門濟惡抑何天與之貌而道覩不與之情耶彼一味知有巳更不顧人但稍可恣其欲那復

問理所以謀居弃田所在設阱縱嫖使賭逢人便吞至于盜賊與之爲家而神人莫出其手吾不知此奴于急電迅雷之下作何藏避可令妻子見乎而且曰吾節母子也嗟乎豈有節母之門不出孝子吾不知其母視其子矣各犯俱依擬繳

一件乞恩退產事呈陜州犯人蔡孟春等因已故崔宦遺產虧短未明春等因勢落搶攘毀門本宦家張氏呈告究招　行河南府

批務廣業者故應有身後之累死封疆者可必無生前之歎大都鄉里細人寒煖世情贊者之後亦復爾爾即反覆考訊無他辭則名弟子之于業師亦斷無有出常情之外者依擬發落餘如照

一件仗勢吞殺事申犯人陶天倫河南衛人有陶養政故祖買天倫祖地五畝又有本戶絕地一頃四十畝俱係養政佃種天倫貧借政空房棲止政不可倫妄告霸戶祖

逃地等情批究詳　行河南府

批以養爲政而不能分族人一枝之棲以天爲倫而不能恐絶戸承糧之産此兩人者皆不能顧名而思義者也姑不深究准發私結忿天倫貧改無力繳

一件白蓮姦殺事呈解犯人田潤雨陰陽生爲首收香錢朝武當山楊一經與雨連居不睦挾私誣告白蓮異端姦汙良婦等情招詳　行河南府理刑官

抵進香人各有願結社今非其時故田何男婦同夥亦所當戒但不應兩兩垂老之人誣之以姦耳一經多行不義屢爭成佻無端出售法應招虛姑依擬枷十日攺的決發落餘俱免究繳

一件剪擄安民事申犯人王克從嫖蕩家貧將妻徐氏賣與平陸水戶高名望爲娼克從將銀花費揑詞網告究罪將徐氏斷歸氏父攺嫁詳　行閿鄉縣

批此案不以懲淚子爲得情而以脫辱人爲快意該縣此問所造不淺各依擬王高各責發落氏隨父嫁須是審實取領繳

一件吞課殺商事申犯人樊俊偉安邑人有叔樊克順運鹽至鄧州多年娶鄧女吳氏生子重燿後順病故偉搬叔歸葬幷吳氏疑有挾分家業之情彼此具告批究詳

行南陽府

批推首丘之思以歸亡叔義也彼母子即有

大不得已者奪其情亦何至以不情之詞加義人乎即其一告再告而叔侄兄弟之眞情見矣念係和息一似于義猶有存焉者依擬繳

一件查核僞引事呈河內等六縣申繳退引查出假引僞票共七百六十九張究牙行吏書蕭愛等招　行懷慶府

批僞造已歸烏有窮追未免株連今但問其淛收之罪使知世間尚有此一段不可逃

之法不假易耳依擬

河東奏議序

予讀河東奏議敬服

巡鹺李公祖倡道救世之志正本清

源之功世方今巡方使者挈

天子風霆以澄清天下剛腸冷面驄

蹄蹺蹺閭閻閻疾苦也揆吏治真偽也一番洗剔一番甦快瓜期有限遂可報

簡書也公意弗然也謂吏治何以察也民生何以促也緣教襄而學臨繇

來非一日也不正其本不清其源揖
循格套以了一歲之計公所弗為也
彼夫朘民以逞遁汙白簡者誰非教
學塲中童而誦法孔孟人耶然教何
教也學何學也富貴崇人心父師與

子弟世世同症自童習而已非也標竊舉業安梯羶華畢其所志所事矣萬物一體之義雖口熟談之手熟筆之而志不在是竟成夢語也怙括見售綰章臨民正其償志之日又安問

彼民瘝痛也公所深慨也每歲巡方
使者所殿天下吏合計以百數而明
歲復然又歲又復然不少衰息民生
何日有幸也易曰先王以省方觀民
設教夫省方觀民不設之教猶然棄

此方遺此民也正公所急慮也是以按轡所至輒聞講堂官吏鄉紳耆師衿俊望風而趨動數百人遠方負笈而至者惟恐帶及也鐸聲一振群嚮畢荅微言浸心大義扶性天闡地闢

公實學之會語俱在大要提撕群迷
共臻昭曠示萬物一體之義現天下
歸仁之景也風動三藩已半天下矣
誨人不倦暨達尚未艾也教興道明
本正源清異日吏治民生當作何象

即奏議中彈章将可惜也予承公援
引傳是堂中久坐春風而翻覆奏議
摠屬此意倡道救世之功人人所拭
目而快睹其盛者也公之命曰編中
奏議虛弁以待巨人之一言因贅斯

言以爲序

天啓甲子仲春河東道家治生楊一桂

頓首謹書

奏議目録

河東奏議 目錄 乙

奏議

吉陽李日宣

報代疏

奏爲敬報干役受事之期并陳交代愆期之故仰祈
聖鑒以一功令事臣以臺班弱植荷
聖明器使得循資承乏河東臣聞
命之後日夕飲氷已於正月二十三日領
勅辭

朝二十四出都故事限五十八日涖任計期當
於三月二十二受事例也緣臣原待罪秘
省天啓元年春蒙
恩改置西臺臣父生春原以學官
贈中書比臣爲御史即幸遇
覃恩臣父遂得如其官臣念臣父一生清修位
不稱德既重荷
新綸恨不即歸告於墓以對揚
休命而三年間以銜門例難乞假逡巡停閣臣

每一念至中懷如梗以爲至今可以
請矣於是未辭
朝之先卽循例呈堂代
題乞三月寬限爲焚黄計臣驅車遂南不意
一路蹭蹬至三月二十一方抵家讀邸報
乃知已經奉
旨不准寬限臣戰栗指計休沐之日恰當限滿
之候是時無論風塵馳逐塵氣未堪遽除
卽道路阻脩鞭長亦且莫及只得一面焚

黃一面束裝茲不待吉席未煖而車隨戒
憧憧殊若幸舊揆臣劉大受知臣未經奉
旨難於及期於是相約改期交代照舊督理一
日在事百度維貞臣以是兼程四千里寢
食俱失於今五月二十一入境涖任矣夫
臣以奉
旨之遲致違五十九日之限以兼程而往不爽
四千餘里之期
聖明在宥或能憫其非假而寬之罪惟是臣法

吏也本欲遵法以率下何敢諱法而自掩

故於受事之初敬陳違限始末告於

聖明以聽

慈察臣曷勝惶悚待

命臣因念

朝廷歲遣巡方使者周爰四牡不遑寧居凡以

爲民生耳而民生之日苦類本於吏治之

日弛乃吏治之弛則下無過相沿爲朦朧

苟且之計而上亦實制於體面資格之說

坐此兩語實爲病根邇以臣堂官軫念民隱刻意吏道至欲以考察外吏之條轉行之司考察者之人固是轉移世風亦皆率繇舊章夫豈有他深衷別慮亦曰法不如是則不行耳臣職在督理

國課循省職掌自有無限責任第常思當此

商民益困之日軍

國交匱之候凡在有司若復不周悉下隱劇除巨蠹疏通新機洗滌陳癥即路滿花香

池盡虞薰何裨軍
國萬一乎臣以渺書生初承人乏若僅僅取
故事塞責以報
成命臣實不敢若欲以數月之程限一人之精
神周徧於三藩庶司之中日討其出身加
民之實而殿最之念自無已譚何容易此
臣同官劉廷宣所爲有責任司道之
請也臣初涖事一切茫昧尚不敢漫爾奏
瀆計且隨人致審隨事加察以與諸司庶尹交

相淬勵倘有得於實見敢自昧其効欺如
農去草既不能徇體面以博厚以鸇逐雀
又安肯拘資格而成需臣雖行能淺薄素
心自矢有日矣計當別有以入告我
后也
天啓三年六月二十四日奉
聖旨該部院知道

申明查盤鹽課疏

奏爲申明舊例以淸鹽法事案照節據河東陜西都轉運鹽使司經歷司呈承准使司照會奉戶部劄付及節蒙巡鹽御史魏彥昭宋儀望王諍趙睿各案驗俱奉題准勘合內開每年終將舊年派剩在場鹽料列爲舊管該年撈辦及支掣鹽料內積出餘鹽列爲新收該年派給列爲開除此外餘剩在場列爲實在并私鹽變價等銀收支

數目分別造冊一本徑送戶部一本
奏繳等因在卷除遞年遵行外今照天啓二
年已終例應查造看得鹽法關係邊餉若
止據該司呈造繳報誠恐内有隱匿弊端
卽行委平陽府推官杜齊芳親詣該司將
三場鹽課引目幷陸續詳允私鹽變價等
銀各項收支卷簿盡調到官自該年正月
初一日起至十二月終止逐一嚴加稽查
明白分別舊管新收開除實在總撒數目

造冊呈報到臣該臣覆加覈實除造青冊
送部外擬合造報爲此今將查盤過河東
運司鹽課引目幷私鹽變價等銀各數目
造完文冊具本
進繳謹具奏
聞
天啓三年八月初七日奉
聖旨戶部知道

花馬池鹽課紀録疏

題爲邊鎮荐饑議處備荒事宜懇乞
聖明俯賜採納以保重地以弭後艱事據寧夏
河東兵備道按察使張九德呈據委官鎮
城監收同知盧自立呈稱查得小鹽池每
歲額鹽二十萬石天啓二年正月起十二
月終止撈過鹽二十一萬一千三百五十
陸石及鹽門刮削餘鹽一十六石三斗俱
係實數並無失時誤事虚梲情弊數繇到

道爲照小池鹽課額供軍餉必精心料理始克有濟據報鹽數溢額足覘督率之力所據各官例應敘録除同知沅道隆已經告病回籍無容議敘外知大使栢應桂宜應嘉奬等因又據靖邊兵備道右參議徐紹流呈據署靖邊廳事延安府捕盜同知胡亮呈查得大池每歲額鹽一十五萬七千三百九十二石天啓二年正月起十二月終止撈完額鹽一十五萬七千三百九

十二石並無短少情弊數緣到道除摧鹽
無法失於查理典吏李高等已經究罪通
詳發落外看得大池鹽課銀兩悉係額撥
年例正項必加意料理斯於軍餉有賴今
天啓二年分撈鹽數已足額所據經管官
員例應敘録除署定邊廳事大池鹽務寧
州同知顔似葵已經陞轉署事同知等官
胡亮等爲時無幾俱從免議如原任靖邊
兵備道右叅議今陞榆林兵備道副使宋

槃相應薦揚等因各呈到臣卷查先奉都
察院勘劄准戶部咨該前督臣郜光先題
本部覆議每年終會同延寧二鎮巡撫將
二池額課查其完欠分數參治該道亦視
此鹽法脩廢舉刺又奉本院勘劄准該部
咨亦該前督臣郜光先等題本部覆議每
年小池額鹽二十六萬四千八百四十石
大池額鹽二十萬九千八百五十六石務
要撈曬如數以充邊餉如再分數不及該

督撫及巡鹽御史照例查叅又奉勘劄准
該部咨該前巡鹽御史顧龍禎會題本部
覆議將大池額鹽減去五萬二千四百六
十四石尚存一十五萬七千三百九十二
石爲額小池額鹽減去六萬四千八百四
十石尚存二十萬石爲額以後管鹽官全
完薦揚陞擢九分八分分別獎勵七分六
分獎戒並免五分重加戒飭不及五分與
四分以下者罷斥又奉勘劄准該部咨該

前帶管巡鹽御史康丕揚會題本部覆議
大小鹽池各增井一百眼壩夫一百名年
終查參照依今例全完者薦揚陞擢九分
以上者獎勵八分者獎戒俱免七分者戒
飭六分以下者革職等因題奉
欽依備劄前來通行遵依及查取撈過鹽數去
後今據前因除署小池鹽務寧夏中路同
知沈道隆告病回籍署定邊廳事大池鹽
務寧州同知顏似揆已經陞轉署定邊廳

事捕盜同知胡亮大池鹽務寧州同知李
紹陽先後接署爲時無幾俱從免議外該
臣會同總督陝西三邊軍務兼理糧餉都
察院右都御史兼兵部左侍郎李起元巡
撫寧夏都察院右副都御史李從心巡撫
延綏都察院右僉都御史余自強議照大
小二池鹽課銀兩皆係額擬年例正數勸
於採撈方無虧於額餉據報撈過鹽石在
大池數已足額在小池溢於額外與事各

官例應酌敘如寧夏河東兵備道按察使

張九德裕

國長才安邊偉抱嚴綜覈釐政源清弊洗殫

區畫課程額溢數增原任靖邊兵備道右

參議今陞榆林兵備道副使宋槃清貞粹

品經濟雄才綜覈不遺米鹽計精鞭芻莞

籌常裕儲糈春滿榆谿俱應薦揚優擢小

池鹽課司大使相應桂採辦勤勞經理忠

慎相應奬勵示勸伏乞

勑下戶部再加查議合無將張九德等紀録優
擢栢應桂行臣等奬勵庶人心競勸而鹽
務克脩矣
天啓三年八月初七日奉
聖旨戶部知道

入境糾劾疏

題爲糾劾不肖有司以肅吏治而恤民生事
竊惟察吏者惟安民夫人而知之也而臣
以爲即察民所以察吏臣河東之役所職
者鹽政耳然於三省之民隱無問邈邇各
屬之吏事無問巨細皆無日不流通於文
移詞訟之間無處不親切於車塵馬足之
下偏覺於民頗親而臣一以小心下氣隨
地周咨隨事審問亦覺於民事頗悉於民

親而吏不得以隔越煬我也於民事悉而
吏不得以蹂略嘗我也而臣之課之亦第
以所刊行之文告八款爲率要其大旨不
過定品以眞而行事務實兩言而已其以
眞應而實行者即未必品皆龔黃人盡唐
虞而心力時勢之間可以理喻而情原其
以僞售而虛塗者即譽言日至新規時呈
而形神情態之際不俟犀照而鏡分故臣

自入境來三月矣半駐劄河東半馳驅秦

關於各屬未及周歷而大體可以槩見則以所訪合於藩臬道府所報其中品如秋水政成春臺者豈曰無人然初終稍渝表裏可疑者亦復不少要未可秋襗弃之亦庶幾暮揄收焉此外應議者如秦中馬蹄所歷早已得三遂兩屬臣同鄉政稍需濡筆其一遽見黍臣自簡無容贅矣又以其二合於晉梁之間所得各一共四人焉不敢引前案用三之例留地方不盡之憾敬

皇上陳之訪得陝西原任興安州知州今陞漢
爲
中府同知馮珣政猛於虎性貪似狼考其
明經起家先存幾著日暮途窮之想而崛
強戾性生就一副使貪濟惡之才所以其
用人也與人異則寵狡快王敬司耳目猾
皁范愛衆典暮夜千戶曾希周行科斂神
棍孫鑑使風帆門子王進卿積役石孝王
智中劉應選等事鷹犬故其作孽也亦與

人異則取屠戶劉遷肉至千斤而不償至
傳有怨言遂立斃其三子於八十杖下而
屍暴街市矣取羊戶王思忠皮襖爲公子
裳但稍遲違期遂重責之四十五板而命
歸桁楊矣則以票買赤金爲科索致百姓
飲恨而不敢言相傳餽以百計魯希周且
勉以二三十計矣則借保留清糧爲免
覲計因科派衆戶而沒其費總算夫馬以五百
計備禮於孫鑑之手又以三百金計矣而

未已也於是榷及窮商則竹木稅外加稅若李遠等之以抽簰抽船苦也怨沒齒矣花布月攘一月若金馬二家之以百疋百斤責也恨入骨矣於是筭及富戶則成舉以毆死其妻而問絞矣乃旣受其金五十准免而又開之訪以別嫌何險耶錢守智以高一讓之誣而監錮矣乃旣納其銀百兩不足復痛責之四十而歸斃何忍耶於是而脧及屬吏則威嚇洵陽主簿楊明選

許令假入看公子而納二百金爲壽迨事
敗而官亦隨之何刻耶訐入富吏吳宗周
於史賊婦之妾口而非刑以考索比宗周
以銀二百金四十進而後舍爲何汙耶其
最可恨者苔苔剥及縉紳後人無一或免
蓋自屠文國張賢路之古董玩器黄金白
鏹入而後告追產追田者始退舍自劉重
基之遼參貂帳古畫仙鶴金爐金帶寶簪
寶船百金千銀進而後李代之人命李戴

等之田土始息浪則慘之甚矣至聞其到任之初日受詞不下百餘而人責以官紙二錢五民紙一錢五每每圈點狀詞示意屬縣罰穀行息若累馬戶其有為耶其無為耶又查其實徵之額原一萬二千自櫃吏曹承祚以加五蒙責後即改增一錢而又多設助餉坊扁徧掛鄉市收以萬計解不數百其可問耶其不可問耶若夫生辰之餽遺盡數嘉納終歲之支討絕意算還

懷中有女如花不知折自誰手屬下生祠滿路試問卜於何人則其廉恥已喪本心而唾罵恐辱吾口欲存雅道姑不盡言此一官者鼴腹已滿鼯技更窮據其自負錚錚殊覺色厲内荏之可恨且以衆口嘖嘖卽極褫衣編管亦何辭但念佐郡經年未甚敗壞而脩郄一節頗見經營姑引旌能之典稍寛黜幽之條所當照不謹例冠帶閑住者也河南河南府永寧縣知縣今陞

直隸廬州府通判湯思敬負非其才戒不于得聞其到任不知何故用一裁縫薛自春往來無忌出入自如針線通爭衙中暗行介紹裁剪達於堂上謡稱縫官自此奴之路徑一開而本官之誇詡自神也於是至親無回避有弟如華字可潛住黃草坡通礦分甘月以六十金計矣有表親如汪相公可僞造假銀詐騙店主賈尚雷五十兩又發捕衙夾追矣於是左右任猖獗如

衙虎周自明可糾掛搭盂世庫等指張國佩失事拷詐良民范九領矣如腹快王二可奉差抄没被誣湯聘尹致寃且反挖歐打公差爲之申詳矣自此而月告罰穀有以四五千石報者人人行賄有以苗子化等百金報者甚之富民可物色有以劉煥等三百金免農民報者有以李生雲被誣不知何故添單坐以遠年人命報者又甚之而徵收額糧時方三盡四空此獨四萬

加一至以羨餘二千餘銀報則其年餘在
兹所留意於民間者可槩見矣乃物議方
騰而部推且及一番報到之後任其意所
欲爲受張養粹五十金許以收丁則其於
丁也可知受鮑良吾四十金許以收餉則
其於餉也可知差腹快公士化等執牌下
鄉紛紛拏糧而自知羨外不解不放則其
於糧也可知而其最可笑者無端毀義倉
以立生祠至派六十五里錢一百三萬索

富民布助二百餘兩則其識見之不透營求之無厭一盤拖出百查難辯可謂周世才呂三吉等純心腹而無齒牙乎此一官者智本不逮中人品已趨於下地手一柄而旁落去何異人歌土神心阿堵而幹不來幾於自尋狗竇盞在前案敲推之日嘖有煩言乃至新推躋躍之餘覥不知畏所當照浮躁例重加降調以需改圖者也陝西漢中府鳳縣知縣朱廷臣簌簌聰無行

已碌碌事惟因人則自其入境來至漢中草凉等六驛即借長脚迎接名色誆折七十二金識者已知其氣局之不妙矣既而上堂則紛紛擁案如屏營營亂人似蠅本官麾之不去杖而莫之與行而所聽從者惟積書趙培暘門子党魁王啓元快手鄭吉等若而人提掇撥置事一當前輒環顧左右而左右所獲遂至數百金原被相對平等一律而庫吏按季所貯亦以三百金

計也於是報富民則馬萬才等三十餘名每進十金皆峩冠博帯且加優免矣碼老戶則楊仕等一十八處各費虎皮三狐皮五爲壽不則十金折色矣謂收頭可餌則趙坤等凡九里九十其儀矣謂大戶可採則張秀羅短等各八名三百其兩矣有言解夫可減什排可紙紅則或明割四十金或牾送九十金固趙培暘爲之歐也謂死者可欺有罪者可蔽則魏進美五十金可

買抵六房吏七十金可朋罰又趙培暘食
其報耳所可恨者今日之民窮極矣餉額
幾何而加一秤收何傑等且以三百金證
也糧數幾何而任人出納趙舍等遂以四
百金證也民之蘇也何日之與有今日之
驛疲又甚矣一官如鼠乃備禮置器驛不
下二十送蔦贄銀例不厭再三合之六驛
而掛在鼠牙者奚啻二百走役似狗乃給
夫價每錢扣四發站銀每驛扣百會其數

而與犬爭骨若幾於半千故風影之傳不敢信其盡實而道路之口則有時而存眞日訪得其驛遞壁間一詩云誰將泥塑著烏紗事事糊塗最可嗟屬鄉笑稱爲皁吏多人轟道是聾爺豺狼舊慣營三窟貓鼠今番做一家從來鐵面稱御史好馳白簡叩京華不其彰明較著者乎此一官者從折肱來無强意處有耳如塗左右乘之竊弄舉念即纖谿壑因而漸滋若以朘削攫

褫未爲苛法但念蹭蹬初起方在經年所當照不及例量加降調以需後效者也山西太原府興縣知縣蘇養民四知繇巳糊塗一味聽人線索考其起家青氈不無米鹽在念彼掌故之承奉僅一二鼠頭積書而首蓿之往來率數輩龍鍾學霸乃此官糟糠情重但知所在可以留情而簪履意深往往見其似者而喜故自祁州書辦李四貴等居中調度喇員劉渤海康庶賓等

入幕羅織而刑書張俊等之門户大開致原差李一善等用武之有地無辜趙汝成等申冤之無門棍徒白汝招白汝凡等徑可笑傲賭場草菅人命矣彼罰穀嚇銀寧復問乎於是借公可以濟私則脩葺城垣原九都之民干橐以從事而冒支三百倉穀變二百餘金何爲也於是割人可以肥巳則京債逼迫與縣役銜阜劉崇壽白一亮等何干而無端勉其工食七百兩分文

不償又何爲也吏書之所得誰非民脂而無故索其般移家眷二十五金屢次受其佳節生辰各一二十金又假以倉糧浥爛嚇傌五十金則魏養民孫汝羨等可念矣貧役之所入不過錐末而朔望之失點何以罰穀數百排年之免僉何以准吏薄分工食領狀何以郭雲貴一言收之半載何以張乃心片語還之一朝則賀整尹沂劉崇壽等何辜矣最可恨者民之加派日苦

而本縣之羡餘依舊有爲之會計四五百
金者行戶之禁已屢而本官之取辦不償
有爲之總筭百餘金者此豈爲民父毋者
所宜爾乎顧此猶爲不知痛癢耳至於禍
亂所出關係地方大安危緩則控於上司
急則便宜行事始爲一方寄命乃去年九
月内陜西强賊一夥三十餘人持兇器劫
掠本縣魏家畔村人魏養隆等至於搶奪
姦淫慘不忍聞而本官隱不以報如醉如

夢將謂被害與保正孟正芳等皆有胥無
口者乎此一官者吏事原非其習民隱若
不相關即未必如鷹虎之飛食而把持之
劣生可憂即未至於貓鼠之同眠而竊弄
之衙役足畏迹其物議之多還之初服不
枉但念邇來緝盜少見儆醒而追遡遺事
未甚決裂所當照不及例仍改靑氈以全
器使者也顧臣於此有竊爲世道人情慮
者往者持斧之使率二三歲一代故鷹鸇

之逐歲不一見絕塵之驥無繇籍以見長
百足之虫爭相託以匿醜吏治之不競相
沿已非一日邇來總憲持衡紀律日戒終
歲報
闕羅織且嚴人非甚下愚不移誰肯苟且目前
捐弃前路而甘心一擲者彼真金不避屢
火而頑沙寧堪多汰所以臣兩月之間多
方咨求頗不厭頻而各司亦未嘗不隨求
輒應乃至敲推之極一似洗索幾盡意從

此日漸月磨交相淬勵或者湊成一段潔
淨世界容未可知庶幾潦倒之民其有瘳
乎此臣所私願而慮不能得者也伏乞
皇上勑下吏部將臣所糾再加查訪果其不謬
將馮珣等四官分別議處立
賜施行所謂懲其一而百可勵吏風民生所關
三藩不淺鮮矣
天啓三年十月十四日奉
聖旨吏部知道

請清地畝酌叅罰疏

題爲地畝虛實不等徵解責成難一特懇
聖慈勑行各省因地清吏相畝加派并
勑該部歲終摘叅務須酌量人地分別欠完以
覈吏治以拯生民事臣竊惟今天下民生
日蹙矣雖有善者亦無如之何矣計惟有
廓清吏治之一法而廓清吏治惟有嚴懲
不肖之一法顧不肖懲矣若無所以待賢
者則有以疲地巖邑畢知竭力而不能與

捷足爭一日之程者不及爲不肖所掩將率天下而趨於嚴急以傳其風采而民之生也無日則今之參罰徵解未甚分別臣不能不越俎慮也臣春首

陛辭有歲事啓泰一疏末一段重考核吏治大意謂加派之苦苦在地有肥瘠糧有虛實而當事者以一切繩之爲不堪命耳即加派不得遽止亦當用據畝定稅法與因地定分法令所司者設誠而行焉一分別而

即是矣此書生迂計以爲及今採而行之
或少有濟而不虞其置之度外也今臣所
稱民生日蹙者槩天下之廣而所目擊其
萬難少緩者則無如秦晉大梁之間爲甚
臣馬蹄所至聞諸道路泣訴與士紳咨嗟
無不諄諄以加派爲言而臣不敢
告也臣惟痛心此一切法者以臣見此中風勁
俗悍人稠地磽民無所聊生往往鑿山滌
阜以藝菽麥犁雲鋤霧以供朝夕至問其

經歲所入一畝不過方錢其間以七給官而自食其三卽爲樂歲乃甬暘時若之年十不得二三則嗷嗷八口又不知何以卒歲臣因思臣鄉江西有野無立錐之地而窮年作苦不能養父母但得一金輒拱手以應吏呼猶懼不給者又有先世猶存半畝而一望榛蕪至不辨經界一遇催徵則搶地求緩須吏弗之能許者又有孤兒寡婦不慮一口之莫糊而憂虛絕之難繕貞

士寒儒寧終身之無室而毋勺合之敢逋嗟乎彼其居則皆僦也食則皆傭也未嘗一食土之毛而無一不任土之貢堯舜在上龔黄在下奚恐見此此不徒江西一省爲然而江西爲甚就江西言吉水爲甚臣見往壬子屆與今壬戌屆兩番審編非使前任知縣孫之益與今任何應奎嘔盡心血後先梂豁而其中又得一溫皐謨竭力調攝于水火之餘民之猶有存焉者倖矣

則所謂地有肥磽糧有虛實之說也若此者即捄死不暇何暇急公即惟正且無從出何論加派即令有司刀鋸在前鼎鑊在後而彼皮盡而毛安所屬骨銷而髓于何吸故聞有以八九分爲完者有以六七分四五分爲完者遞而減之有二三分不能完者故一切法難行也不可行而行而賢者方設法那移不肖且恣意侵尅則加派亦有名而無實也乃上旣不能遽去其名

下只得虛應之以實于是有以前官未了之負而并責之後官者有以一年了數年之負而竟不能免本年之罰者有以一任僅能結前官之局而及瓜反不能給三年之繇者夫以三空四盡之日催科一急便惕于東濕之吏議轉輸稍遲又畏夫告竄之部責賢者畢知竭力方念已服難釋復慮前車貽憂方謬意華袞之可被乃忽驚斧鉞之交加則如江西之吉水上高峽江

豐城等處與山西之隰州芮城安邑岳陽河南之温鞏閿鄉陝西之延平二屬耀蒲白水等處可念也則自隰州芮城兩州縣以完蒙罰外即未必盡錮于

功令而人有戒心也即秦晉大梁之間所苦不盡是而此可槩見也臣故謂察吏原爲安民而民事一日未清則吏治一日難察今欲惠此元元與之開一線生路則無如丈田清糧矣夫田猶是田也糧猶是糧也

惟是滄桑有變遷人世有代謝
功令有更置時勢有難易豪强之所推而孤
弱之所受也奸猾之所餌而忠厚不得吐
也祖父之所遺而孫枝何可諉也不情者
之所創而相沿相習不復易也天時地利
偶然之相遭而安命守分者一時廓如當
之至此遂極重難反也此在平時已有難
支而今日之加派則斷不能勉也今惟乞
聖上勅行戶部都察院轉諭各省撫按通行清

審其有相安無事者已之其有地方官自
會裒益不俟清丈而能以開墾補漂塞以
侵匿補虛絕者聽之其有如臣所聞諸極
苦等地不能不丈者則責成賢守令主持
外猶須各擇一嚴明方正有志行之府佐
董之而即令其自選委一二州縣佐領從
事要須一一親履田畝將布政司所定弓
步一則行丈仍即分別水旱肥磽上中下
三等上中差等加派下則止令正供而免

其加凢皆矢諸天日質諸鬼神詳細造冊
彙送撫按以報部院其有隱匿不丈者許
人首告沒爲官田仍復問罪其有量丈不
公分別不平者許人告理再一改丈果誤
許改不則治以誣告而一二執事員役與
造冊掛號吏書及地方保甲人等有敢于
中需索人一文錢者有司官盡法治之無
以小姑息開大騙害期于無憾而後即安
事成有功員役旌別有差而本官與府州

爭手額乃今一舉而弋之嗟乎瑞府已矣南昌首郡百日之間新舊兩福星聯翩奪去天何不弔而至於是則今之湯道衡應當與黃樓二臣並從民欲而留之也臣按部至梁梁之人無不諄諄求得留參政王從義者及入晉而晉之士紳爲汾州知府楊嗣脩訟冤乞留者縷縷且謂晉得楚弓豈肯復失臣第言此四臣而已不勝爲地方嘆惜矣故劉府尹一說計臣或自有覘而

不能無望更熟思之也州縣察罰但得其當更復奚辭乃臣視一路疲地爲有司累眞難盡言若晉之隰州岳陽與秦之乾耀高陵梁之嵩縣新安等處有司一見則攢眉詬詈而登封之劉安行安邑之王楫沁水之任光謂舜譚至民窮無措輒泫然泣下臣爲之改容若及今不與酌量而分別之恐相向哭者不止一路也故察罰斷斷宜酌也而臣以爲兩事總莫如責重撫按

縣正官則聽撫按

題舉優叙其不然者罰亦有差以臣所聞同

知如見任江西之陳鳴暘南拱極范應宿

山西之胡騰蛟薛一鶚陝西之劉其遠河

南之吳紹志北直之盧觀象南直之范永

年通判如見任湖廣之伍兆元福建之王

鉉江西之孫允傳浙江之蕭協中其選也

此法一行則有力之家不但惟正之易供

即當軍興有事歲分所有以急公自不爲

過而無辜之人亦使之各得自食其力窮
守其鄉而不至逃竄流離以避追呼如是
有司直日懸三尺以臨之民之不起而應
者無是理也至于戶部之責成有司也亦
自有道宜先行布政司每歲終繳報須將
地之肥磽糧之虛實歲之豐凶與前任之
欠見任之完并其到任淺深逐項分別造
冊然後該部亦照冊酌量分別具
題且明言

命下之日卽爲住俸之期而報部之後與未奉
旨之前一有完納布政司卽隨收隨報部中卽
爲開除又明言完納之日卽爲開俸之期
而司解之遲速與部
題之緩急卽有參差該部只隨報隨開無以
爲本官累如是則吏不苦于責成之過刻
而得權其催科撫字之宜民亦安于推諉
之無辭而各效其急公親上之誼將恩普
而威在必行名正而實亦隨歸天下其自

此治乎不然天下之有力者少而無賴者多窮而安義者少而追而走險者多舟中皆敵蕭墻可憂不祥之口非臣子所敢言而身在事中責在言内審時度勢終難自巳當此之時賢者惟一味行其保惠黎元之意必不以民命徇官評不肖者無所見其超距先登之勇而儘以朘削爲媢兹于是惘愊無營一墮幾同沉淵而勉强自支轉輸比于灌海循吏爲法而束手垂翅惟

有守株中人得策于捷途攘臂不顧剖肉日漸月浸不至胥溺皆亡不已者吏之不競非百姓之福也臣區區書生不諳吏事但以臣鄉所習見合于三藩所周歷而又追惟昔年輶軒所過燕趙齊魯吳楚之間與所聞于同官同年之譚兩越八閩川粵地方事覺天下大勢大抵如斯故謬以為清吏之法寔有救于加派之急着而且因地方之便宜以布法不强人情于所難以

多事此諒
聖慈所必不以爲迂而無當而當事諸臣𭧂必
不以爲窒而難行者故直抒其肝膽以聽
廷議如此
皇上倘一鑒其愚忠乎伏乞
勑下部院急賜施行臣曷勝爲民請
命惶悚之至
天啓三年十月十四日奉
聖旨該部酌議具覆

河東奏議

三

請謚先賢疏

題爲

聖世無覃敷而獨遺之典名德無久鬱而弗耀之光謹據微臣所知合於天下之所共知而今日不言遂令後日無復可言者披對

聖慈以備採擇事臣惟天下人心所以相維而不解而世道因之以貞而不渝者名與法而已以顯微闡幽存乎名以官德賞功存乎法總之兩者原不爲賢者設也而

國家必不能舍是以為獎償忠良之路忠臣
忘身以徇
國至人遺榮以徇道即此兩者亦賢者之所
不受也而天下自不能舍此以為風勵豪
傑之杓是以聖人當世於凡沉脩偉奏之
士雖在異世而下猶必表而出之旌而拭
之非好異也則為世道人心計深且遠也
臣吻竊侍從三年矣日覩
陛下於

國本諸臣無幽不闡而於建言諸臣無微不
録至於開孔氏之科與録卲子之裔猶爲
澤施聖學功被斯文
熙朝盛事千載一時海内已手額而歡呼之
矣臣也不敏竊嘗臆之則尚有兒童知其
名士紳仰其徽而一字華衮未以相加者
亦有名易矣而官不稱其德賞不知其功
名雖掛於
國本而實未沾乎闡幽者有兩人爲謹向

皇上陳之其一爲原任大學士解縉夫縉非異
人即
高皇帝所爲寵之異之恩猶父子者也試考當
年大庖進陳數萬言
太祖一一見之行事直廬參預機密務
成祖實實資其腹心至其館閣規模御史手秉
若議弃交趾直指總憲品第朝士之醇疵
與進呈大學正心之講義實錄所載則累
代輔臣率師典則何似臣言惟是其遺禍

之酷也則以護持
仁宗好
皇孫一語微合
成祖膚筭陰諍默衛爲權者所忌而遂中於漢
庶人之譖鬱鬱獄死異時
仁宗非不還其第宅錄其苗裔而封功旌德時
如有待此之扶持
國本視今茲諸臣何如而今二百五十餘年
開閣元臣冷落荒丘徒令殘編斷簡照丹

心於汗青墨客山人摹烟雲於故紙即勤高軒之憑弔過芊草而興哀何能當元夫之一動心

聖明之少惘念乎臣鄉列內閣者亦頗有人然比功挈烈難逃史冊臣不提起想諸所得美謚泉舄必不自安矣其一爲原任春坊左贊善羅洪先夫洪先非他即昭代所稱爲理學狀元者也臣鄉之學遡洙泗而演伊雒自有本源至新建伯王守仁倡良知

於嶺南而臣之伯祖副都御史謚莊介李

中以諫止

武廟迎西僧入禁謫丞通衢驛實爲莫逆於是

相與辨剝講求共振宗風自臣伯祖歿而

及門之傳心者實推洪先洪先之學未嘗

不得新建良知之玄同而實師先莊介無

欲之眞詮故其學一以保固收攝爲功退

藏於密自其本領無何遂爲請

東宮出講落籍山中尋且以不附鄉愿閉門

杜幾數十年恬脩正學海內仰爲山斗今
之性學諸書明道淑人百年來紙貴如一
日也臣近覩刑部主事孫如法贈光祿少
卿至洪先雖已謚文恭然以宮坊翰學又
爲
國本褫奪者丁卯間亦僅得贈光祿少而蔭
與祭兩闕然是何今昔懸殊至此諸詞臣
能無惓然乎猶記臣師左都御史鄒元標
庚寅爲吏部郎時曾以兩臣與鄒吉士降

吏目鄒智三人具

請奉

溫旨下部看議會臣師元標以忤時調文選不果遂南去時大學士王錫爵朝房語臣師曰解縉未得謚羅洪先未贈禮部堂上詹事官不解當時諸臣舉動直作館閣兩大缺事今手筆可驗而原任學士于慎行爲

禮部尚書業有疏

覆今其稾幷可查也諸詞臣又能無介意乎退

想賢人子孫率多貧且樸而臣鄉爲甚今解羅二臣之後又甚貧則家業飄零一步不能行樸則寒落自甘望
帝閽如在天上眼見諸人紛紛陳乞各飽所欲而去而此獨低首屏息不能一剖其幽隱臣爲之淚下沾襟腸一夕而九迴也今從子孫陳乞者津津口角不啻膾炙從公論開列者班班典籍徒託緇衣以子孫求者一段血誠遂覺情面難冷以公論求者卽

極披瀝究竟神情易竭故欲撓子孫陳乞之弊則無知歸重公論之爲得耳又景泰間人皆知于謙徐有貞忠勳矣而不知當時謙所舉爲左右手有貞等所憑以主謀

迎復者則都御史羅通也通本異人初知清化則死守孤城數郤黎利於兇鋒既扼居庸則力抗乜先竟保都城於安堵至今居庸一關人廟祀之不替其載名臣記一一可考此之功不在臣鄉譚綸毛伯溫下而二

河東奏議

臣得謚通獨未蒙則今日欲鼓邊臣之氣
如羅通之缺典應照譚毛二臣補之矣又
有若崇仁布衣吳與弼自幼潛心伊雒壯
而弃舉子業一意敦行孝弟明道淑人
英廟聞其名遣官幣聘至京授以諭德疏辭既
召入文華殿從容顧問堅令就職辭益力仍遣
官送歸褒嘉海內從遊者衆如胡居仁陳
獻章張弼其最也胡之言曰今之學明德
足師表者聘君一人耳陳之言曰章生長

東南樞趨日少茲欲就以正慨弗及云張
之詩曰風月周臺燈火夜伊川路上見斯
人今胡陳俱從祀矣而吳猶瀟瀟野土可
念也此外若臣鄉太山巖巖之大理卿曾
乾亨秋暢皜皜之太常卿王時槐與臣逌
歷所知若雒之戶部主事尤時熙溫和純
粹有明道之氣新安之光祿卿孟化鯉精
心卓詣以正學自任皆物望所傾急須易
名者又當事者所宜博訪而精收之者也

臣所陳者遠則二百餘十年近則百餘年皆陳人也悠悠世路誰肯吹陳人而肉枯骨非倖遭

聖天子在御賢公卿在朝得以容葑菲之下體而抒草野之孤憤庶幾借名法之遺意以竊効於世道人心之一助即臣亦緘口久矣臣又記十年來今大學士何宗彥任禮部侍郎所請謚如張元忭孟秋朱鴻謨鄒智及臣伯祖李中等多臣師元標所臚列

也宗彥所請原合四方之公極一時之選
萬口無二今茲之舉猶當從其遠者眞者
俾人心允服
盛典重輝若使幽鬱而不彰閑實而弗聞豈一
時風勵人紀之公心哉臣此疏向在班行
久已脫稾臣師元標固止之謂須之謚議
將舉時未晚而臣師猶諄諄商諸大臣諸
大臣僉報可但謂非有一人爲題
請不得政須理草而臣與臣師先後出都矣此

臣所謂以臣知合於天下所共知者臣乃

不揣冒昧徑情具

聞夫亦以二百數十年遭逢盛際則又臣所謂

今不言後無復可言者伏望

陛下不以爲迂而賜之採擇

勑部議覆豈惟原下數陳人化且不朽抑臣不

肖生且不朽其爲世道人心嘉賴寧有涯

涘臣曷勝惶悚待

命之至

天啓三年十一月二十二日奉
聖旨褒奬前賢乃禮臣職掌巡按官地方自有
政務且不係所屬人才何得條奏前已有屢
旨遠年不准追論該部還通行申飭

再請清畝酌罰疏

題爲清畝雖以濟加派之窮政以核加派之
實酌罰原爲嚴責成之名無爲失責成之
眞謹再申一得之愚用備當事之
覆以早普
皇仁俾民生吏治茲受其益事盖自臣有感于
民生之日蹙而吏治之日偷也展轉以思
欲爲之解其蹙而振其偷民不過曰加派
之不堪耳吏不過曰責成之難副耳夫然

則必盡去加派之苦而後可而加派能盡
去乎必盡除責成之苛而後可而責成能
盡除乎于是思以濟加派之窮而因以核
加派之實者莫如清地畝盖地畝不清徒
有加派之虛名而無其實則吏窮乃上必
不甘受其虛也而用一切法以核實則民
又窮至于吏與民交受其窮而
國家亦何若爲此虛而無實之加派也故在
清地畝于是惡以嚴責成之名而要不失

責成之眞者莫如酌叅罰盖叅罰不酌部
曰吾第據藩司之所報耳則眞不眞部諉
之司曰吾第據成數之所報也則眞不眞
司諉之至于司與部惟交所諉之而郡縣
亦何能堪此名而失眞之責成也故在嚴
叅罰此臣向者所以有地畝虛實不等徵
解責成難一之疏披衷開陳其于地畝虛
絕之苦有司徵解之難與夫該部
題叅之須商確不厭反覆即未必盡如江西

秦晉大梁之間而卽一可以例百卽江西
秦晉大梁之間亦有不能盡同而大都不
甚相遠以爲奉
旨議覆而當事者舉而行之庶幾斯民其一瘳
乎何意其宜覆而不覆也豈當事者以爲
是書生之見僅及一偏而不識天下之大
勢耶臣請得而更言之夫加派何以必清
敝也加派之有名無實也加派之有難有
易也夫人而知之也乃試問其何以去名

歸實何以轉難爲易則有知有不知也常人之情能奮發于所可致而不能勉强于所難措故取民之制使之勉强以順命則力有時詘使之奮發以輸情則自不能已彼有畝則有賦有租則有稅固也若使其家無立錐之地而空承祖父之尺籍或歲無粒米之入而徒守荒蕪之一區則惟正之供且爲刮肉補瘡而責以額外何異敲骨吸髓惟是一清地畝則有無虛實各處

于不爭之地而上中下則稍酌其急公之格于是有力者自易措手卽無能者亦不得藉口也善良者不難樂輸卽頑梗者亦可以法制也如此吏得徑情以督民彼民卽咨嗟呻吟於我何尤也上得執法以責下乃下之催科勞拙于此可見也此淸畝所爲濟加派之窮而政以核加派之實也夫責成何以必酌罰也責成之難于一切也責成之必求其眞也夫人而知之也乃

試問其何以得免一切何以得求其真則有知有不知也常人之情能甘心爲知已者屈而不能柔情爲枉已者從故核吏之法使之柔情以赴法則情去而法格使之甘心以徇法則心一而法尊彼地有肥瘠則賦有分數任有先後則擔有代卸固也若使其處用一緩二之地而責以竭澤求漁當左支右吾之後而問其捉襟露肘即寬以程之竭三年之歷不能幹前人之蠱

若嚴而褫之削南山之竹罄不能㸐疲地之濁席惟是一清畝以酌參罰則地畝有則歲額之分數可以自核職任有期見任之完欠無容交諉於是一官到任本官郎查上手之完欠以報司而上手自有應得之賞罰此後只揆年報完經手認欠自不致上下手交相推也一項解司解官郎領該司之回批以報部而該司自可後先㕥彙解此後只據司收作完司收作欠自不

致府與縣重爲累也如是而槩罰也郎桉
司收之期爲出入而司解之後先勿問也
郎罰而亦沒齒無怨也其開俸也郎桉司
完之日爲豁除而部
題之日月勿問也郎不開而亦安意無辭也
此酌罰所爲嚴責成之名而不失責成之
眞也顧清敵急矣然亦有見以爲不盡然
者其說有三其一地方平日多賢有司能
於審編年漸豁虛糧能以開墾數填補荒

蕪而今之加派又能以撙節那移之術抵充徵解不以爲民間慮若見爲無用此紛紛者此最上也其一地方多高山深澗居民隨地播種周歷且難弓丈不易而又土著多勢豪借事生風衙門多猾胥倚法作奸有司畏其結局遂欲苟且目前若謂可設法調停姑且議罷者此則臣前疏所謂相安無事者已之地方官自能裒益不俟清丈者聽之之說也其一則有力之家有

私行開墾未報官起科者有欺壓貧懦買其田而糧未如額推收者有乘人之虛絕没其產而糧故寅緣豁除者有祖父官豪當年討下便宜至今子孫不能一割者恐一行清丈滿盤拖去于是相率一夥不關痛癢之人倡爲一種與民休息之説就中吹散以遂己私此而不破情冷面撲底一清則窮民何寃勢家何福豈天地乘除之數到此不盡抑始來我疆我理便有此不

均不和之分數耶臣一介寒士祖父所遺
不足供半歲食十年薄俸僅得磽田數畝
兄弟相依爲生若非遇水旱之歉亦可免
朝夕之虞然往往收人勺合寧取溢額念
彼鬻產時切好還圖一毫無所煩于淸吏
而亦官臣鄉同臣族里者之所共知今茲
之
請天地鬼神寔鑒臣心臣記幼時同高祖一伯
父家徒四壁心切時憂每念朝見丈田郎

可夕死曾向人揭得數十緡遂徒步萬里

欲擊登聞

上控比至都爲里胥所阻而歸竟欝欝老死嗟

乎此其心何心耶而是時尚未見此加派

之擾也今臣一腔苦心有難盡言但乞得

嚴旨下部院轉諭各省撫按如臣前疏所陳通

行清審丈張告示聽各府州縣自請丈理

有司隨地舉行不必强同

德音一布欝氣四達將見歡呼徧海宇也故地

敵斷斷宜淸也至酌罰急矣而其說亦有
不一如近日大同撫臣之參革也以州縣
印官計臣之參革也以府官據計臣之疏
行計部之法又若有不一者老成計國非
淺近所能測但臣愚謂參罰止州縣印官
此正理也若府不過爲州縣長責在催督
耳而遂令之代受罰豈惟難乎爲府亦非
所以嚴州縣矣夫府一而州縣不一也今
有人于此一子顯將官之一子有罪將遂

之乎抑調停于官與逮之間而輕重布之
乎且州縣而參罰也猶必問其經年經手
何獨至于催督之府官而獨不然人言所
華之府皆賢非臣所敢盡惟是臣江右人
也而河東差也江右之疲府無如瑞所轄
三縣皆下疲而欲令府官得上考此寔難
矣南昌徵解始末則科臣陳爾翼一疏爲
寂悉何似臣言臣但知臣鄉之求得此兩
府臣黃元會擾一堂爲督學驛傳兩道人

矣撫按撫柔而彈壓一方者也其於民生
吏治之故亦自不能離而藩臬獨其寄耳
目之途廣而據招呼之地崇則凡土地之
肥瘠得而考之冊籍之虛實得而核之輸
納之難易得而稽之官司之能否得而察
之與夫職任經手之歲月莫不燭照而鏤
計之而其地又與部相切而易爲通該部
旣以虛實完欠問之司復以分別處置之
法問之撫按而計臣惟叅停而行之將計

不慮而周事不勞而成而何吏治民生之難悉乎凡此皆臣前疏所切切言之而亦計臣諸疏中有隱隱相合者但恐當事者之不察以爲迂而置焉將釀成海宇無窮之禍而貽

民家以不可救藥之患則非臣之所敢盡言也善乎御史吳尚默之言曰無民命安得有

國賦無爲

朝廷恤民命之官安得有為
朝廷督
國賦之官良可思矣伏乞
皇上遠識天下之大勢近勘目前之急著俯察
臣言
嚴勅該部幷兩疏速具議覆
慨然必行則田賦均而民生豫
國用足而吏治肅異日者卽不言加派不問
責成可也臣曷勝翹首待

之至
天啓三年十一月二十二日奉
聖旨該部知道

請避乞歸疏

奏爲周爰之役已竣報滿之期尚未謹因久病思歸兼之循例當避懇乞

聖慈

俯允早代以遂甦息事臣繇萬曆四十一年進士待罪祕省五載泰昌元年秋循資得與

行取天啓改元春蒙

恩拔置臺班又三載於兹矣臣行能淺薄縻官家之俸者八稔微

聖恩之貺者兩次而臣區區犬馬之報則萬一
無以自見也計自入班行承乏諸務如簡
練京營巡視南城查閱大倉奔走未嘗少
休建白曾無寸補乃臣以孱弱之質壯得
老病去冬即思具疏
請乞歸理醫藥臣師臣友時相督過謂
國家多事非臣子高臥之時黽勉從事未敢
徑情而河東之役須次且及矣春首辭
闕便道假歸三載荒隴既洊芊草之恨一子在

櫃猶切秖犢之思方欲整理前疏希圖休
暈不意
嚴旨旋頒私情隨止於是臣師臣友復相催督
兼程就道以五月二十一遂入境受事也
河東之役原無艱肰顧臣以初親簿書一
任赤心呆意事毎入手搴必竭神便覺日
無善飯夜少安枕稍稍料理積牘忽巳入
秋乃始按行三藩體訪諸務令屈指二百
餘十日歷盡五千數百程將次告竣而臣

之手腕欲脫足繭欲重行思日昔歸思日深矣緣臣素有痰嗽之病日來更疑水土不服自夏徂冬吐痰如雪瘦骨似薪時復理鏡不覺廢爲自失質之醫家並云勞思過度急宜休息一腔愁懷方在況吟而忽於閏月二十日接邸報臣叔邦華又以天津巡撫蒙

恩推陞兵部右侍郎也伏讀

典一款父兄見任兩京三品京堂子弟不得

天啓三年十二月十七日奉

聖旨都察院知道

河東考讀

請議補運官疏

題爲運司之使偶缺運官之任當重謹循職

請補因據案申明懇乞

速勅部議以肅鹽政事該臣於天啓三年十二

月初二日巡歷事竣將回署據分巡帶管

分守河東道右參政兼僉事王灐呈報河

東運使孫可僎以十一月二十六日病故

所司印務以序應委同知鄧全悌但查本

官方監督澆曬事煩近又蒙臣委督脩禁

牆刻期責完勢難兼攝及查運判史躬盛
司事稍簡堪以委署蒙臣批堂務自合循
序據呈鄧分司見委監督等務皆屬喫緊
一經再攝未免分馳有不得不就中權宜
者如議委史分司速將倉庫錢糧報納派
掣諸務挨底清查署管此中弊病多端況
在運使臥理之餘猶須加意此繳時臣以
蒲解考察事劇又值課額查解期迫一面
牌催本官暫攝一面移司報部選補獨歲

事聿新未敢遽以
上聞也顧臣有積憂不得不以爲
皇上陳者臣惟
國家之所責成有司與有司之所約束商民
者無他法而已耳無法則政無繇舉無人
則法無繇行非無人也無行法之人也自
法無人行而有司惟相習於情面以塗塞
國家亦空守其資格以嘗試至於下以情面
壞而上以資格窳乃始嘆法非其法而政

不成政則是政非弊於法弊於人也顧人
亦何嘗之有上焉者隨地可以行其志惟
委任非據不無嘆知己之難逢志將鬱而
不得伸次焉者百折不能抑其才苟振作
無術未免慮結局之莫必才且屈於無所
用夫有志而使之不得伸有才而使之無
所用則似乎有行法之人而不與之地有
行法之具而不盡其能與無人同此非
國家弃人是弃法也河東運司歲額僅十二

萬有幾視他省最鮮不足當一大郡而地
連三省弊孔百端事幾物情殊費覺察有
司者但持一切法從事惟有斂怨極難也
乃此中利源淺濇朘商絕少又當餘鹽盡
報之後添搭未革之日能者無所運其奇
而一不逮則常額遂有時詘貪者無所施
其巧而稍自愛即日給亦無以供此處清
濁易見甘苦亦易悉惟當局者知之又極
苦也記前按臣劉大受疏有謂他處賢者

不樂居而河東非賢者不能居眞爲至言今所恃惟有委任與振作一法或可資其一手一足之力以支此極難極苦之地使

按轡者得有所藉以報

明命耳及按銓部往事不爲孝廉結局則爲折肱借途一涉此境如墮深淵非有大力者

拯之幾見昂首出去

皇上謂以天下極難極苦之任而責之結局借途之人求其不容咨於情面而亭然以行

吾法斯已難矣方今孝廉起家率多振振羽儀卽從析肱改步亦往往奮跡遠舉豈謂於中遂無眞正豪傑惟是用之此地必孝廉與甲科互推而折肱與循良同陞然後懷志抱才而來者快局面之一轉卽畢智竭歷以從事覺滋味之且長庶幾其各輸意一往圖所自見乎如今之運同鄧全悌則孝廉中錚錚者也運判史躬盛又折肱中矯矯者也全悌清恬曉暢初至卽念

此中商窮革去牙店安置又不差衙役以杜擾害人爭頌之尋查出東場漏報三千餘引吏書爲之股栗躬盛甘貧茹苦任勞擔怨去年蒙臣委淸回浸沒官地與拏獲竊盜查出積餘無數近署事未幾即滌盡積案又發覺一二姦書之犯科者解臣究擬兩臣皆卓然良吏不在孫可僎下將來考功法會有破格而拔擢之者非臣故預爲之地惟念前按臣劉大受曾有本司貯

才待補之議奉
旨下部臣今不得不隨事一申明之以佐當事
者之採擇而臣所諄諄只望吏部今後無
一味以鄉科結局折肱借途者取充位且
幷查前言臣所
題分別內轉外陞與司道長揖之議曾否議
覆者酌而行之無令索其氣局短其滋味
使之書空池畔長鳴轅下進退無所關其
中而地方不得受一才一志之用則當事

者之失於任人其悔小而失於爲要地明
法肅紀悔滋大也臣謹會同巡撫山西地
方都察院右僉都御史劉策巡按山西監
察御史徐卿伯據案直陳於
皇上之前伏乞
速勅吏部查照臣疏與臣議覆至見今員缺或
選取有才力甲科前來料理或即於本司
酌量陞授俾該部之所取擇臣不敢擅也
臣不勝惶悚待